インド密教の仏たち

森 雅秀

春秋社

1　金剛界大日如来坐像（ウダヤギリ遺跡）。インドに残る貴重な金剛界大日如来像。冠帯をたなびかせ、堂々とした体軀と、青年を思わせる若々しい容貌をもつ。四隅には華鬘や灯明などを持つ供養菩薩が配される。

2　阿弥陀如来坐像（ウダヤギリ遺跡）。ウダヤギリ遺跡の仏塔の西に置かれる。仏塔の東には阿閦、北には胎蔵大日、南には次頁の宝生如来が位置する。脇侍として左右に菩薩を伴い、四方全体で八大菩薩を構成する。

3　宝生如来坐像（ウダヤギリ遺跡）。瞑想的なまなざしをもち、右手は与願印を示す。上部には華鬘を持った飛天、左右には菩薩、台座には蓮台を支える龍王がそれぞれ二体ずつ配される。

4　触地印仏坐像（ナーランダー博物館所蔵）。結跏趺坐で坐り、右手で触地印を示す釈迦像。悪魔を撃退し、悟りを開いた「降魔成道」の場面を表す。頭上には菩提樹が、台座には金剛宝座が表される。

5　転法輪印仏坐像（カルカッタ・インド博物館所蔵）。鹿野苑における釈迦の初説法を表す。台座の中央に刻まれた法輪と二頭の鹿はそのシンボル。頭光や光背、台座に見られる豪華な装飾は、パーラ朝に特有な表現。

6　弥勒菩薩坐像（パトナ博物館所蔵）。優美な姿で坐る弥勒菩薩で、パーラ朝の仏教彫刻の傑作のひとつ。観音とともに仏坐像の脇侍として制作された。この時代の弥勒のシンボルである龍華樹を左手に持つ。

7　金剛法菩薩坐像（カルカッタ・インド博物館所蔵）。金剛法は金剛界マンダラの西に位置する菩薩で、観音と同体とされる。左手は蓮華の茎を持ち、欠損した右手はその花弁を開くしぐさをしていたはず。

8　観音菩薩立像（大英博物館所蔵）。パーラ朝の典型的な観音像で、保存状態も良好な優品。右脇侍のターラーと左脇侍のブリクティーも洗練された表現で、軽やかで自然な動きの中に美しさが感じられる。

9　カサルパナ観音坐像（大英博物館所蔵）。カサルパナ観音は密教系の観音のひとつ。左右にターラーとブリクティー、台座に馬頭と善財童子などの眷属尊を伴い、光背の上部には五仏が山形に配される。

10　十二臂観音立像（ナーランダー博物館所蔵）。インドにおける観音像の傑作のひとつにあげられる。十二臂という多臂をもちながら、バランスよく全体がまとめられている。観音の周囲の人物表現もすばらしい。

11　補陀洛山上の観音坐像（カルカッタ・インド博物館所蔵）。転法輪印を示す観音を中心に、観音の聖地補陀洛山が描かれる。煉瓦を重ねたような光背は山岳を表し、その中に仏、音楽神、苦行者、鳥獣などがいる。

12　クベーラ坐像（カルカッタ・インド博物館所蔵）。クベーラは典型的な財宝神。太鼓腹で、左手には巾着の財布、右手には果実を持つ。肩まで垂れた房状の髪の毛は、クベーラが属するヤクシャ特有の髪型である。

13　ラーフ（大英博物館所蔵）。ラーフは日蝕や月蝕を起こす天体の神。下半身を有せず、手には太陽と月を持つ。ラーフは火星や水星などの他の天体神とともに九曜を構成する。この作品もそのようなセットの一部。

14　マハープラティサラー坐像（ダッカ国立博物館所蔵）。多面多臂をそなえる陀羅尼の女尊。大随求と訳される。剣、弓矢、金剛杵、羂索、円盤などのさまざまな武器を持つ。この女尊の実作例はきわめて珍しい。

15　マーリーチー立像（ダッカ国立博物館所蔵）。マーリーチーはパーラ朝の時代に人気の高かった女尊。三面のうち左面は猪の顔で、足元にも猪の頭の眷属尊たちがいる。台座の七頭の猪はこの尊の乗物。

16　八難救済ターラー（ダッカ国立博物館所蔵）。典型的な女尊であるターラーが、諸難救済のシーンとともに表されている。女尊の脇侍も伴う。台座には供物などのほかに、三角の帽子をかぶった仏教僧の姿も見られる。

はじめに

悟りの境地に到達した釈迦の静謐な姿、人々の救済を願う慈悲にあふれた観音菩薩、燃えさかる火炎を背にして怒りのまなざしを放つ不動明王。仏教のほとけたちの世界は、さまざまなイメージで満ちあふれている。大乗仏教の時代に比べて、ほとけの種類が飛躍的に増大した密教の時代には、ほとけの数だけ異なったイメージが存在する。

このようなイメージはどのように生み出されたのか。そして、それは何を表し、何をわれわれに伝えるのだろうか。

イメージやシンボルは、言語をはじめとする他のコミュニケーションに比べて、ときとして強大な力をもつ。それは民族の違いや国境を越えて伝播し、いったん人々の間に浸透すると、時代を超えて生きつづける。特定のイメージが、それを見るものに共通の感情を喚起させることもある。場合によっては、イデオロギーや権力と結びつくことで、人々を統合したり、行動に駆り立てるための手段ともなる。たとえば、共同体のシンボルである国旗やエンブレムのように。

「イメージ」ということばは、すでにそのまま日本語として用いられているが、その本来の意味は「像」や「偶像」である。神や仏の姿は彫刻や絵画などで表現されるが、それらはすべて「イメージ」と呼ぶことができる。あるものが何らかの形をとって表されるとき、それはイメージとなるのである。イメージから作られた「イマジネーション」という言葉は想像力を意味するが、これは形無きものに姿を与える創造力でもある。

聖なるものの像を表す言葉には「イコン」もある。キリスト教の聖画というニュアンスが強いが、特定の宗教に関係なく、聖なる像一般を指し、「図像」に置き換えられる。イコンに関する学問は「イコノロジー」と呼ばれる。イコンについてのロゴスすなわち思索であるので「図像学」に相当するが、同じくイコンからつくられた「イコノグラフィー」（図像記述学）と区別するため、「図像解釈学」と訳されることもある。

しかしイコノロジーは単なる絵解きではない。形をとって残されたものを対象に、それを生み出した時代や人々に関するすべての知識を動員する知の営みである。美術史や美学のみならず、哲学や思想、歴史学、古典文献学、神話学、民族学、心理学、科学史などが連携することで、図像がどのように生み出され、何を表し、何を残したのかを明らかにする。

インド密教のほとけたちに対し、このイコノロジーの光を当ててみよう。

インド密教の仏たち——目　次

第7章　財宝の神と忿怒の神

インド密教の仏たち

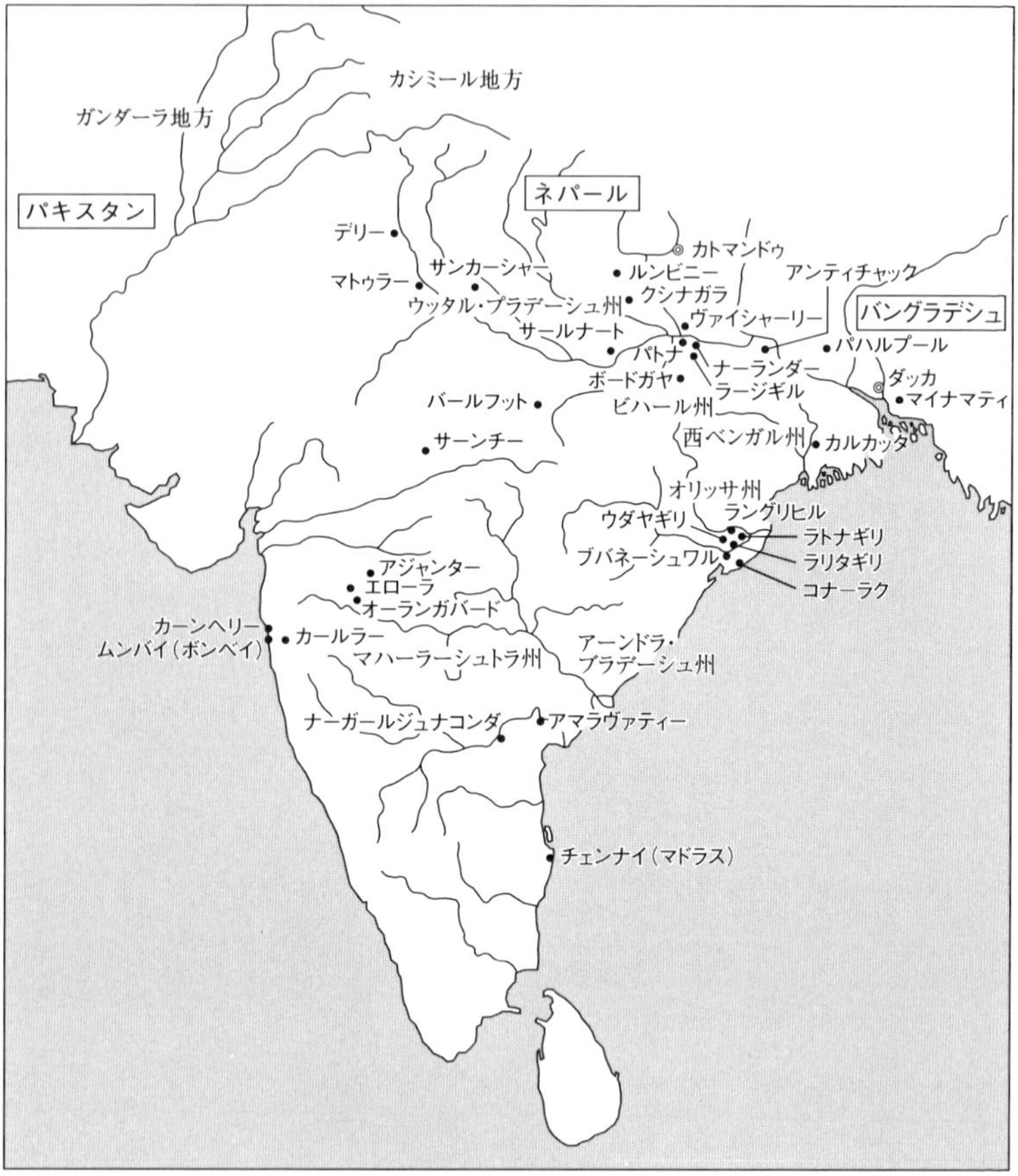
カシミール地方
ガンダーラ地方
パキスタン
ネパール
デリー
カトマンドゥ
マトゥラー
サンカーシャー
ルンビニー
アンティチャック
ウッタル・プラデーシュ州
クシナガラ
ヴァイシャーリー
バングラデシュ
サールナート
パトナ
パハルプール
ナーランダー
ボードガヤ
ダッカ
ラージギル
マイナマティ
バールフット
ビハール州
西ベンガル州
サーンチー
カルカッタ
オリッサ州
ウダヤギリ
ラングリヒル
ラトナギリ
ブバネーシュワル
ラリタギリ
アジャンター
コナーラク
エローラ
オーランガバード
カーンヘリー
カールラー
ムンバイ（ボンベイ）
アーンドラ・
プラデーシュ州
マハーラーシュトラ州
ナーガールジュナコンダ
アマラヴァティー
チェンナイ（マドラス）

インド仏教遺跡地図

序章　密教図像の世界

表１　各章で取り扱う尊格一覧

第1章	釈迦
第2章	大日（毘盧遮那）、ヴァルナ、ミトラ、スーリヤ（日天）、マーリーチー（摩里支天）、ヴィシュヌ、ヴァーラーヒー
第3章	文殊、七母神、スカンダ（カールティケーヤ）、マヒシャースラマルディニー、ムルガン、ヤマーンタカ（大威徳明王）、ヴァジュラバイラヴァ
第4章	観音、不空羂索観音
第5章	変化観音、八難救済観音、密教系の観音（青頸、六字、獅子吼、カサルパナ）、馬頭、ブリクティー、ターラー、パルナシャバリー（葉衣）、チュンダー（准胝）
第6章	弥勒、金剛手、八大菩薩（観音、弥勒、金剛手、文殊、地蔵、虚空蔵、除蓋障、普賢）
第7章	大元帥明王、ハーリーティー（鬼子母神）、パーンチカ、ヴァイシュラヴァナ（毘沙門天）、ヴァスダラー、クベーラ、ジャンバラ、降三世明王、ヘールカ、サンヴァラ

三蔵法師と密教

　三蔵法師の名で知られる玄奘《げんじょう》が、インドのマガダ国ナーランダー僧院にたどりついたのは、六三六年のことであった。経典と仏法を求めて唐の長安を六二九年に出発してから、すでに七年の歳月が経過していた。それは、中央アジアから西アジア、そして現在のアフガニスタンやカシミール地方などをたどった苦難の道のりであった。玄奘の求法の旅の最大の目的は、『瑜伽師地論《ゆがしじろん》』という瑜伽行唯識派《ゆがぎょうゆいしきは》の根本経典を入手し、その教えを直接インドの仏教僧から受けることであった。しかし、それとともに釈迦ゆかりの聖跡を訪れる巡礼の旅でもあった。

　インドにおいて玄奘が拠点としたナーランダー僧院は、当時の仏教の学問上のセンターだった。玄奘はその活況を『大唐西域記』に詳しく記している。(1)しかし、釈迦の聖跡を訪れた玄奘は、その多くが荒廃の極みにあることに胸を痛めている。わずかに成道のボードガヤや初転法輪のサールナートなどには、僧院や僧侶の姿が見られ、仏像も安置されていたが、ほとんどの聖蹟地は荒れ果て、仏塔も僧院も土に埋もれ、すでに廃墟と化していた。そして、仏教にかわって信奉されていたのは、外道すなわちヒンドゥー教であり、目にするのはその神々をまつった祠堂《しどう》や寺院ばかりであった。

　玄奘がインドを訪れた七世紀の前半は、インド全土を支配していたグプタ朝がすでに崩壊し、かわってハルシャヴァルダナ王（戒日王《かいにちおう》）が北インドを支配していたハルシャ朝の時代であった。

すでにグプタ朝において顕著であったヒンドゥー教は、聖典の編纂、寺院の建立、神々の体系やイコンの整備などが進み、インド文化のさまざまな領域に浸透していった。釈迦とその教えである仏教を生んだインドが、想像とはまったく異なるものに変貌しつつあることに、玄奘が衝撃を受けたことは想像にかたくない。

しかし、玄奘はこのころ起きつつあった仏教そのものの変化には気づいていなかったようだ。あるいは少なくとも『大唐西域記』の中で、それを読者にわかるようには記していない。それは密教の誕生である。

ハルシャヴァルダナ王の時代を中心とする七世紀というのは、インド密教史においてもっとも注目すべき時代である。このころ、密教の教理と実践をはじめて体系的に説いた『大日経』と『初会金剛頂経《しょえこんごうちょうきょう》』（『真実摂経《しんじつしょうきょう》』）という二大経典が形成されつつあった。インド仏教が密教の時代に入ろうとしていた場面に、玄奘は居合わせていたはずなのである。

しかし、従来から指摘されているように、『大唐西域記』には密教に関する記述はまったく含まれない[2]。同書では寺院の学派に言及することが多いが、その中には密教やそれに類する名称は現れない。密教経典に説かれる密教独自の実践や儀礼も、玄奘の目には映らなかったようである。彼の翻訳経典には、神秘的な言葉で呪力をもつと考えられた陀羅尼《だらに》を説いたごく短いものが数点含まれるが、玄奘がこれらを「密教経典」としてとらえていたかは疑わしい[3]。

玄奘は仏跡地における仏像についても『大唐西域記』の中でふれているが、そこに現れるのは、釈迦像がほとんどで、それ以外は観音、文殊、弥勒《みろく》、ターラーなどの、大乗仏教以来信奉されていた菩薩や女尊《じょそん》にすぎない。『大日経』などにはおびただしい数と種類のほとけたちが登場するが、それらを表した尊像は玄奘の目には入らなかったのだろうか。

玄奘がインドを訪れた時代は、グプタ朝に続く混乱期としてポスト＝グプタ期とも呼ばれる。じつは、現存するこの時期のインドの仏像で、密教仏の出土例はこれまで知られていない。経典の中でつぎつぎと新しいほとけが生み出されていくなかで、仏像を制作するものたちは保守的ともいえる態度を守っていたようだ。玄奘の記録はこのような状況を正しく報告しているのである。

「密教の時代」という言葉からは、大日如来や不動明王などの密教固有の尊像をまつった密教寺院があり、そこで灌頂《かんじょう》や護摩《ごま》などの密教儀礼が行われている様子が連想される。しかし、密教の形成期であったこの時代は、外見上はそれまでの仏教とほとんど変わらなかったと考えられる。密教のほとけや実践が説かれる密教経典が準備されたのは、おそらくその水面下だったのである。

パンテオン――密教の神々

密教美術の特徴のひとつに、尊格の種類の多様性がある。仏、菩薩、女尊、護法尊《ごほうそん》、天などのグループに、さまざまな尊格が含まれる。彼らは別々に存在するのではなく、相互に緊密な関係をもちながら「ほとけたちの世界」すなわちパンテオンを形づくる。

パンテオンの頂点に位置するのは仏である。初期の仏教の場合、「めざめた者、悟った者」を意味する仏に相当するのは、釈迦ただ一人であったが、時代が下るにつれて、インドの仏教徒たちはさまざまな仏を生み出していった。[4] 釈迦以前にもすでに悟った者がいたという過去仏信仰から燃燈仏《ねんとうぶつ》や過去七仏などが現れた。未来においても弥勒が下生《げしょう》して悟りを開き、釈迦の救済にもれた衆生を救ってくれると信じた。大乗仏教においては、全宇宙は無数の仏国土で満ちあふれ、そのひとつひとつで仏が法を説いているという考えが主流になる。われわれになじみ深い阿弥陀仏は西方極楽浄土の仏であり、東方瑠璃光世界には薬師仏がいる。密教の時代には東に阿閦《あしゅく》、南に宝生《ほうしょう》、西に阿弥陀、北に不空成就《ふくうじょうじゅ》という四方四仏が定着する。

その一方で、無数の仏たちは根元的なひとりの仏が、かりに姿を現した結果であると考えられるようになる。根元的な仏とは、宇宙全体を司る真理すなわち法そのものであることから、法身《ほっしん》と呼ばれる。これが毘盧遮那《びるしゃな》如来《にょらい》であり、密教では意訳して大日如来《だいにちにょらい》と呼ばれる。

菩薩は仏となるための修行の途上にある者で、本来は成道にいたるまでの釈迦を指していた。菩薩の役割は自己の悟りのために修行に励むことであるが、大乗仏教においては自己犠牲をともなう衆生の救済がとくに重視される。「上求《じょうぐ》菩提《ぼだい》、下化《げけ》衆生《しゅじょう》」という言葉は、菩薩のもつ二面性を端的に表している。衆生救済が極端にまで尊重されると、菩薩はすべての衆生が彼岸に到達できるまでは、あえて涅槃に入らないという誓願を立てるにいたる。大乗仏教はこのような大乗菩薩による仏教であり、それは無数の菩薩が活躍した時代であった。

菩薩の中でもっとも人気が高いのが観音（観世音《かんぜおん》あるいは観自在《かんじざい》ともいう）である。これはインドのみならず、チベット、ネパール、中国、日本と、大乗仏教の伝播したところすべてに共通である。一般の人々にとって、慈悲の菩薩である観音はもっとも近づきやすい「ほとけ」であったのであろう。

慈悲の観音に対して、文殊は「智慧のほとけ」である。とくに、真理を追究し、悟りを求める修行者にとってはもっとも重要な尊格であった。未来の救世主である弥勒に対する信仰は、インド内部よりも、西アジアから中央アジアにかけてのシルクロードで流行する。弥勒は菩薩の姿をとるほかに、成道後の仏としても表されることもある。この場合は弥勒仏となる。

女尊はわが国の密教美術においては、それほど重要な位置を占めることはなかった。これは、女尊全体を示すグループ名が、仏、菩薩、明王《みょうおう》のようには存在しないことからもわかる。(5) しかし、中世のインドでは女性の神がつぎつぎと誕生し、その人気は伝統的な男神をしのぐほどであった。ヒンドゥー教の女神ドゥルガーやカーリー、ウマーなどはその代表的なものである。(6) 仏教の女尊としてはターラーが絶大な人気を誇ったようだ。陀羅尼と結びついた女尊も多く、マーリーチー、チュンダー、マハーマーユーリーなどがあげられる。これらの尊格は、漢訳経典では摩《ま》里支天《りしてん》、准胝《じゅんでい》観音、孔雀明王などと訳され、それぞれ別のグループに配属され、女尊という本来の出自があいまいとなっている。

忿怒《ふんぬ》の相をもち、しばしば多面多臂《たひ》すなわち複数の顔と四本以上の腕をもつ明王は、もっとも密教的な尊格であろう。なかでも不動明王はわが国でも多くの作例に恵まれ、「怒りのほとけ」としてのイメージが定着している。このほかに、降三世《ごうざんぜ》明王、大威徳《だいいとく》明王などの名が知られている。インドの文献では「明王」に相当する語は現れず、かわって、その特徴から「忿怒尊」(krodha) と総称されることが多い。彼らの役割は、仏や菩薩などの柔和な尊格によっては救済されがたいものたちまでも、その威力によって救うことにある。

このような忿怒の姿をもったほとけたちは、時代が下るとその地位を高め、仏と同等あるいはそれ以上にまで上りつめる。秘密仏と呼ばれたり、修行者の守り本尊となるため守護尊《しゅごそん》とも呼ばれる。代表的なものにグヒヤサマージャ、ヘーヴァジュラ、サンヴァラ、カーラチャクラなどがあげられる。いずれも中国や日本の密教ではほとんど知られていないほとけたちであるが、後期のインド密教やチベット密教ではとくに重視された。

パンテオンの最下層には、本来は仏教の尊格ではないヒンドゥー教起源の神々や、ヤクシャ(夜叉《やしゃ》)、アスラ（阿修羅《あしゅら》）などの鬼神の類が位置している。外教の神々の多くは、梵天、帝釈天のように「天」という呼称がつけられることが多いため、伝統的には「天部」と呼ばれる。天体や星座を神格化した星宿神や、池や川に棲み水を司るナーガ（龍神）なども含まれる。クベーラやヴァイシュラヴァナ（毘沙門天《びしゃもんてん》）などの財宝の神も、パンテオンでの地位は低いが、一般の人々の厚い信仰を集めていた。

このように仏教のパンテオンは、膨大な数の尊格をその内部に含み、各尊の起源や機能によってグループ化され、さらに階層化されている。しかもそれは固定化されたものではなく、時代によってさまざまに変化を示す。同じ時代でも経典や流派によって、その構造は大きく異なる。たとえば、日本密教では至上尊はいうまでもなく大日如来であるが、インド密教ではその地位は阿閦に取って代わられることもあり、さらに阿閦に近い菩薩である金剛薩埵《こんごうさった》を法身とみなす伝統もある。後期の密教では、多くの経典がヘーヴァジュラなどの秘密仏に最高の地位を与えている。さらに、地位の変化にともない、特定の尊格の間での同一視も起こる。たとえば、金剛手《こんごうしゅ》は本来はヤクシャの一員であったが、大乗仏教では重要な菩薩のひとりとなり、さらに密教の時代になると金剛薩埵と同一視されたり、降三世明王の名でも呼ばれている。

このような尊格の地位の上昇や下降、新しい尊格の台頭と古い尊格の失墜などのダイナミックな変化こそが、密教のパンテオンの大きな魅力となっているのである。

イコノグラフィー――図像の体系

その一方で、密教のほとけたちはそれぞれが固有の図像上の特徴を有している。これはパンテオンでの位置の変化にも影響を受けずに維持されることも多い。このような図像の体系も、密教美術の特徴の一つである。

ほとんどの仏は僧衣を身につけ、頭髪は螺髪《らほつ》で表される。装身具のすべてを排したその姿は、世俗の生活を捨てて、悟りの世界の住人であることを示す。その対極に位置するのが菩薩で、太子としての釈迦がモデルとなっている。豪華な衣装とあふれるばかりの装飾品でその身を飾り、若々しい青年のイメージが支配的である。忿怒尊が多面多臂のグロテスクな姿で表されることが多いのはすでに述べたが、虎の皮の腰巻をつけたり、蛇を腕輪などのかわりに巻き付けることもある。生首を連ねて作った瓔珞《ようらく》のような血なまぐさい飾りも現れる。

重要な尊格たちは、それぞれが固有の印（印契《いんげい》）、持物《じもつ》、座や乗り物などを有している。たとえば、阿閦などの四仏は身体的な特徴や衣は共通であるが、印がそれぞれ異なる。阿閦は大地に右手で触れる触地印《そくちいん》（降魔《ごうま》印ともいう）、宝生は右の手のひらを下向きに示す与願《よがん》印、阿弥陀は足の上に両手を組んで置き、瞑想を示す定《じょう》印、不空成就は体の前で右の手のひらを外に向ける施《せ》無畏《むい》印をそれぞれ示す。大日如来の印には、両手の人差し指と親指でそれぞれ丸を作り、胸の前に置く転法輪印（説法印ともいう）や、右手の人差し指を立て、これを左手で握る智拳《ちけん》印、あるいは定印（とくに法界定印《ほうかいじょういん》という）などが現れる。

尊格の手にする持物は、その尊を比定する重要な根拠となることが多いため、「アトリビュート」と呼ばれることもある。観音の水瓶《すいびょう》や蓮華、文殊の剣と梵篋《ぼんきょう》、金剛手の金剛杵《こんごうしょ》などはその代表的なものである。これらの持物は、密教がインドから他の地域に伝播するときにも保持されることが多い。はるか数千キロメートルをへだてながら、インドと日本できわめてよく似た持物を同じ尊格が有していることも珍しくはない。

これらの特徴にはしばしば意味が与えられ、教理的な解釈がほどこされている。観音の手にする蓮華は慈悲の象徴、金剛薩埵が両手に持つ金剛杵と金剛鈴は方便と般若を意味するといった具合である。しかし、ときとして過度の解釈やこじつけに近いまでの説明もなされる。その一方で、これらの持物がインド世界に広く見られるシンボルであることも多い。たとえば蓮華や壺は豊穣多産を表し、法輪は王権を象徴する。仏教徒たちはこのようなシンボリズムをたくみに利用し、その上に仏教固有の意味づけを与えているのである。そのため作品を解釈し、図像学的な考察を行うためには、それぞれのシンボルのもつ文化史的背景を注意深く読みとっていかなければならない。

パーラ朝と大僧院

インドの仏教美術史において、密教的な要素が顕著になってくるのは、ポスト＝グプタ期を経てパーラ朝と呼ばれる王朝の時代になってからである。

ハルシャヴァルダナ王一代で六四七年にハルシャ朝が瓦解したのち、北インドは群雄割拠の時代になる。この地域全体がふたたび統一されるのは、一三世紀のイスラム政権を待たなければならないが、八世紀中頃におこったパーラ朝は、この混乱の時代に比較的安定した勢力を保ち、ベンガル地方とビハール地方を中心とした地域を支配する。パーラ朝と拮抗する形でプラティハーラ朝がおこり、さらにベンガル地方ではパーラ朝の後半の九世紀にチャンドラ朝、一一世紀末にはセーナ朝が誕生して、三王朝の時代を迎える。パーラ朝はこれらの周辺王朝との抗争を続けながら、ときとしてオリッサやカシミール地方にまで勢力を伸ばすが、一一世紀後半に現れたラーマパーラ王の時代に最後の繁栄を迎えた後は、たちまち勢力を失い、最終的には一二世紀後半にセーナ朝に取って代わられる[7]。

この時代の仏教は、西インドや南インドにもわずかな拠点をもっていたと考えられるが、中心はガンジス川流域のベンガル、ビハール地方、そしてその南に位置するオリッサ地方であった。かつて、北はガンダーラやカシミール、南は現在のタミルナードゥ州にまでおよんだ一大勢力はすでに失われている。釈迦が活動した仏教揺籃の地のみが、最後の牙城として残ったのである。

ベンガル地方とビハール地方を支配していたのがパーラ朝であった。この王朝の庇護のもと、インドにおいて仏教はかろうじて生きながらえたのである。パーラ朝の王たちは仏教教団への経済的援助を惜しまず、とくに大僧院の建立に熱心であった。また、このような僧院には多くの土地が寄進され、財政的基盤をも確立させた[8]。すでにグプタ朝から存続していたナーランダー僧院やボードガヤの菩提道場は、パーラ朝の初代の王ゴーパーラによって整備拡充され、第二代のダルマパーラは、後にインド仏教の中心的僧院となるヴィクラマシーラ寺院を建立した。このほかにも、オーダンタプリー、ソーマプリー、ジャガッダラなどの大僧院が、パーラ朝の王によってつぎつぎと建立されていったことが伝えられている。

ナーランダーの遺跡はすでに一九世紀から発掘が進められ、現在までに九つの僧院と三つの祠堂、巨大な塔、そしてこれらに付随するさまざまな施設の遺構が発見されている[9]（図1）。その

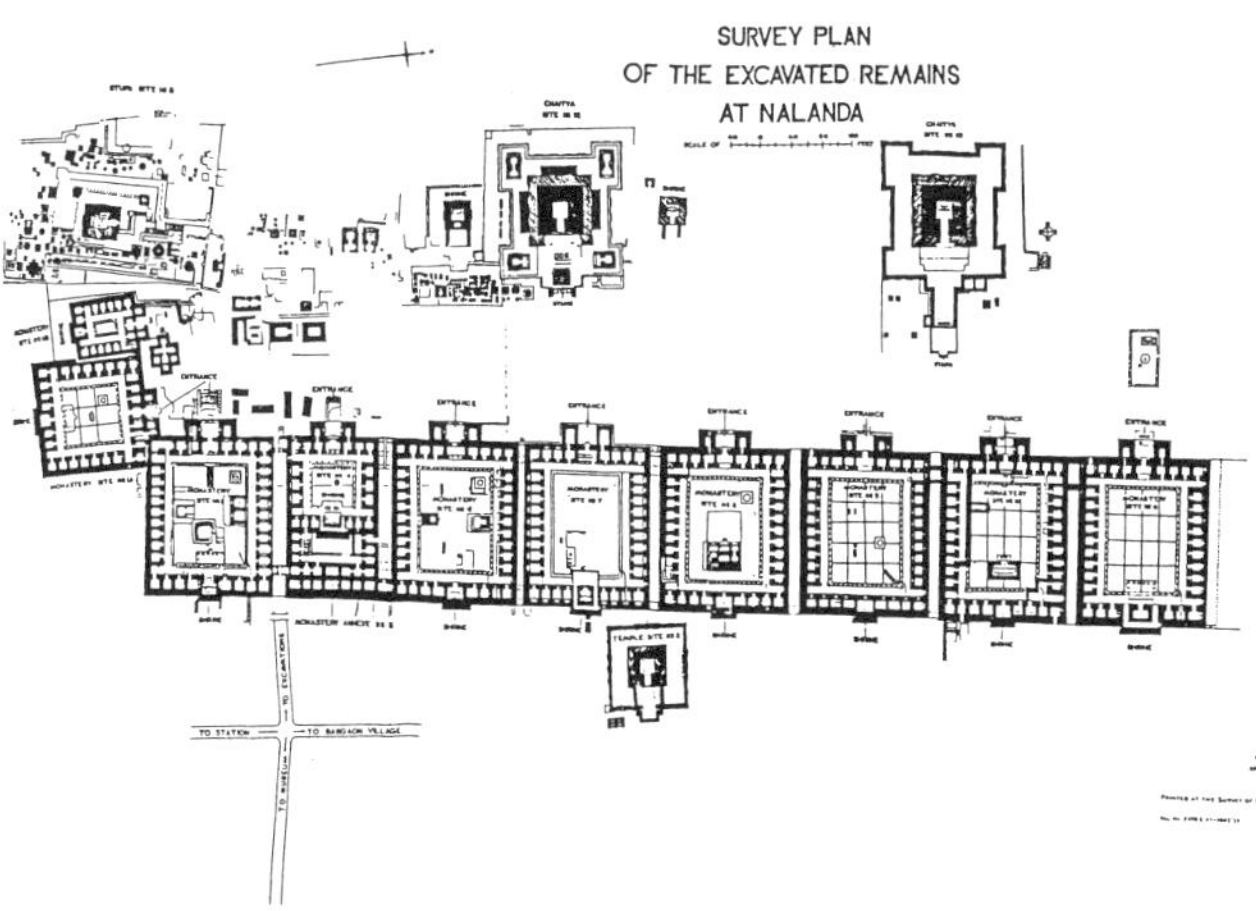

図1　ナーランダー僧院跡プラン

全体像から、この僧院は「世界最大の仏教大学」としばしば紹介されてきたが、最大時には僧侶三千人を擁したといわれ、それもあながち誇張ではない。またその中にはチベット、ネパール、中国、東南アジアなどからの学僧が含まれ、国際的なセンターの観も呈していたようだ。

　ナーランダーの僧院は、いずれも中央に大きな広間を作り、その周囲を三〇から四〇の僧房が取り囲む構造をとる。これらの小さな僧房で、僧侶たちは寝起きし、修行や学問にはげんだのであろう。同程度の大きさの僧院を増築することで、僧院全体の規模を拡大させていった。

　これに対し、パーラ朝に建立されたヴィクラマシーラやソーマプリーの僧院（図2）は、僧院全体が回廊のように僧房で囲まれ、内部空間の中心に巨大な塔を置いている[10]（図3）。ヴィクラマシーラで長辺が三三〇メートル、ソーマプリーも約三〇〇メートルにおよび、そこに作られた僧房の数がヴィクラマシーラで約二〇〇、ソーマプリーで一七七を数える。中央の大塔は十字型のプランをもち、かつては数十メートルの高さを有したであろう。ソーマプリーの場合、基底部で一辺が一〇〇メートル前後にもなる。この大塔の四方には巨大な塑像が一体ずつ安置されていたと考えられるが、いずれも現存しない。

ベンガル地方は現在ではインドの西ベンガル州とバングラデシュに二分されている。ソーマプリー僧院はこのうちバングラデシュの北西部ボグラ近郊のパハルプールで発見されている。さらにその北で、インド国境近くからは、ラーマパーラ王によって建立されたと伝えられるジャガッダラ僧院跡が、発掘を待つ状態にある。[11] その全容は明らかではないが、パーラ朝後期の遺構や遺物の出土が期待される。

一方、ダッカの南東およそ一〇〇キロメートルのコミラ近郊にあるマイナマティにも、サルバン・ヴィハーラ僧院が発掘されている。[12] 形式はソーマプリー僧院などと同じであるが、規模はやや小さい。さらにその周辺数キロメートル以内には多くの僧院跡も発見されており、往時はおびただしい数の僧院が林立する巨大な宗教都市のようなエリアであったらしい。残念ながら、現在ではその多くが軍隊の基地の中にあるため、発掘も調査も困難な状態にある。

オリッサ州カタック地区

オリッサも古くから仏教が栄えた地として知られている。マウリヤ朝のアショーカ王が仏教に

図２　ソーマプリー僧院跡

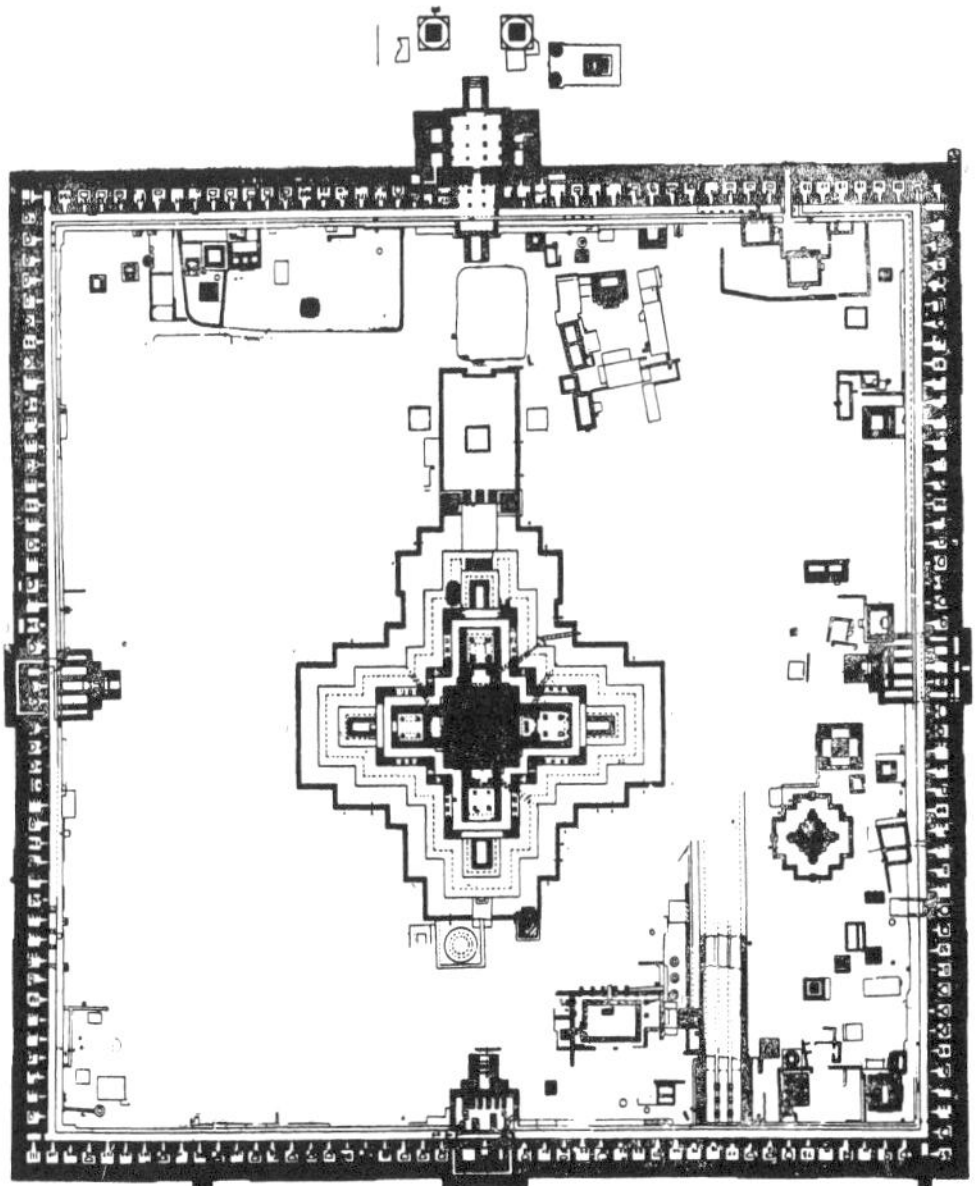

図３　ソーマプリー僧院跡プラン

改宗したのは、カリンガ地方攻略によって多くの犠牲者を出したことが直接の要因であると伝えられるが、このカリンガに相当するのが現在のオリッサである。アショーカ王改宗の物語はフィクションというのが現在では定説であるが、法（ダルマ）を宣布するためにアショーカ王が各地につくらせた磨崖法勅《まがいほうちょく》のひとつがオリッサにも残されている。

インドの仏教史にオリッサについての記述が登場するのは、玄奘の『大唐西域記』まで待たなければならない。この中で玄奘が紹介するオードラ、コンコーダ、カリンガの三国が、オリッサに相当する。とくにオードラ国では仏教がさかんで、「プシュパギリ」という大僧院があったことを記している。オリッサ州の北部にあるラングリヒルという遺跡が、このプシュパギリに相当するという説を主張するインドの考古学者もいる。近年の発掘によって同地からはプリミティヴな仏像も出土しており、一部に密教的な要素も見られるが、はたして玄奘の記録に現れた大僧院跡であるかは、現在のところ不明である(13)。

オリッサの僧院跡で有名なものは、ラトナギリ、ウダヤギリ、ラリタギリという三遺跡である(14)。いずれも名称に「ギリ」という語をもつが、これは「山」を意味し、じっさい、どの遺跡も小高いところにある。これらの僧院は玄奘の時代よりも下り、おそらく八世紀ごろに建立され、一〇世紀ごろまで続いたと見られている。この時代のオリッサはバウマ朝あるいはバウマカラ朝という名の王朝によって支配されていた。現在残されている碑文などから、この王朝の王たちは熱心な仏教徒であったことが予想されるが、パーラ朝の代々の王のように、僧院の建立や運営に積極的な援助を行ったかは明らかではない[15]。

ラトナギリをはじめとする三つの遺跡は、いずれもオリッサのやや北に位置するカタック地方に属する。このカタックを中心にオリッサにかなりの仏教遺跡が存在するが、本格的な発掘が行われているのは、ほぼこの三遺跡に限定されている。

三つの遺跡のうち、ラトナギリとウダヤギリはすでに一九世紀の終わりには存在が知られており、部分的な調査も行われていたが、本格的な発掘はラトナギリが一九五〇年代に、ウダヤギリとラリタギリはそれにやや遅れて始められた。ラトナギリについては大部の発掘報告書が刊行されているが[16]、他の二遺跡に関してはほとんどその成果は公表されていない。

いずれの遺跡も仏塔と僧院から構成される。しかし、パーラ朝の僧院に比べるとその規模はかなり小さく、僧院に収容できた僧侶の数は一〇〇人にも満たなかったと考えられる。仏塔も小規模であるが、ウダヤギリの仏塔には四方に四仏が安置されているのが注目される[17]（図4）。

ラトナギリとウダヤギリは現在でも断続的に発掘が続けられ、近年ではウダヤギリに第二の僧院跡（図5）が、またラトナギリでもヒンドゥー教の祠堂の下に巨大な観音像（図6）と建築物の遺構が姿を現した。発掘の継続には財政的に多くの問題を抱えているようであるが、今後の成果が期待される。この地の密教の全体像は、まだ明らかになっていないのである。

オリッサの密教美術がわが国で注目されるようになったのは、一九七〇年代の終わりに佐和隆研氏を団長とする調査隊が現地を訪れ、わが国の密教美術に密接な関係をもつ作品を多数見いだ

図4　ウダヤギリ仏塔の四仏
（阿閦［右上］、宝生［右下］、阿弥陀［左上］、胎蔵大日［左下］）

図5　ウダヤギリ第二僧院跡［上］

図6　あらたに発掘された四臂観音立像［左］

したことによる。その中には、胎蔵マンダラの中尊と同じ尊容をもつ大日如来や、八大菩薩像、不空羂索観音像《ふくうけんさく》、種子マンダラや立体マンダラなどがある。パーラ朝の密教美術においてはほとんど知られていなかったこのような作品が、インド考古局が発掘した遺品の中につぎつぎと見つかったのである。日本の密教美術や漢訳経典の内容に不案内であったインドの研究者たちは、これらの多くに誤った尊名を与え、その重要性に気が付かなかった。

西インドの石窟寺院

東北インドや東インドとならんで、密教美術の豊富な作例が残されているのは、デカン高原西部の石窟寺院群である。マハーラーシュトラ州に属し、なだらかな丘陵地帯の広がるこの地域には、紀元前三世紀ごろから、岩山を開削して多くの石窟がうがたれ、寺院や僧房として用いられた。その数は千以上にも上るといわれる[18]。石窟の内部や正面にはしばしば彫刻がほどこされたり、絵画で装飾される。とくにオーランガバード近郊のアジャンターとエローラは、この地域を代表する石窟寺院として、わが国を含め世界中から観光客が訪れている。近年では世界遺産に登録され、これを機にインド政府も整備や保存に力を入れている。

これらの石窟寺院のうち、仏教窟は紀元前二世紀から紀元後三世紀ごろの前期窟と、五世紀から八世紀ごろにわたる後期窟に二分される。密教の尊像が現れるのは、当然、後期窟で、しかもその最後期に属する窟のみである。エローラ、オーランガバード、カーンヘリーなどの一部の窟がこれに相当する。
この地域の密教美術の宝庫となっているのはエローラ石窟で、第六窟にはマハーマーユーリーやブリクティーなどの女尊が、第八窟には四臂の観音などが現れる。第一一窟と第一二窟はいずれも三層からなり、しかも各層がきわめて広いスペースをもつ。そしてその内部には密教の尊格を含むおびただしい数の尊像が浮彫で表される。観音や金剛手を脇侍に置いた三尊形式の仏（図7）や、人気の高い八尊の菩薩で構成された八大菩薩の作例も多数残されている。第一二窟の第二層には大日如来の姿も確認されている。[19]その上の第三層には一二尊の女尊が一列に並ぶ。各尊の名称は確定していないが、陀羅尼信仰との結びつきを指摘する研究者も多い。[20]
オーランガバード石窟は東西の二地区に分かれ、このうち東地区の第七窟がとくに重要である。脇侍をともなった観音を石窟の守門神として表すが、その完成度は高く、三メートル近くにも達するその偉容は、見る者を圧倒する。また本堂前室の左右の壁面には女尊を中心とした群像表現が見られる。的確なモデリングと、肉感に満ち活き活きとした人体表現は、写実性の点でも屈指の出来である。
カーンヘリー（カーネリーともいう）はムンバイ（ボンベイ）市の郊外にある石窟寺院で、大小合わせて一〇〇近くの石窟で構成されている。前期と後期の両期にまたがって開窟され、造営期間がきわめて長期にわたる。このうち六、七世紀に属する石窟に密教的な要素が現れる。蓮華の上の仏坐像を中心に、壁面全体をさまざまな尊像の浮彫で埋めつくした第九〇窟や第四一窟（図

図７　観音、金剛手を脇侍とする仏坐像

図８　カーンヘリー第41窟壁面の浮彫

8）は、宇宙全体に広がる「ほとけの世界」を表しているようである。

密教図像のかたち

これまでにあげた三つの地域、すなわちパーラ朝の版図であるベンガル地方とビハール地方、その南に位置するオリッサ地方、そして西インドは、それぞれ独自の様式と形態をもった密教図像を生み出した。

パーラ朝の版図では、黒玄武岩に高浮彫で表された尊像彫刻（図９）が中心である。像高は一メートル前後のものが多いが、二、三〇センチメートル程度のものから等身大のものまでさまざまである。ただし、光背も含めて二メートルを超えるような大規模な作品はまれである。ブロンズ製の彫像も各地で多数出土している。これらの大半は

図9　観音坐像

図10　奉献塔

せいぜい二〇センチメートルほどの高さしかもたない小品で、おそらく僧侶の念持仏のような役割を果たしていたものも含まれるであろう。パーラ朝の僧院跡には高さ一メートル前後の石造の小仏塔（図10）も数多く遺されている。これは近隣の一般の信者などによって寄進された奉献塔と考えられるが、その周囲にもしばしば仏や菩薩の浮彫がほどこされている。このほかに絵画作品が写本の挿絵などでわずかに遺されているが、体系的な研究がなされるにはいたっていない。

パーラ朝の作品の素材でもっとも一般的な黒玄武岩は硬度が高く、その表面は研磨によってなめらかな光沢が得られる。腕や頭部などを失った作品も少なくないが、その表面が摩滅することはほとんどないため、制作時の輝きを失っていない。グプタ朝やポスト＝グプタ期に仏像制作の中心であったサールナートやマトゥラーでは、砂岩が仏像の素材に用いられてきた。これに対し、パーラ朝では硬質な黒玄武岩が選ばれたことで作品の細部の加工が可能となった。そのため、それ以前の時代に比べ、パーラ朝では写実性よりも装飾性が優先される傾向にある。光背にはさまざまな動物や人物が表され、尊像が身につける衣装や装身具も細部まで手の込んだ華美なものが多く見られる。これに応じて人体表現そのものにも優美さが強調され、すらりと長い手足や、極端にくびれた腰などが好まれるようになる。[21]このような表現方法の類型化は、活き活きとした生命感を作品から奪う危険さえはらむものであった。

オリッサのカタック地区の三遺跡、ラトナギリ、ラリタギリ、ウダヤギリからの出土品も、石版に高浮彫で表された作品が大半を占める。ただし、その素材は黒玄武岩ではなく、この地方に豊富なコンダライト石であった。黒玄武岩に比べると硬度は低く、加工が容易であるが、逆に風化しやすく、雨水や太陽光にさらされると短期間のうちに表面が崩れていく。オリッサの遺品の中でも、発掘後の保存状態によっては、わずか数年のうちにまったく異なった外観を呈することもある（図11）。

現在のところ、カタックの三遺跡の中でもっとも多くの尊像を出土しているのはラトナギリである。その内容から見ても、おそらくこの僧院が三つの中では最後まで制作活動を続けていたと考えられる。ラトナギリからは多数の奉献塔も出土しており、その多くは尊像をおさめた龕《がん》をひ

図11　脚部のみ本来の状態を残す四臂観音立像

図12　奉献塔の龕の中の金剛薩埵

とつそなえている（図12）。不思議なことに、ラリタギリから出土した奉献塔には、このような仏龕はなく、ウダヤギリからは奉献塔そのものの出土例がほとんどない。三つの遺跡は距離的には近接しているが、奉献塔に対してはそれぞれ異なる嗜好が存在していたらしい[22]。

　三つの遺跡から出土した尊像彫刻についても、好まれた尊格の種類や表現方法に遺跡ごとの違いが認められるが、様式的にはそれほど大きな隔たりはない。パーラ朝の作品に比べるとその作風は比較的古風で、若干の形式化は見られるものの、概して自然な表現をめざしている。とくに、等身大以上の像高をもつ規模の大きな作品（図13）に、技術的にもすぐれたものが多い。

図13　四臂観音立像

インドの密教美術研究

わが国においてインド美術の研究が本格的に行われるようになったのは戦後のことである。しかし、その関心は古代からグプタ朝までにほぼ限られ、それ以降の時代についてはほとんど無視されるか軽視されてきた。これはちょうど、かつてインド仏教の研究において、密教が著しく低く扱われてきたことと似た状況にある。一般の日本人にとってインドの仏教美術としてはじめに連想されるのは、おそらく「釈迦苦行像」のようなガンダーラの彫刻であろう。その出土地はインドではなくパキスタンやアフガニスタンであるにもかかわらずである。また作品の完成度においては、グプタ朝のサールナート仏が研究者によって最高位に位置づけられてきた。中インドのサーンチーやバールフットに見られる古代インドの仏教美術も、研究テーマとして好まれたが、おもにそこに見られる説話の内容を、仏典によって解釈することに大きなエネルギーが注がれた。あるいは古代のインド人の素朴なシンボリズムも人々をひきつけたのであろう。アジャンターやエローラは、早くから欧米の研究者によって本格的な研究が進められ、それを追随する形でかつては進められてきた。しかし、密教美術を主題とする石窟は、おそらく意図的に研究の対象から外されてきた。

パーラ朝の仏教美術に対する評価は、戦後わが国の代表的なインド美術史家である高田修氏による次のような言葉に集約されている。高田氏によれば、パーラ朝の仏教彫刻は「グプタの製作上の技術も精神もすでに失われ、かわりに中世的な宗教的興味が造像の中心課題となっており、彫法は衰退し様式化して迫力にとぼしい[23]」。

しかし、これはいささかパーラ朝の美術を不当に評価しているように見える。たしかにこの時代に属する作品の中には、完成度の低いものも数多く含まれるが、むしろ、全体の作例数の多さに目を向けるべきであろう。パーラ朝で制作された仏教彫刻の数は、それまでの時代に比べて飛躍的に増大している。作例数が作品の質に比例するわけではないが、逆にそれに反比例すると考える必要もない。尊像すなわちイコンは、いつの時代でも人々にとって美なるものであり、聖なるものであったはずである。

パーラ朝の時代にはヒンドゥー教の神像(図14)も数多く制作された。それは仏教彫刻と同じように黒玄武岩を素材とし、類似の様式や共通のモチーフをしばしばそなえている[24]。これはセーナ朝のようなヒンドゥー王朝のみならず、パーラ朝の版図からも出土している。おそらく同一の工房が施主の注文に応じてヒンドゥー教の神像も仏教の尊像も制作していたのであろう。

オリッサでは仏教僧院の活動に少し遅れ、一〇世紀ごろから大規模なヒンドゥー教寺院がさかんに建立されるようになる。現在まで残るこれらの寺院と、その内部や周囲に置かれた彫刻群は、ヒンドゥー教美術の最高傑作にも数えられている[25]。オリッサ州の州都であるブバネーシュワル市内の諸寺院や、コナーラクにあるスーリヤ寺院はその代表であるが、ヒンドゥー教美術が黄金期を迎えたことが、それに先立つ仏教美術と無関係であったとは考えられない。

図14　ヴァーギーシュヴァリー

これは西インドの石窟寺院においても同様で、たとえばエローラなどでは仏教窟に遅れてヒンドゥー教やジャイナ教の石窟の造営がさかんになっていく。後期石窟の最後に位置する密教の尊像は、紀元前から連綿と受け継がれてきたこの地域の仏教美術の最終的段階にあるばかりではなく、その後に造立された他宗教の石窟への橋渡し的な存在でもあったであろう。

インドの密教美術はかつてはA・フーシェによる美術史的研究と、B・バッタチャリヤによる図像学的研究がある以外はほとんど見るべきものがなかったが、近年になってようやく本格的に進められるようになった[26]。アメリカの美術史家S・L・ハンチントンがパーラ朝の仏教美術について様式と編年に関する本格的な研究を発表したのが一九八四年のことである[27]。その後、個別の作品や主題に関する詳細な研究が続々と発表されてきた[28]。

わが国ではこれに先立ち、先述の佐和隆研氏を中心とするオリッサの調査が大きな成果を上げた[29]。このとき、パーラ朝の密教についても、ヴィクラマシーラ寺院の発掘の最新情報をもたらしている。その後、同隊の主力メンバーであった頼富本宏氏によって、おもに仏教学の立場からの図像学的研究が精力的に進められた[30]。これとは別に、インドや中央アジアの図像研究で知られる宮治昭氏も「パーラ朝美術研究会」を主宰し、共同研究の形で基礎的な資料の収集と分析を進めた[31]。一方、高野山大学密教文化研究所は一九九〇年代のはじめにバングラデシュへ複数にわたり調査隊を派遣し、各地の遺跡と遺品の調査を行った[32]。それまでわが国ではほとんど知られていなかったバングラデシュの考古学上の成果について、多くの情報がもたらされた。

本書の目的

本書ではパーラ朝やオリッサの作品を中心に、インド密教のほとけたちの世界を紹介していきたい。そのねらいとして次の三つがあげられる。

第一はインド密教の図像の全体像を示すことである。パーラ朝を中心としたインドの密教美術は、専門的な論文や美術全集を別にして、わが国において本格的な紹介はなされていない。これは、この分野の研究の立ち遅れにも起因するのであろう。しかし、インド美術の流れを知る上でも、また、日本を含めその影響を受けた周辺地域の密教美術を考える上でも、インドの密教図像が重要な意味をもつことは明らかである。

これがいわばマクロな視点からの考察であるとすれば、第二のねらいは逆にミクロなレベルからのアプローチを試みることにある。インドの密教図像は地域や時代によって多様な姿をもつ。

それは、ときとして同じ「密教図像」の名で呼ぶことのできないほどの相違を示す。このような多様性をクローズアップすることも、密教図像を理解するためには必要であろう。また、それは作品の細部にまで目を向けることにもつながる。従来の図像研究では、ややもすると尊像のもつ主要な特徴にのみ関心が集中してきた。しかし、たとえば尊像の周辺のモチーフや、これまで見落とされてきた特徴が、その作品の成立や尊格の性格を知る上で、きわめて重要な意味をもつこともある。

第三のねらいは、密教の図像研究のさまざまな可能性を探ることである。そのためには、この分野の近年の研究成果や最新の発掘状況で明らかになったことを反映させるとともに、従来の学問の領域にとらわれない多角的な視点をもつ必要がある。本書の七つの章は、それぞれ異なるテーマのもとでこうして行った考察の結果である。それぞれ別個のテーマを扱ってはいるが、各章はゆるやかな結びつきをもち、全体で一つの流れを形成することになるはずである。

本書では、これらの目的のために、各章で複数の尊格を扱う（本章扉裏の表1参照）。それはパンテオンのさまざまな階層に属するほとけたちである。従来、密教の尊格や図像を紹介する場合、仏、菩薩、明王といったように、パンテオンの階層やグループにしたがうことが多かった。尊格を順に取り上げて、各尊の起源や機能、典拠となる文献、図像的な特徴などを解説する方法で、すでにすぐれた業績がいくつも刊行されている。[33] これにあらたに類書を加えるよりも、パンテオンを構成するほとけたちは、たがンの枠組み自体を問い直すことが、今必要であろう。パンテオンを構成するほとけたちは、たがいに「共生」しながら、インド仏教の最後の数百年間を生きつづけたのであるから。

◈コラム①　密教の時代区分

インド仏教史において、密教はその最終段階に位置づけられる。インド仏教の一般的理解としては、釈迦の時代とそれに続く初期仏教（原始仏教）がはじめにあり、上座部《じょうざぶ》と大衆部《だいしゅぶ》への根本分裂にはじまる部派仏教の時代が続き、大乗仏教の時代へといたる。密教はこの大乗仏教の中から生まれたと説明されることが多い。

しかし、インド仏教は必ずしもこのように段階的に展開していったわけではない。むしろ部派に分裂することで無数のセクトがつぎつぎと誕生し、その多くが共存していたと考えられる。密教の時代にも、大乗仏教はもちろん、彼らによって小乗と呼ばれた保守的な部派も、インド国内に数多く存在していた。仏伝の中で悪役として名高いデーヴァダッタ（提婆《だいば》）は、僧伽を分裂させ、独自の教団を設立したことで知られているが、玄奘は『大唐西域記』の中で、彼の教団の末裔がまだ生きながらえていたことを伝えている。

密教はインド仏教の歴史の中ではもっとも遅れて現れたが、呪術的な要素や神秘的な実践法をその特徴とするならば、その萌芽は初期仏教にまでさかのぼれるし、原初的な姿はそれを超えて、インドの土着的な信仰や、さらにはインダス文明の宗教にまで求めることができる。

もっとも、現代の仏教学者たちは、密教の誕生を紀元五、六世紀におくことでほぼ一致している。密教経典に分類される文献が、このころから登場するようになったからである。インドから仏教がほぼ姿を消すのは一二世紀前半ごろと考えられているので、それまでの七、八百年間は、インド仏教の中に密教と呼びうる信仰形態が存在していたことになる。釈迦が誕生したのは紀元前五、六世紀のことなので、これはインド仏教の歴史のおよそ三分の一に相当する。密教はインドにおける仏教の最終的な段階ではあっても、けっして「末期的な」段階ではないのである。

わが国の伝統的な密教では、密教以外の仏教を指す場合、「顕教《けんぎょう》」という言葉がしばしば用いられる。これは密教の教えが深奥であるという価値観にもとづくもので、顕密という対比を生み出すことを意図している。インドにおいては、密教とそれ以外の仏教をこのように対立的に分類する発想は、少なくとも一般的ではない。むしろ、大乗仏教において従来の伝統的な実践方法とは異なる方法で、悟りや救済を求めるものがいると認識されていたようである。これを「真言道《しんごんどう》」と呼び、それまでの「波羅蜜道《はらみつどう》」と区別していたことが知られている。真言道を選んだ者たちも、大乗仏教徒というアイデンティティーをおそらく有していたと考えられる。

密教が大乗仏教の特殊な形態であったとしても、後世の者たちが密教をひとつの潮流とみなした場合、その内部をさらに細分化する必要がある。わが国の密教では、伝統的に純密と雑密《ぞうみつ》という二分法を用いてきた。純密とは純部密教の略で、日本密教においてもっとも重要な経典である『大日経』と『金剛頂経』をおもに指している。そして、それ以外の経典の総称として、雑密すなわち雑部密教の語が用いられるのである。

このような二分法は、インドにも共通してみられる。そこでは所作《しょさ》と瑜伽《ゆが》という用語が用いられている。前者は外的な所作を重視し、現世利益を主たる目的とする実践や修法を説く。一方の瑜伽は精神的な行法、すなわちヨーガを用い、最終的には成仏をめざす。当然、所作よりも発展した段階と考えられた。

後世のチベット仏教では、この二分法をさらに細分化して、四分法を用いるのが一般的である。類似の分類は、すでにインドの学匠たちの著作にも断片的に見いだされるが、一三世紀のチベットの学僧プトンによって整備され体系化されたことで知られている。

四分法とは所作、行《ぎょう》、瑜伽、無上瑜伽の各タントラで、プトンによってすべての密教文献はこの四つに分類された。インド密教の歴史的な展開にも、この四つの段階がほぼ合致することから、密教研究者にもこの四分法を用いる者は多い。所作タントラはほぼ雑密の経典に対応し、純密の『大日経』と『金剛頂経』は、それぞれ行タントラと瑜伽タントラの代表的な経典となる。無上瑜伽タントラに属する経典は、中国や日本にはほとんど伝えられていないため、純密と雑密の二分類には対応するものがない。

わが国の密教で伝統的に行われた二分法と、この四分法の両者を視野に入れたのが、初期、中期、後期の三分法である。純密に属する二大経典の時代を中期におき、それ以前の雑密に相当する初期と、無上瑜伽タントラに相当する後期をたてる。折衷的ではあるがわかりやすいため、この時代区分も研究者の間にかなり浸透している。

いずれの立場をとるにせよ、注意しなければならないのは、これらの時代区分はすべて密教の文献にもとづいていることである。インド密教の歴史の中に現れた何百という文献に対し、その内容や成立順序からいくつかの段階を設定した結果なのである。したがって、本書のように尊格やその図像を扱うときは、このような時代区分は必ずしも有効ではない。同一の尊格が時代を超えていくつもの文献に登場するのはしばしば見られることであり、むしろ、特定の経典にのみ限定的に現れる尊格の方が少数派である。

実際の作品を考えると、文献による時代区分との乖離はさらに大きくなる。文献の中で言及される尊格が、つねに実際に彫刻や絵画などの作品として制作されるわけではない。工房において作品を制作するものが、経典の成立や流布にどれだけかかわっていたかは明らかではないが、一般に、経典の中でつぎつぎと新しい尊格が生み出されるなかで、そのごく一部の尊格が、それも文献から遅れて造形化されたと考えられる。文献に比べて、造像の現場は概して保守的なのである。

第1章 釈迦像の変容——仏伝図から礼拝像へ

図コラム②　五仏（向かって左より不空成就、阿閦、大日、宝生、阿弥陀）

大英博物館の宝冠仏立像

ロンドンの観光名所のひとつ大英博物館には、ガイドブックなどでおなじみの南向きの正面の入口のほかに、この正反対に位置する北口がある。世界中から集まった観光客でにぎやかな南口とは対照的に、北口はいつも閑散としている。この北口から入ると、中国、インド、日本などの東洋の国々から集められた彫刻や絵画などを展示するギャラリーに出る。大英博物館が世界に誇るロゼッタ・ストーンやアッシリアの彫刻などは、すべて南口の近くに集中している。北口に近いアジア関係のギャラリーにまで足を運ぶ観光客はまれで、敦煌の仏画やガンダーラの仏像などの東洋美術の名品も、ここでは脇役に甘んじている。

この北口から入り、二階のギャラリーに向かう途中のホールに、等身大の仏像の浮彫が立っている（図1－1）。宝冠をいただく仏立像で、インドのビハール地方から出土したものである。この時代の作品に多い黒玄武岩を用いた高浮彫であるが、磨き上げられた表面は石というより金属を思わせ、胸を中心に等間隔に同心円上に刻まれた衣紋のひだと相まって、無機質な印象を見る者に与える(1)。

中央に大きく表された立像を、九体の小さな仏像が取り囲んでいる。からだの両側に四体ずつ、そして頭上に一体である。一番下の二体は中央の像と同じような姿をした仏立像で、それぞれ内側の手を垂らし、外側の手を胸の前において施無畏印を示すところは、まるで一方が他方の鏡像のようである。

その上には左右の向きも共通したほとんど同一の像が刻まれている（図１－２）。右手を下に向けた仏立像をやや大きく表し、その横に錫杖《しゃくじょう》と鉢を手にした比丘《びく》を置く。この人物の反対側には、小さな動物がうずくまっているが、鼻の長いところから象であることがわかる。これは仏伝、すなわち釈迦の生涯に起こった出来事のひとつで、「酔象調伏《すいぞうちょうぶく》」とよばれるシーンを表したものである。

仏伝の中の有名な悪役デーヴァダッタが、釈迦の暗殺を企てて凶暴な象を放ったところ、釈迦の威神力によって、たちまち象はおとなしくなってしまったという逸話である。(2) 襲いかかる象に向かって、釈迦は手からライオンを放ったという伝承もあり、ここでも釈迦の手のひらの下には、飛びかかるライオンの姿が小さく表されている。釈迦の後ろに立つのは、おびえて逃げ場を失い、釈迦の袈裟のたもとに隠れたアーナンダ（阿難）の姿である。

下から三番目の像は左右で若干異なる。いずれも坐像であるが、向かって左の像は定印を結んで、その上に鉢を置いている（図１－３）。台座の下には、三人の人物らしきものが小さく刻まれている。これも仏伝の一シーンを表したもので、「獼猴奉蜜《みこうほうみつ》」と呼ばれている。托鉢からの帰途、森で休息をとる釈迦に蜜を奉献した猿が、喜びのあまり踊り出し、そのはずみに穴に落ちて絶命してしまう。しかし、布施の功徳によって死後、比丘として生まれ変わり、ついに悟りを得るという物語である。(3) 台座の三つの人物がこの猿で、蜜を奉献し、踊り、絶命するという三つの場面が連続して表されている。釈迦が手にするのが、猿の奉献した蜜の鉢であることはいうまでもない。

向かって右側の像は釈迦が悟りを開いた「降魔成道《ごうまじょうどう》」のシーンである。悪魔の軍勢を打ち破り、菩提樹のもとでついに究極の悟りに達したのは、出家から六年後の釈迦が三五歳のことであった。右手の先を地面に触れる触地印は降魔印とも呼ばれる。また釈迦の頭上には菩提樹を示す二枚の樹木の葉と、さらに傘蓋が表現されている。

中央の立像の顔の横に置かれた二体の坐像は、まったく同じように見える。結跏趺坐《けっかふざ》で坐り、両手を胸において転法輪印を示している。しかし、ここでも内容の手がかりとなるシンボルが、釈迦の周囲にさりげなく添えられている。

向かって左の坐像の場合、台座の中央に法輪と二頭の鹿が表されている。「転法輪印」を示していることもあわせて、釈迦が鹿野苑《ろくやおん》（現在のサールナート）において行った「初説法」であることは明らかである。つがいの鹿は鹿野苑を表し、その間に置かれた法輪は、釈迦が説いた教えの象徴である。

一方、向かって右の坐像は、坐り込んだ人物が台座の端にいる（図1-4）。これは外道、すなわち仏教以外の宗教の信奉者に対して釈迦が奇跡を示した場面と考えられる。神通力比べを迫った外道に対して、釈迦は地中から巨大な蓮華を湧出させ、さらに周囲にもおびただしい数の蓮華を生んで、そのひとつひとつに仏の姿を生み出すという奇跡を示して見せた。(4) この場面は、奇跡

図1-1　宝冠仏立像

図Ⅰ-2　酔象調伏（図Ⅰ-1部分）［右上］
図Ⅰ-3　獼猴奉蜜（図Ⅰ-1部分）［左上］
図Ⅰ-4　舎衛城の神変（図Ⅰ-1部分）

を示した場所の名にちなんで「舎衛城の神変《じんぺん》」とも、多数の仏を現したことから「千仏化現《せんぶつけげん》」とも呼ばれる。この作品では奇跡を行う釈迦と、それに驚く外道の者のみが表現されている。

作品の上端には横たわる釈迦が置かれている。いうまでもなく、クシナガラでの釈迦の涅槃《ねはん》の姿である。釈迦の近くには悲嘆にくれる複数の人物が表され、さらに、釈迦の上方には小さくストゥーパ（仏塔）の浮彫も見られる。伝統的にストゥーパは舎利、すなわち釈迦の遺骨をまつるために建立されたと伝えられている。古くから涅槃の象徴として、インドおよびその周辺世界で広く知られていた(5)。

パーラ朝の如来像

大英博物館の仏立像は、釈迦の生涯の重要な複数のシーンを周囲に配していることがわかった。一種の釈迦の仏伝図である。しかし、中心の立像とその左右に比較的大きく表された同様の姿の二つの立像は、そのような説話的な要素を含まない。この部分のみを取り出せば、左右に脇侍をしたがえた三尊形式の礼拝像にも見える。また、上端の涅槃像以外の仏がつける宝冠、瓔珞、耳飾りなどの装身具は、世俗の生活を放棄した釈迦の姿にはふさわしくない。とくに中央の立像が身につける宝冠や瓔珞は、念入りな細工がほどこされ、贅の限りを尽くしている。通常、出家後の釈迦は大衣のみを身にまとった僧の姿（仏形《ぶつぎょう》）で表され、出家前の華やかな王子の姿とははっきりと区別される。ところが、大英博物館の作品は、仏伝中の釈迦で、本来ならば僧の姿をとるべきものも、涅槃以外は等しく装身具を身につけている。

パーラ朝の時代に作られた釈迦の仏伝を表す作品には、大きく分けて、釈迦八相像と単独の釈迦像の二つのグループがある。

釈迦八相像は、大英博物館の作品に見られた「降魔成道」「初転法輪」「涅槃」「舎衛城の神変」「酔象調伏」「獼猴奉蜜」の六つの場面に「誕生」と「三道宝階降下」を加えたものである。

このうち「誕生」の場面の主人公は釈迦ではなく、摩耶夫人《まやぶにん》である。仏の母は画面の中心に右手を挙げて立ち、無憂樹をつかんでいる。彼女の右脇から赤ん坊の釈迦が半身を出したり、飛び降りるように表される。釈迦の下にはクッションのように七つの蓮華が置かれているが、これは釈迦が誕生直後に七歩を歩き、獅子吼《ししく》したことを表す(6)。

最後の三道宝階降下は「従三十三天降下」とも呼ばれ、釈迦出生後に昇天した仏母摩耶夫人のために、釈迦がその住まいである三十三天に昇り、三カ月の間説法した後に、地上に帰還した説話にもとづく。工芸神ヴィシュヴァカルマン(毘首羯磨《びしゅかつま》)によって作られた三種の宝石からなる階段を、梵天と帝釈天を従者として、はなばなしく降りてくるさまが描かれる(7)。

八相図のうち、誕生、降魔成道、初転法輪、涅槃の四つの出来事は「四大事」とも呼ばれ、古くから釈迦の生涯のもっとも重要な場面とみなされてきた。インドにおいて仏教美術が誕生したときから、その重要なテーマとして、単独で、もしくはひとまとまりの「四相図」として表現されてきた。これに対して、舎衛城の神変などの四つの出来事が、四相図に加わる副次的な出来事として八相図を構成するようになったのは比較的遅く、パーラ朝に先行するグプタ朝、もしくはポスト＝グプタ期と考えられる(8)。なお、中国や日本で主流となった八相図の場合、四相図中の降魔成道を「降魔」と「成道」の二シーンに分けて五相にし、さらに、釈迦が摩耶夫人の胎内に入る「托胎」と、それに先だって兜率天《とそつてん》から出発する「下天」、青年釈迦が城を捨てて苦行の道に入る「出家」の三つを加えて八つとする。成道前の出来事が大半を占め、パーラ朝の八相図が成道後の釈迦の超自然的な力を発揮したエピソードをおもに加えてできあがっていることとは対照的である。

大英博物館の不完全な八相図の場合、中心は仏立像であったが、このような例はわずかで、この時代のほとんどの八相図は降魔成道の釈迦を中心に大きく表し、これを取り囲むように残りの七つのシーンを配する（図1-5）。周囲の七相の位置もほぼ固定している。頭上には涅槃、最下段の左右のいずれかに誕生が必ず置かれ、これと対に「獼猴奉蜜」が位置することが多い。残りの四場面は、舎衛城の神変と初転法輪、酔象調伏と三道宝階降下という二組に分かれ、それぞれ同じ高さで左右に配される。これは、はじめの二シーンがいずれも転法輪印を示す坐像であるのに対し、あとの二つが立像という共通の姿勢をとるため、左右の対称性を考慮して、バランスよく配置した結果であろう(9)。

図1-5　降魔成道を中心とする八相図

釈迦八相図と仏伝図

この時代には仏伝の単独のシーンのみを表した作品もかなり制作されている。しかし、そこに描かれているのは、八相図として選ばれた八つのシーンにほぼ限られている。

カルカッタのインド博物館の涅槃図（図Ⅰ-6）は、横たわる釈迦を大きく表し、その台座の前にはうずくまったり、大げさな身振りで悲嘆にくれる三人の人物が描かれている。釈迦の背後にはストゥーパが置かれ、その左右では雲の中から手が伸びて、太鼓やシンバルを打ちならしている。このような楽器の表現は、釈迦の涅槃に際して、その偉大な出来事を称賛する天界の楽器が、虚空に響きわたったという文献の記述を忠実に表したもので、ガンダーラやアジャンターなどの涅槃図中ですでに表現されている。(10)

獼猴奉蜜を表す作品（図Ⅰ-7）では、釈迦の右側に鉢をもった猿が小さく表現されている。前に見た大英博物館の作品の場合、蜜を奉献する場面のほかに、喜びに駆られて踊り、さらに穴に落ちて死ぬという場面も添えられていたが、単独像の場合は、この作品のように、奉献する姿のみである場合がほとんどである。台座の左右に置かれた獅子、光背上部左右に現れる二人の菩薩は、物語には直接関係しない。

酔象調伏（図Ⅰ-8）や三道宝階降下（図Ⅰ-9）も、すでに見た八相図中の各場面とほとんど同じ形式で表される。三道宝階降下の場合、釈迦の左側から傘蓋《さんがい》を掲げる帝釈天、水瓶をもって右側にしたがう梵天の他に、釈迦の足もとに小さく女性の姿が表されている。この女性は三道宝階降下のエピソードに登場する蓮華色という比丘尼に比定することができる。大群衆の最前列で釈迦の帰還を迎えたと伝えられている。

舎衛城の神変はグプタ朝のサールナートで好んで作られた仏伝図である。釈迦は中央で転法輪印を示して坐り、釈迦の坐す蓮華の茎の横には二人の龍王がかしずいている。彼ら二人が釈迦の要請にこたえて、地中から千の花弁をもつ大蓮華を生み出したのだ。同じ蓮華からは釈迦の周囲にも多くの花を咲かせ、その上に一体ずつ仏の化身が坐っている。パーラ朝の舎衛城の神変もこ

図1-6 涅槃図[上]　図1-7 獼猴奉蜜図

図1-8　酔象調伏図

図1-9　三道宝階降下図

の形式を踏襲するが、中央の釈迦を巨大化させ、それと連動して、化現した仏の数は減少し、二人の龍王も姿を消す傾向にある。

　釈迦の生涯を描いた仏伝図は、インドの仏教美術におけるもっとも重要なテーマであった。釈迦を人間の姿で表さず、法輪や菩提樹のようなシンボルで表した最初期の仏教美術から、彫刻家はその説話的な内容をいかに伝えるかに腐心している。バールフット出土の三道宝階降下を表した浮彫（図1-10）は、最初期の仏伝図の代表作のひとつである。三十三天から地上にのびる三種の宝階が場面の大部分を占め、そのまわりを群衆がひしめいている。ここでは釈迦の存在は階段の上に記された二つの足跡で示されているにすぎないが、周囲の人々の興奮した姿から、彼らの前で繰り広げられているのが、いかに驚くべき出来事であるかが見る者にも伝わってくる。

酔象調伏を描いたパネル（図1-11）は、南インドのアマラヴァティーから出土したものである。象を二回繰り返して描き、暴れ狂う姿から、釈迦によってなだめられ、膝を折ってその前にうずくまるまでの時間の推移が巧みに表現されている。象と釈迦の周囲の余白も、城内のおびえ

図1-10　三道宝階降下図

図1-11　酔象調伏図

る人々や逃げまどう比丘たちで埋められ、場面の緊迫した雰囲気が凝縮されている。パーラ朝の八相図の仔猫のような象や、それに手をさしのべるだけの釈迦との隔たりのなんと大きなことだろうか。

釈迦の仏伝図に大きな展開が起こったのは、仏像誕生の地として名高いガンダーラであった。象徴的な表現を捨てて、ついに釈迦を一人の人物像として表現することに踏み切ったことで、仏伝の情景や内容をはるかに写実的に表すことが容易になり、そこに描かれる場面の種類も飛躍的に増大した。その結果、釈迦の生涯として伝えられるさまざまなエピソードが造形化されるとともに、それに先立つ数多くの前世の物語も作品のテーマとして取り上げられるようになった。

ガンダーラと並んで仏像誕生の地として知られるマトゥラーでは、仏伝のもつ意義がガンダーラとはいささか異なる。マトゥラーで作られた多くの像は、単独の礼拝像や、脇侍菩薩をしたがえた三尊像であった。釈迦を表現する場合も、説話図としてよりも礼拝像とする傾向が強く、誕生、成道、初転法輪、涅槃の四大事をひとまとまりとした四相図や、これに三道宝階降下を加えた五相図が、この地から出土している。(11)

この流れを受けて、パーラ朝の八相図に大きな影響を与えたのが、サールナートの仏伝図である。ここからは、仏伝の複数の場面を選んでひとつのパネルにまとめた作品が一〇例程度出土している。その中には、出家や托胎などのシーンを含む作品も認められるが、大半は四大事を描いた四相図や、これに舎衛城の神変などの副次的な出来事を加えた構成となっている。(12)その中でもとくに注目されるのは、長方形のパネルを縦に四つ、横に二つの同じ大きさの八区画に分割し、ここに八相のひとつひとつのシーンを描いた作品である（図1-12）。上段の二区画に初転法輪と涅槃、下段の二区画に誕生と降魔成道の四大事を置き、これにはさまれるように副次的な四つのシーンを表している。八つのシーンの選択や、各場面を構成する主要なモチーフがすべてパーラ朝期の八相図に一致する上に、誕生が最下段、涅槃が最上段という配置も共通である。

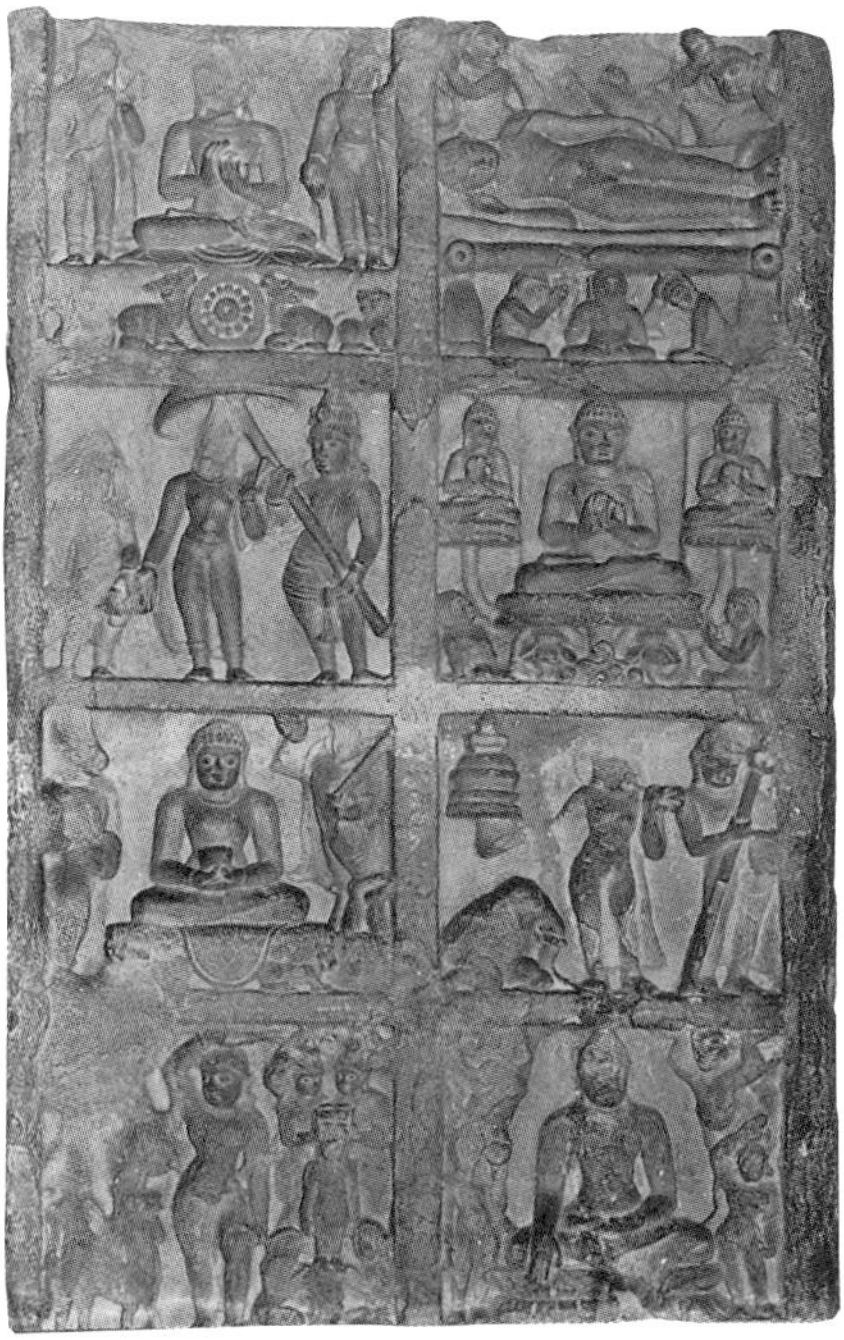

図1-12　釈迦八相図

このようなサールナートの仏伝図も視野に入れてパーラ朝の八相図をながめると、数ある仏伝のエピソードの中から、副次的な四つの出来事を四大事に加えた八相図が固定化され、さらに各場面を表すモチーフが定着していくことがわかる。

説話図から礼拝像への転換

八相図や単独の仏伝図にあらわれる主要なモチーフと釈迦の示す印相をまとめると次頁の表2のようになる。これらの八つ

表２　八相の名称、印、場所、モチーフ、シンボル

八相の名称と印	場　所	モチーフ、シンボル
誕生	ルンビニー	摩耶夫人、二龍王、重ねられた蓮華
成道（触地印）	ボードガヤ	悪魔、菩提樹、傘蓋、二人の地天
初説法（転法輪印）	サールナート	法輪、二頭の鹿、五比丘
涅槃	クシナガラ	動転する人物、須跋、太鼓と手
舎衛城神変（転法輪印）	シュラーヴァスティ	千仏、蓮華、二龍王
従三十三天降下（与願印）	サンカーシャ	梵天、帝釈天、宝階
酔象調伏（施無畏印）	ラージャグリハ	象、手から飛び出す獅子、阿難
獼猴奉蜜（定印に鉢）	ヴァイシャーリー	鉢、猿

の出来事は、それぞれ決まった場所で起こったと伝えられるため、その地名もあわせて示そう。

パーラ朝のこれらの仏伝図を見ると、仏伝という説話的な内容をもった図像であるにもかかわらず、それを表すための登場人物やモチーフがしばしば消失してしまっていることがわかる。三道宝階降下や酔象調伏を表すバールフットやアマラヴァティーの作品では、群衆を表す複数の人物が登場したが、パーラ朝の場合、梵天と帝釈天の二神、あるいは象とアーナンダという最小限の要素しか描かれないし、彼らでさえも省略されることはしばしばである。降魔成道において釈迦を襲う悪魔の軍勢、初転法輪を聴聞する五比丘、舎衛城の神変で化現したほとけたちも同様で

ある。

　酔象調伏において暴れ狂う象とおとなしくなった象、あるいは獼猴奉蜜での蜜を奉献し、踊り、絶命する猿のように、同じ登場人物を同一画面上に繰り返す異時同景図の手法は、インドの説話図の常套的な方法であるが、パーラ朝の八相図でこのような表現がとられることはきわめてまれである。はじめに取り上げた大英博物館の宝冠仏立像中の獼猴奉蜜は、その例外のひとつである。

　こうして説話的な要素を極力排除することによって、最後に残ったのは、中心となる釈迦と一つか二つのシンボルのみである。たとえば降魔成道では、釈迦の頭上に広がる菩提樹の葉と傘蓋、初転法輪では法輪と二頭の鹿、三道宝階降下では梵天と帝釈天、涅槃ではストゥーパなどである。興味深いことに、こうして残ったシンボルのいくつかは、仏教美術の誕生したときから釈迦を表すために用いられたものである。とくに法輪と初転法輪、ストゥーパと涅槃、菩提樹と成道の結びつきは、サーンチーの仏塔などでも見られ、説話そのものを示すシンボルとして機能していた。(13) パーラ朝の八相図に見られる説話的要素の消失は、インドの仏教美術の最初期に支配的であった、仏陀の象徴的表現の復活でもあったのである。

　八相図の各シーンを特徴づけるものに、このような限定的なシンボルの他に、釈迦が手で示す印相がある。降魔成道と触地印、初転法輪と舎衛城の神変の転法輪印、獼猴奉蜜の定印などである。ともに立像で表される三道宝階降下と酔象調伏は、前者が与願印、後者が施無畏印という違いで区別される。説話の内容を示すモチーフがたとえ表現されていなくても、釈迦の示す印相のみによって、場面の情景が連想されるようになっている。印相と限られたモチーフで構成された場面全体が、特定の仏伝を表すシンボルとなっているのである。

このような説話性の希薄化は、仏伝図を礼拝像へと変質させることにつながる。釈迦のみを場面の中でひときわ大きく表し、他の登場人物は、たとえ表現されても、釈迦に比べれば子どもや小人のようになって、その脇や台座に添えられるにすぎない。八相図の中の一場面、とくに降魔成道の場面のみを大きく表すことも、これと同じ傾向であろう。釈迦を仏伝の主人公としてよりも、礼拝の対象として扱う態度は、マトゥラー以来の伝統であるが、パーラ朝ではさらに徹底され、装飾性が強調されるようになる。つまり、中心となる釈迦は例外なく正面を向いて表され、各場面は釈迦が示す印相と立像・坐像の別にしたがって、左右の対称性を意識して配置される。説話的要素の消失と礼拝像への移行は同時に進行していったのである。

釈迦八相図成立の背景

パーラ朝の八相図が釈迦の生涯を描いた単なる仏伝図ではないとすれば、それは特定の意図のもとで制作され、礼拝されたことが予想される。

パーラ朝の八相図に関する近年の研究は、「巡礼」という宗教行為と結びつけることが多い(14)。古くから釈迦の四大事の起こった四つの場所は、四大聖蹟として仏教徒たちの聖地としての地位を誇っていた。マウリヤ朝のアショーカ王が仏塔を建て、巡幸した場所でもある。また多くの仏典には四大聖地の巡礼による功徳が説かれている。『八大霊塔名号経《はちだいりょうとうみょうごうきょう》』という経典には、さらに四大聖地に加えて四つの聖蹟があげられ、そこに建てられた仏塔を巡礼するか、もしくは思念することをすすめている。[15] 八つの聖地の場所は八相図の各場面と同じであるが、その内容は「酔象調伏」のかわりに、デーヴァダッタによる教団分裂、「獮猴奉蜜」のかわりに釈迦が寿命を捨てて涅槃に入ることを決意したことがあげられている。

たしかにこの時代に、八大聖地の中でも成道の場であるボードガヤなどには、多くの参拝者が訪れている。近年発掘された石版には、降魔成道を示す釈迦の線刻の下に、スリランカの僧の名が寄進者としてあげられているという。また、ボードガヤ出土の八相図で、ベンガル地方の僧侶によって寄進された例も知られている。[16] 当時の八相図に降魔成道を中心に置く作品が多いことと、このうちのかなりの作品がボードガヤやその近くのナーランダー僧院から出土していることも無関係ではないであろう。[17] 巡礼者が降魔成道の聖地を訪れ、その偉業を刻んだ像を寄進したであろうことは想像にかたくない。

しかし、この時代、八大聖地がすべて巡礼地として機能していたとは考えにくい。はじめに述べたように、七世紀前半に玄奘がインドを訪れたときに、すでにボードガヤとサールナート以外の聖跡は荒廃していた。[18] 実際、これら二か所以外の聖蹟からは、パーラ朝の仏教美術の出土はほとんど知られていない。八相図に示された八大聖地を実際に巡礼することはほとんどありえなかったであろうし、それだからこそ『八大霊塔名号経』に見られたように、釈迦の事跡を理念的にたどり、追慕することが強調されたのであろう。釈迦の生涯が仏教徒の理想として思念されたのである。

四大事に加えられた舎衛城の神変、三道宝階降下、酔象調伏、獼猴奉蜜が、すべて釈迦の成道後の神話的な事件であることも注目される。これは出家や托胎のような釈迦の個人的な出来事に対して、教団代表者という社会的存在としての釈迦の偉業とみなされるからだ。

これらの神話的な四つの出来事は、獼猴奉蜜をのぞき、いずれも仏教教団の存在にかかわる重大な事件であった。舎衛城の神変は、勃興してきた仏教教団に対する他の宗教からの挑戦であり、釈迦が奇跡的な力を示してこれを圧倒したことは、教団の勝利をも意味している。しかし、釈迦はその後、三カ月にわたって教団の人々の前から姿を消してしまう。その間、釈迦は三十三天に昇り、母である摩耶夫人に説法していたことになっているが、釈迦が不在の地上の教団が混乱の極みにあったことは経典に克明に記されている。三道宝階降下は、釈迦の地上への再臨として人々の待ち望んでいたものであったが、教団にとっては危機的な状況にようやく終止符を打ったときでもある。

酔象調伏はデーヴァダッタによる釈迦の暗殺未遂である。しかし、デーヴァダッタの悪行として名高いのは、むしろ「破僧伽」すなわち仏教教団を分裂させたことにある。(19) 釈迦に対抗して彼が新しい教団のリーダーになろうとしたとき、教団の大多数の比丘たちはデーヴァダッタにしたがって釈迦のもとを去っていった。このときは、釈迦の二大弟子である舎利弗と目蓮が奇跡的な力を発揮し、比丘たちの奪還に成功したが、この出来事は長く教団に記憶されることになり、デーヴァダッタを極悪人に仕立て上げることになる。『八大霊塔名号経』がラージャグリハを酔象調伏ではなく、この破僧伽の場所としてあげていたのは、すでに見たとおりである。

四つの副次的な出来事の中で、獼猴奉蜜のみは教団の危機とは無縁のほほえましいエピソードである。しかし、この出来事の舞台であるヴァイシャーリーは、釈迦が自分の寿命を捨てた場所でもあった[20]。釈迦が涅槃に入る、すなわち教団から永遠に姿を消すということが確実となったのが、この地だったのである。それによって、釈迦亡き後の教団の存続と運営が、残った者たちにゆだねられることになる。この寿命の放棄がいかに重大な出来事であったかを、涅槃の前後を伝えるパーリ語の『涅槃経』は「大地震が起こり、人々を恐怖させ、身の毛をよだたせ、神々の太鼓は破裂した」という描写で示している[21]。さらに経典は、釈迦の言葉を借りて、このような大地震が起こる理由に八つあるといって、その第三以下に、托胎、誕生、成道、初転法輪、寿命の放棄、涅槃をあげている[22]。釈迦の寿命の放棄は、四大事にも匹敵する重大事件であり、それが起こったヴァイシャーリーは、他の出来事と同様、教団によって「記憶されるべき場所」だったのである。

この寿命の放棄やデーヴァダッタによる破僧伽が八相図のテーマに選ばれなかったのは、パーラ朝以前の仏教美術において、これらのシーンを描いた作品がほとんど存在していなかったためであろう。反対に酔象調伏や獼猴奉蜜は、動物の登場するエピソードとして、サーンチー以来、仏伝のテーマとして好んで表されてきた。ヴァイシャーリーにおける獼猴奉蜜と寿命の放棄、そしてラージギルにおける酔象調伏と破僧伽というそれぞれ異なる二つの出来事のうち、仏伝図として実績のあるエピソードが八相図の一場面として採用されたのであろう。(23)

神変と八相示現

釈迦が寿命を放棄したときに起こり、また誕生などの仏伝の重要な事跡に際して起こった大地震は、奇跡的な出来事に付随して生じている。このようなものを仏教徒たちは「神変《じんぺん》」という言葉で呼んだ。(24)地震は釈迦が超自然的な力である神通力を発揮する予兆だったのである。われわれにとって大地震は忌まわしい天災でしかないが、古代や中世のインドの人々にとって、それは吉凶の区別なく、奇跡が起こる前触れと考えられた。八相のひとつ「舎衛城の神変」を伝える諸文献にも、釈迦が神変を示して外道を圧倒する前に「大地は六種に振動した」と述べられている。(25)これによって大地は柔軟になり、奇跡が起こる状況が整ったのである。

多くの大乗経典は、経典の冒頭にこの大地震をはじめとする超自然的な出来事を記している。たとえば、代表的な大乗経典のひとつ『法華経』は、世尊が三昧に入った直後に世界は六種の地震を起こして、激しく動揺したことから始まる。そして世尊が白毫《びゃくごう》（眉間にある毛の渦）から一条の光を放ち、宇宙全体を照らし出すと、そこに存在するありとあらゆるものが相互に照らしあい、たがいを見ることが可能になった。こうして『法華経』の説法は始まるのである。この六種の大地震と光による宇宙の充満が、仏陀の神通力による奇跡であるとともに、それをふまえてなされる世尊の説法そのものも神変とみなされる[26]。

ところで、大乗仏教において仏は釈迦一人ではない。釈迦よりも前にすでに仏陀が存在したという信仰は古くからあり、過去七仏や過去二十五仏、あるいは釈迦の直前の仏である燃燈仏などがよく知られていた。また、将来現れる未来仏としても、弥勒の名がその代表としてあげられる。後世になると時間的な広がりを極限にまで広げ、過去、現在、未来の三世にそれぞれ千ずつの仏がつぎつぎと登場するという三世三千仏信仰まで現れるに至る[27]。

一方、われわれの住むこの世界の他にも数多くの仏国土があり、そこにはそれぞれ一人ずつ仏がいるという空間的な広がりも考えられるようになる。宇宙全体は無数の仏国土で満ちあふれ、われわれはその中のひとつに住んでいるにすぎないのである。先ほどの『法華経』の神変でも、無数の仏国土にいる仏、菩薩、そして衆生たちが、世尊の光によって相互に見ることができたことが強調されていた。

時間的にも空間的にも数限りなく現れた仏は、それぞれ自分勝手に法を説いているわけではない。すべての仏たちは共通の方法で共通の真理を説き、同じように衆生を悟りへと導く。そのためには、あらゆる仏は同じような生涯をたどらなければならない。釈迦もその中の一人だったのである。

見方を変えれば、釈迦の生涯はそれ以外のすべての仏たちの生涯のモデルとなった。釈迦のなした偉業は時間や空間を越えて、ありとあらゆる仏たちによって、無限に反復されなければならないのである。

初期大乗経典のひとつ『華厳経』の「入法界品《にゅうほっかいぼん》」は、善財童子による求道の旅の記録である。その中で、善財童子が出会った数々の仏や善知識たちは、自分たちが釈迦と同じ生涯をたどったことを彼に伝える。その生涯とは「兜率天から下り、仏の母の胎内に入り、誕生、出家、降魔、成道、初転法輪と続き、最後に涅槃に入る」というものである。[28] 釈迦の生涯は歴史的な一回限りの出来事ではなく、世界に遍満する仏によって反復されるべき、理想のモデルだったのである。

大乗仏教の菩薩たちは、衆生救済を至上の課題とするため、生死の世界を超越していながら、涅槃にとどまらず、未来永劫にわたってそのつとめを果たすと信じられた。そして彼ら菩薩たちも仏の働きを行うため、釈迦の八相を自ら示してみせることになる。これが菩薩による「八相示現」と呼ばれ、菩薩の示す神変と考えられた。[29]

大乗仏教徒たちにとって釈迦の生涯に起こった八種の超自然的な出来事は、単に彼らによって思念され追慕される一回限りの過去の出来事ではなく、時間的にも空間的にも無限に繰り返される仏や菩薩の偉業であった。[30] その背景にあるのは、仏や菩薩の生涯をも定める絶対的かつ普遍的な究極の真理、すなわち「法」（ダルマ）である。八相図に示されているのは、このような法によって支配され、それにしたがって展開した仏の神変そのものなのである。

宝冠をいただく仏

パーラ朝の八相図に表された八つの事跡が、単なる釈迦の生涯の八つのエピソードではなく、大乗の仏や菩薩の理想のモデルであったことと、この時代の仏像に宝冠や瓔珞を付けた作例があることは、何か関係があるかもしれない。

大英博物館の作品にも見られたこのような仏像は、一般に「宝冠仏」の名で呼ばれているが、仏でありながら豪華な装飾品を身につけている理由については定説がない。精神的な世界における覇者である仏陀に、世俗の王のイメージを重ね合わせたという考え方や、あるいは、宝冠仏が仏教徒によって奉献された像に多いことから、寄進者による仏の供養・荘厳を意図したものという説などがこれまでに示されている(31)。

パーラ朝の仏陀像を形式や図像内容から分類すると、宝冠をつけない場合、すでに見た仏伝図や八相図の他に、二尊の菩薩を脇侍とする三尊形式のものがある。これに対し、宝冠仏の場合、八相図(図1-13)、脇侍菩薩をともなう三尊像(図1-14)の他に、菩薩ではなく二尊の仏を脇侍とするものがかなりある(図1-15)。また、宝冠をつけない釈迦像の場合、釈迦の単独の仏伝図として、八相すべてのシーンが存在するのに対し、明らかに宝冠仏の姿をとった単独の仏伝図はほとんど認められず、わずかに触地印と転法輪印を示す仏陀像がそれぞれ数例あるにすぎない。これらは降魔成道や初転法輪、あるいは舎衛城の神変に比定することは可能であるが、菩提樹や法輪と二頭の鹿などの最小限のシンボルの他には説話的な内容を伝えるモチーフは認められず、仏伝に由来する礼拝像と見た方が妥当である。

単独の仏伝図に宝冠仏がほとんど認められず、逆に礼拝像的な性格の強い八相図や三尊像に多く見られるのは、宝冠をつけた仏陀が、説話的な要素を意識させる歴史上の釈迦から離れ、抽象的、普遍的な仏陀を表しているからと解釈することができる。仏を脇侍のようにしたがえる仏陀像の場合、かならず中央の仏は宝冠をいただくことも、このことと同じ理由であろう。釈迦の仏伝において、釈迦を含めて複数の仏陀が同時に出現することはありえないが、無限の仏国土を前提とする大乗仏教においては、異なる仏国土の仏たちは、つねに同時に存在しているし、この宇宙は無限の仏で満ちあふれているはずである。

宝冠仏が八相図や仏を脇侍とする三尊形式として表される場合、中央の如来以外にも、周囲や脇侍の仏たちも宝冠をつけることがある。大英博物館の宝冠仏立像も同様であった。反対に中央の仏が無冠で、まわりの仏を宝冠仏で表すことはない。中央に大きく表された仏を宝冠仏とする段階があって、これを周囲の仏にまで広げたと考えるのが自然である。しかし、八相図の場合、宝冠をけっしてかぶることのない場面が二つある。ひとつは「誕生」でもうひとつは「涅槃」である。これら二つの場面の釈迦は、母の摩耶夫人の右脇から飛び出したり、台上に横臥する姿で表される。他の六つのシーンの釈迦が坐像もしくは立像という礼拝像に移行しやすい姿で表現されるのに対し、説話的な内容を見るものに強く意識させる形式である。歴史的な仏陀の抽象化や

図1-13　宝冠仏を中心とする八相図［右上］
図1-14　二脇侍菩薩をともなう宝冠仏坐像
図1-15　二脇侍仏をともなう宝冠仏立像［左］

普遍化が困難な場面だったのである。

パーラ朝の仏陀像に固有の宝冠仏は、この時代の仏陀像の主人公が歴史的な釈迦から普遍的な仏へと変化し、それにともなって釈迦の生涯に固有の説話的な要素が消滅し、かわって礼拝像として表されるようになったことと、同じ理由で説明できるのである。

大英博物館の宝冠仏立像は、八相図の中の六場面しか含まず、しかも「酔象調伏」の場面を繰り返してまで左右の対称性を追求し、さらに脇侍に仏をしたがえて、涅槃以外の仏陀すべてに宝冠をいただかせている。この時代の仏陀像のひとつの究極的な姿を示しながら、インドから遠く離れたロンドンの地で、まばらな観光客を前にしてひっそりとたたずんでいるのである。

◇コラム② 密教五仏

大日、阿閦、宝生、阿弥陀、不空成就の密教五仏は、仏の五種の智慧に対応するため五智如来とも呼ばれる。金剛界マンダラでは、中央に大日を置き、阿閦以下の四仏を東南西北の四方に配する。わが国の密教系の寺院では、多宝塔の中にこれらの五仏を安置することも多い。その場合も、五仏と各方角との結びつきは維持されている。

五仏の中心的存在である大日は、名称そのものは古代インドのウパニシャッドにまでさかのぼることができるが、仏教の仏として登場したのは比較的新しい。大乗仏教の経典のひとつ『華厳経』において、世界の根源的な仏の名称として現れるのが、のちに密教仏としての最高位を獲得する出発点となる。大日については次章で詳しく述べる。

これに対して、四方の四仏のうち、東方の阿閦と西方の阿弥陀は、いずれも古い起源をもつ仏たちである。われわれの住む世界とは別の世界に、理想的な仏国土があるという考えは、すでに大乗仏教以前から存在していた。なかでも、東方の妙喜国と西方の極楽国はその代表的なもので、阿閦と阿弥陀はそれぞれの仏国土に現れた「他方仏」と考えられた。東に関しては、瑠璃光世界という浄土を立てて、ここに薬師如来が現れるという別の系統も存在したが、この尊は密教仏には加えられなかった。

東方の阿閦とその仏国土を説く経典には『阿閦仏国経』（大正蔵三一三番）と『大宝積経《だいほうしゃくきょう》』に含まれる「不動如来会」（大正蔵三一〇番）がある。阿閦の名称は「動かざるもの、揺るがないもの」を意味し、「不動」あるいは「無動」という訳語が当てられることもある。密教仏としての阿閦は、右手を大地に触れる「降魔印」（触地印）を示すが、これは釈迦の降魔成道の場が「金剛宝座」という「動くことのない場所」であったことにも、おそらく関連する。

西方の極楽浄土と結びついた阿弥陀のイメージは、浄土教の信仰や美術を通してわれわれにもなじみ深い。『阿弥陀経』『無量寿経』『観無量寿経』のいわゆる浄土三部経をはじめ、阿弥陀とその仏国土である極楽浄土を説く経典は数多く残されている。ガンダーラやマトゥラーから阿弥陀の名を銘文に記した仏像が発掘されていることからも、その信仰の歴史の古さがうかがわれる。阿弥陀の名称には「無量光」(Amitābha)と「無量寿」(Amitāyus)の両者があり、それぞれ無限の光を本質とする仏、無量の寿命を司る仏を意味する。また「甘露光」(Amṛta-prabha)という名称が密教系の文献に登場することもある。極楽浄土では阿弥陀は観音と勢至の二菩薩を従者とするため、三尊像として表される場合、わが国ではこの二尊を脇侍とすることが多い。密教ではとくに観音との結びつきを強め、金剛界マンダラでは阿弥陀の親近菩薩の第一に、観音が密教化した菩薩である金剛法があげられる。

　阿閦や阿弥陀などの他方仏をグループ化し、六方仏、八方仏、十方仏などを説く大乗経典はいくつか知られているが、密教の四仏や五仏と直接関係をもつのは、『金光明経《こんこうみょうきょう》』の説く四仏である。そこでは東方に阿閦、南方に宝相(Ratnaketu)、西方に無量寿、北方に微妙声(Dundubhisvara)があげられ、この全体を指して「四方四仏」という用語も用いられている。

　四仏のこの組合せの影響を受けつつ、独自の四方の仏を説くのが『大日経』である。東に宝《ほう》幢《どう》、南に開敷華《かいふけ》王、西に無量寿、北に天鼓雷音《てんくらいおん》が位置し、中央の大日とあわせて胎蔵五仏を形成する。このうち宝幢は宝相と、天鼓雷音は微妙声に原語は一致し、四仏のうち、開敷華王をのぞく三尊の仏が『金光明経』と同じことになる。ただし、宝相(宝幢)の位置が、南から東へと変更されている。また『大日経』の中には、北の天鼓雷音のかわりに不動(すなわち阿閦)をあげた構成が説かれる箇所もある。

　密教五仏として定着する組合せは、『初会金剛頂経』において本格的に説かれる。同経にもとづく金剛界マンダラは、大日如来を中心とした上下左右がシンメトリカルな構造をとる。大日如来は月輪《がちりん》を表す円の中央に位置し、その四方にも東に阿閦、南に宝生、西に阿弥陀、北に不空成就の四仏を中心とした月輪が描かれる。

『初会金剛頂経』では五仏の尊容はほとんど説かれない。五仏がそれぞれ異なる身色、印、座などをもつことが明記されるのは、『初会金剛頂経』の釈タントラ（根本経典の内容を敷衍し、解説した経典）とされる『金剛頂タントラ』においてである。たとえば、大日如来であれば身色は白で、両手は覚勝印と呼ばれる印を示し、獅子の座に坐ることが説かれる（表参照）。ただし、このようなシンボル体系は、根本経典である『初会金剛頂経』には明記されていなくても、経典を伝承したものや経典の注釈家たちにはよく知られていたはずで、わが国の金剛界マンダラの遺品においても、類似の姿の五仏を見ることができる。

表　金剛界五仏の特徴

名称	身色	印	座	智慧
大日	白	覚勝印	獅子	法界体性智
阿閦	青	降魔印	象	大円鏡智
宝生	黄	与願印	馬	平等性智
阿弥陀	赤	定印	孔雀	妙観察智
不空成就	緑	施無畏印	ガルダ鳥	成所作智

第2章

大日如来と太陽神の系譜

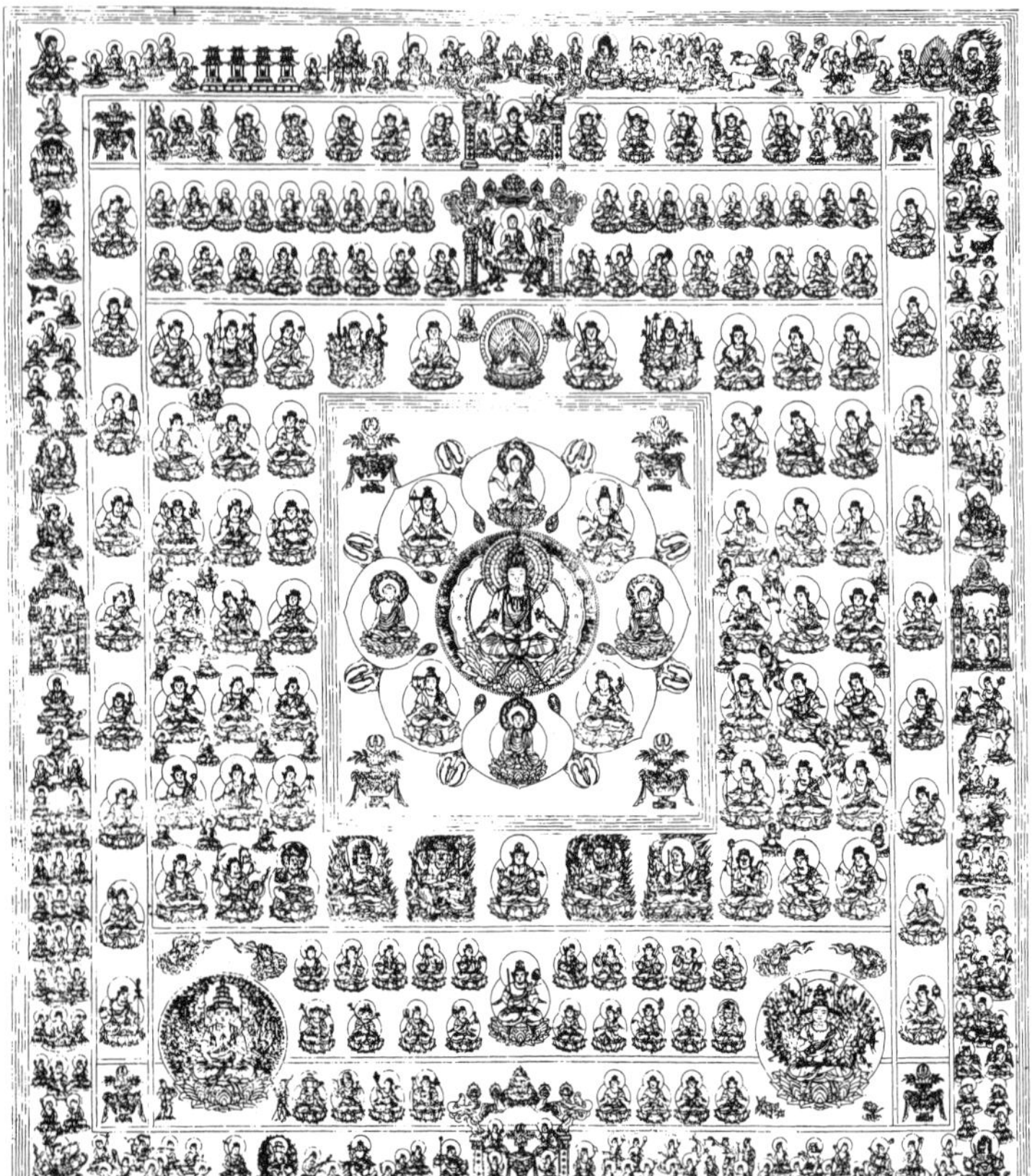

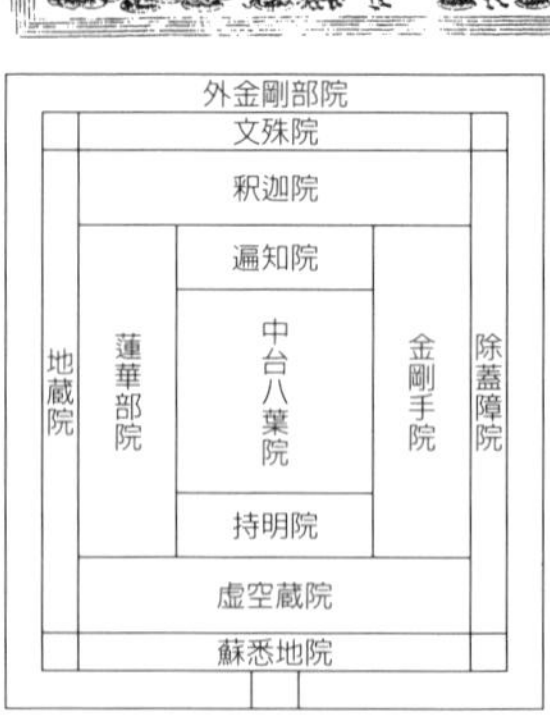
外金剛部院
文殊院
釈迦院
遍知院
地蔵院
蓮華部院
中台八葉院
金剛手院
除蓋障院
持明院
虚空蔵院
蘇悉地院

図コラム③　胎蔵曼荼羅

毘盧遮那とアスラ

奈良の東大寺の大仏は、正式の名前を毘盧遮那仏《びるしゃなぶつ》あるいは盧遮那仏《るしゃなぶつ》という。この仏は、その姿にみあった巨大な蓮台に坐っているが、この蓮台の蓮弁ひとつひとつには、細かな線刻がほどこされている。そこには世界の中心にそびえる須弥山《しゅみせん》という山と、仏や菩薩たちの姿が無数に描かれている。須弥山を中心とするひとつひとつの世界には、仏と菩薩が姿を現して衆生の救済につとめているからだ。中心の巨大な毘盧遮那仏は、これらの無数の仏国土を統括する至上の仏であり、仏教の真理すなわち法が仏の姿を示していることから「法身《ほっしん》」と呼ばれる。法身は釈迦をはじめとするさまざまな仏や菩薩の姿をとって、この世に顕現している。

図2－1　わが国の大日如来坐像

密教の時代になると、毘盧遮那如来は「マハーヴァイローチャナ」すなわち「偉大なる毘盧遮那」と呼ばれる。これが大日如来である（図2－1）。わが国に伝わるもっとも重要な二つのマンダラ、金剛界曼荼羅と胎蔵曼荼羅は、いずれも中央に大日如来を描く。それは、この仏こそが森羅万象の根源的な存在であるからにほかならない。

ところで、「ヴァイローチャナ」という名称は、アスラ（阿修羅）の王の名として、古くから知られていた。日本人にとって阿修羅は、興福寺の有名な阿修羅王像のイメージが強烈であるため、八部衆の他のメンバーとともに、仏法の真摯な守護神として定着している。しかし、アスラはインドの神話において、デーヴァすなわち神々の敵として、つねに闘争にあけくれる悪しき存在である。

アスラ対デーヴァの戦いとして有名なものに、一種の世界創造神話である「乳海攪拌《かくはん》」の物語がある。不死の霊薬である甘露（アムリタ）を手に入れようと考えたデーヴァたちは、アスラたちの協力を得て、原始の海である乳海を、巨大な山を棒にして攪拌した。大海からははじめに太陽と月が現れ、さらに神々のさまざまな宝が出現した後、最後に甘露が姿を現した。はじめ、甘露はアスラたちに独り占めされてしまうが、デーヴァたちは策略をめぐらして、これを奪還し、ついに不死を獲得することができた(1)。

アスラ対デーヴァの戦いというモチーフは、登場人物や舞台設定を変えて、ヴェーダ時代の聖典からヒンドゥー教の叙事詩にいたる、インドのさまざまな神話にくりかえし現れる。そして、つねにデーヴァが勝利をおさめ、アスラたちの占有していた宝をデーヴァたちが奪い返したり、解放することで終わる。なぜ、アスラたちは執拗なまでにデーヴァに対抗し、しかも勝利の見込みのない戦いに挑むのだろうか。

アスラの神々――ヴァルナとミトラ

神々とアスラの戦いを伝えるヴェーダの神話は、紀元前一五〇〇年前後に西北インドに入ってきたインド＝アーリヤ人たちがたずさえてきたものである。インド＝アーリア人はインド＝ヨーロッパ語族の一員で、このとき、西に向かったものたちがヨーロッパに定着し、一方、東へは主としてインドとイランの二方向に分かれた。

このうち、イランに向かったアーリア人たちも、アスラに相当するアフラ＝マズダーを有していた。しかし、このアフラ＝マズダーは、インド＝アーリア人の伝えるアスラとは異なり、善なる最高神であった。光り輝く存在で、叡智をもち、世界の秩序を維持する。そして、悪しき存在である「ダェーワ」たちをつねに打ち破り、悪に対する善の勝利へと導く。このとき、アフラ＝マズダーによって敗北を余儀なくされる「ダェーワ」たちこそ、インドにおいてはアスラに常勝していた「デーヴァ」たちにほかならない。インドにおける勝者と敗者が、古代のイランにおいては正反対の運命をたどることになる(2)。

ヴェーダの宗教においても、デーヴァの時代に先行するアスラの時代があったといわれる。原初的な天空神ディアウスもそのひとりであるが、ヴェーダ文献ではその信仰はすでに失われている。ヴェーダを代表するアスラはヴァルナである。この神は至上神として世界に君臨し、神々さえもその支配下に置く。「千の眼」をもつといわれ、いかなる者もそこからのがれることは不可能である。罪人を発見するや、すみやかに「ヴァルナの索縄《さくじょう》」で縛り上げ、水腫病（腹水病）によって罰する。(3) ヴァルナの住居は、光明を本質とする天界の大海原であるとされ、ここにたたえられた水と密接な関係をもつ。ヴァルナは後のヒンドゥー教では水の神に地位を落とされるが、本来ヴァルナと結びついていたのは単なる水ではなく、天界の水であった。

この司法神であるヴァルナが、宇宙を司るために創造した秩序は「リタ」と呼ばれる。リタは道徳的な規範から宇宙の摂理、天体の運行にいたるまですべてを支配する。季節を表す「リトゥ」というサンスクリット語も「リタ」と同じ語源をもつが、これは、季節の変化がつねに同じ周期で起こるからだ。世界の創造が行われるのもリタにしたがったからで、神々もすべてその支配下にある。(4)

しばしばヴァルナと対になって登場し、ヴァルナと不可分の関係にあるミトラという至上神も、アスラの一員である。彼は平和を好む情け深い神であるが、「契約」を司り、あらゆるものを監視することはヴァルナと同じである。そのためミトラは「太陽の眼をもつ」といわれる。イランの神話ではミスラがミトラに対応するが、軍神、雨神、光明神などの様相をもつ。(5)

ミトラやヴァルナに代表されるアスラの神々は、「アーディトヤの神々」と総称され、その数は古くは七柱とされていた。「アーディトヤ」という語はもともと天上界と何らかのつながりをもった言葉であったが、後世は「太陽」と同義と見なされるようになる。

ヴェーダ文献の中でももっとも古い成立とされる『リグ・ヴェーダ本集』において、すでにアスラからデーヴァに人々の人気は移ってしまっている。この書の中で代表的なデーヴァであるインドラに捧げられた讃歌は、およそ二五〇編にのぼるのに対し、ミトラとヴァルナに対するものは、わずかに四五編を数えるにすぎない。しかし、本来アスラがデーヴァよりも上位にあったことは断片的に伝えられている。ヴェーダ文献の中で哲学的な内容をもつものにウパニシャッドがあるが、そのひとつ『タイティリーヤ・ウパニシャッド』に、デーヴァが年下でアスラが年上であるという記述があるが、これもその一つの例である[6]。

また『チャーンドーギヤ・ウパニシャッド』には、デーヴァ族の代表であるインドラと、アスラ族の代表ヴィローチャナが、真理をともに求めたという挿話がある。この話の結末は、ヴィローチャナが中途で満足したのに対して、インドラは探求を深め、ついに真理に到達したことになっている。アスラに対するデーヴァの優位はすでに確立しているが、アスラはデーヴァの敵ではなく、当初はともに真理を求める学友になっている[7]。

ここに現れるアスラの代表「ヴィローチャナ」から派生した語が「ヴァイローチャナ」である。「ヴィローチャナの子」という意味にもとることができる。「ヴィローチャナ」という語は「光り輝く」を意味する語根√ruc に接頭辞 vi を加えてできており、普通名詞として用いられた場合、太陽、月、火などの意味がある。そして、それぞれの神格である太陽神スーリヤ、酒神（あるいは月神）ソーマ、火神アグニを指すこともある。単なる光や輝きではなく、天上界の光明であり、世界の隅々にまで行きわたり、人間界をはじめとする森羅万象を観察する神的な光線なのである[8]。

リタに相当する「法」（ダルマ）を本質とし、全宇宙に君臨する法身毘盧遮那、そして「遍照《へんじょう》」の異名をもち、あらゆるものの根元的な存在として世界を照らす密教の大日如来は、アーリア人がインドに侵入してきたときから、すでにその祖型が準備されていたのである。

大日如来と太陽神スーリヤ

パーラ朝の時代に制作された単独の如来像の中で、あきらかに密教の仏を表したと考えられる作品は意外に少ない。阿閦、宝生、阿弥陀、不空成就の作例は、いずれも四、五点かそれ以下が知られているにすぎない。その中で大日如来はおよそ二〇点を数え、比較的作例に恵まれている。[9] とくにオリッサ地方からは、菩薩の姿で表されたり（図2-2）、如来形でも長髪を垂らした独特の大日如来像が出土している。これらはいずれも定印を結んで坐り、胎蔵曼荼羅の中尊の姿と共通することから、胎蔵大日如来と呼ばれ、わが国の密教美術とのつながりからも注目されている。

一方、金剛界曼荼羅の中尊の姿をとった金剛界大日如来も、オリッサとビハールのいずれからも出土している。なかでもナーランダー出土の四面大日如来は、金剛界曼荼羅の典拠である『初会金剛頂経』の記述にも合致した作品である[10]（図2-3）。また、オリッサのウダヤギリからは、光背のパネルの四隅に供養菩薩の女尊を配した一種のマンダラ的な構造をとる作品が出土している（図2-4）。規模も大きく力強さのみなぎった作品で、この地域を代表する彫像作品に数えられる。

図2－2　胎蔵大日如来像

図2－3　金剛界四面大日如来像

インドの西北にあるスワート地方からは、これらとは異なった系統の、青銅製の大日如来像が四点見つかっている。いずれも宝冠をつけ、智拳印《ちけんいん》を結び、豪華な装身具を身につける。スワート地方や、その近くのカシミール地方からは、宝冠や装身具を身につけた如来像がかなり出土している。注目すべきは、これらの大日如来像の二例が、台座の部分に七頭の獅子を、また他の一例が六頭の獅子を表現していることである。六頭の例は単なる誤りと見れば、七頭の獅子座に大日如来が乗っていることになる[11]。

　七頭の獅子座に乗る大日如来の姿は、わが国に伝わる金剛界曼荼羅の図像資料「五《ご》部心観《ぶしんがん》」や「八十一尊曼荼羅」においてよく知られている。また彫刻としても、栃木県光徳寺の運慶作と見なされる大日如来像

図2－4　周囲に供養菩薩を配した金剛界大日如来像

や、大阪府金剛寺金堂の大日如来像が存在する。東寺の講堂に安置された諸尊像は、その中央に大日如来像を置くが、当初の像はやはり七頭の獅子を台座に飾っていたことが推測されている。[12]

　別尊曼荼羅と総称され、特定の修法のために描かれたマンダラのなかにも、七頭の獅子を台座に置いた大日如来を中尊とするものがある。一字金輪《いちじきんりん》曼荼羅（図2－5）や尊勝曼荼羅がそれである。とくに一字金輪曼荼羅は、中央の大日如来のまわりに転輪聖王《てんりんじょうおう》の七宝《しちほう》が描かれる。理想的な帝王としてインドにおいて古くから知られていた転輪聖王は、七種の宝を所有すると信じられていた。輪、馬、象、摩尼、大臣、兵、女官からなるこの七宝は、文字通り、王のエンブレムとして図像にも表現されてきた。

　これらの七つの宝のうち、中心的な存在は輪であり、それは放射状に光線を放つ日輪、すなわち太陽の象徴でもある。それ以外は個々の宝の内容よりも、全体が七つで構成されることが重要であった。なぜなら、七という数字はインドにおいてしばしば王権と結びついていたからだ。たとえば、王国の七種の要素として、王、大臣、都、国土、宝蔵、軍隊、友邦をあげたり、現在のパンジャブ地方を「七河」(saptasindhava) と呼んで、それを支配するものが王と見なされたりした[13]。

七という数はインドの代表的な太陽神スーリヤにおいても重要である。スーリヤに対する信仰は『リグ・ヴェーダ』にも見られ、その中ですでにスーリヤは「七頭の馬」に引かれて、天空を進むと讃えられている[14]。スーリヤが七頭立ての馬車に乗る姿は、グプタ期以降に作られた膨大なスーリヤ像において見ることができる（図2-6）。台座に横一列に馬が並び、中央の馬の上には御者の女神が手綱を握ってまたがっている。オリッサ州の海岸寄りの町コナーラクは、スーリヤ寺院で名高い（図2-7）。一三世紀に建立されたこの寺院には、数多くのすぐれたスーリヤ像がまつられているが、神殿全体が馬車を模した構造をとり、巨大な馬がこれを引いている。

図2－5　一字金輪曼荼羅

インドにおいてスーリヤ像は、紀元前二

世紀ごろの作品がもっとも古いとされる。[15] 初期のスーリヤ像は七頭ではなく四頭立ての馬車に蹲《そん》踞《きょ》の姿勢でうずくまる姿で表されている。独特の遊牧民の衣装は、西北インドからインドに侵入してきた異民族の姿とも考えられている。紀元前一世紀ごろの作品には、スーリヤの両側に、弓を引く女神の姿が現れる。これら二女神は、ヴェーダ文献に登場する暁の女神ウシャスに比定されることもある。『リグ・ヴェーダ本集』には、スーリヤがウシャスの後に従うことがうたわれている。太陽が昇る直前に、闇が暁の光線によって追い払われることを擬人化したものである。弓を引く二女神の姿は、これ以降つねにスーリヤの眷《けん》属《ぞく》として表現されつづける。

グプタ朝を過ぎると、スーリヤの図像は、両手に蓮華をもって直立する像として定着していく。現在残されているスーリヤの像は、ほとんどがこの形式である。台座の馬も七頭になり、遊牧民風の服装から、インドの他の神々と共通のものへと変わっていく。ただし、左右対称を強調したその姿は、躍動性を意識させる他の多くのヒンドゥー神像に比べると、やはり異色である。

この形式のスーリヤは、先述の弓矢を持った二女尊のほかに、払子を持った従者の二女神と、ダンダとピンガラという男神を眷属として従える。ダンダは「杖」を意味するが、その名の通り、手に杖を持っている。懲罰用の杖である。ピンガラはインク壺とペンを手にする。人々の善行と悪行を書き留めるのが彼の仕事だからである。この二人の従者は、イランの太陽神で、ヴェーダの神ミトラに相当するミスラの二人の従者たちと関係があるという。[16] 彼らもまた罪状を計量し、記録することを本務とする。すでに『リグ・ヴェーダ』の讃歌において、スーリヤはヴァルナと

図2-6　スーリヤ像

図2-7　スーリヤ像

ミトラの眼であるとうたわれていた。アスラの王たちの司直の目が、ここでは懲罰者として表されている。

マーリーチーと猪

七頭の獅子に乗る大日如来、七頭の馬に乗るスーリヤ。彼らの他にも七頭の動物に乗るものがもう一尊いる。マーリーチーと呼ばれる女尊である(17)。

マーリーチーは光線や陽炎を意味する言葉「マリーチ」から作られた名である。太陽や月の光、とくに暁の曙光がイメージされている。マーリーチーは摩里支天の名で平安時代にわが国にも尊像と経軌《きょうき》が伝わり、中世以降はとくに武士の間で広く信仰を集めた。摩里支天を信仰すれば、隠身すなわち敵の前から姿を隠すことができるという効験があると信じられたからである。多面多臂《ためんたひ》に武器を持った勇壮な姿が、その特異な功徳と相まって、人気を博したのであろう。仏教の尊格の中では珍しい「恐ろしき女神」の姿をとっている。

マーリーチーの信仰はインドでもかなり盛んであったらしい。パーラ朝期の仏教の女尊で、もっとも作例数の多いのはターラーであるが、マーリーチーはこれについで二番目の作例数を誇る。オリッサにおいてもこれは同様で、いずれの地域からもおよそ三〇点の出土が確認できる。[18] インドから出土したこれらのマーリーチーの作品は、いずれも複数の顔と腕をもつ多面多臂の像である（図2-8）。三面六臂、三面八臂の二種類に分かれるが、六面十二臂のものもある。[19] マーリーチーの尊容を説く文献には、これらのほかに一面二臂、三面十二臂、五面十臂、六面十二臂の形式もあげているが、実際の作例は現在のところ知られていない。

ほとんどの作品の特徴である三面のうち、向かって右の面、すなわち左面はつねに猪の顔で表される。これは文献にも「猪面」（varāhamukhī）と規定され、これを忠実に表現したものである。カルカッタのインド博物館のマーリーチー像は、口の先端が欠損しているが、すぐ横に小さく表された眷属の顔のように、当初は口の部分が横に突出していたはずである。大きく裂けた口に牙を表現する作例もあり、通常の人間の顔で表される正面と左面に、獣面を組み合わせた特異な姿である。

六臂像の場合、三組の手のうち、一組は弓と矢を、もう一組は針と糸という持物をほとんどの作品がもつ。いずれも二つで一組の持物で、一方が他のものと入れ替わることはない。残りの一組には右手に金剛杵、左手にはアショーカ樹という樹木の花を持つことが多い。八臂像の場合は、これに剣と羂索が加わるが、これらは六臂像の持物に現れることもある。

正面の顔の頭頂部には、結跏趺坐をとった仏が置かれている。智拳印、もしくは転法輪印を示すことから、大日如来に比定できる。[20] ちょうど観音が阿弥陀の化仏を飾るように、両者の密接な

図2-8　マーリーチー像

関係を示すものである。マーリーチーの作品には、光背の上部に密教の五仏を飾るものがいくつか見られるが、その場合も中央には必ず大日如来が置かれる。光背の五仏の配置と本尊との関係については、一定の法則があることが明らかにされており、中心には必ず本尊にもっとも関係の深い尊格が選ばれている。(21)

マーリーチーのまわりに猪の顔をした眷属尊を四尊おいた作品も多い。文献によれば、彼らの名前はヴァルタリー、ヴァダーリ、ヴァラーリー、ヴァラーハムキーで、いずれも女尊である。(22)それぞれの名前の意味はよくわからないが、最後のヴァラーハムキーは「猪の顔をもつもの」を意味し、マーリーチーの左面の説明と同じ語が用いられている。台座の中央に坐り、御者の役割をしている尊がヴァラーリーである以外は、どの尊がどこに位置しているのかは明確ではない。

台座にはすでに述べたように七頭の猪が並んでいる。スーリヤの七頭の馬のように、中央に正面向きに一頭置いて、その左右に三頭ずつ外向きに表現することが多い。前足をあげて疾駆する姿が強調された作品もある。中央の猪の上下いずれかには、巨大な頭が表されている。これは日蝕と月蝕の神であるラーフで、手にはその太陽と月を持っている。ラーフは天体のひとつに数えられ、九曜というグループの一員として多くの作例が残されている。

台座の部分に関して興味深いのは、現存するマーリーチー像の中に少なくとも二例、猪ではなく馬を置いた作品が確認できることである。(23)スーリヤから直接、乗り物を借用したかのようである。とくに、ニューデリーの国立博物館所蔵のマーリーチー像(図2-9)は、七頭の馬の横に車輪もあわせて表現され、馬車であることが強調されている。

マーリーチーという女尊は密教の時代になって広く信仰されるようになり、その作例もパーラ朝以降に限定されている。そのため、釈迦のように、長い造像の歴史をもち、多様な姿で表現された尊格とは異なり、その尊容はきわめて安定している。しかも、それは文献に記述された規定にほぼ忠実で、地域的な差異もほとんど認められない。マーリーチーのイメージは、きわめて人工的に生み出されたものなのである。

図2－9　マーリーチー像

このような複雑なマーリーチーの尊容の形成には、既存のイメージ、とくに太陽神スーリヤの像が大きくかかわったと考えられる。七頭の馬と七頭の猪はその顕著なものである。一部のマーリーチーの作例に猪の代わりに馬が現れたことも、造型上の両者の緊密さを裏付けている。

ほとんどのマーリーチーが持っていた持物として弓矢がある。弓矢を持つことは多臂像においては珍しいことではないが、仏教の女尊の中ではマーリーチーはもっとも早くからこれらを持っていた尊格のひとつである。[24] スーリヤ像の場合、スーリヤ本人ではなく、眷属の中に早くから弓をひく女神が登場した。弓矢を持つ女神のイメージは、スーリヤに付随して定着していたのである。この女神が暁の女神ウシャスにも比定できるとするならば、太陽の光線を表すマーリーチーの本来の意味にも近い存在である。

つねに現れたもう一組の持物の針と糸は、尊格の持ち物としてはマーリーチーのほかにほとんど例がない。経典によればマーリーチーはこの針と糸を用いて、悪人の口と目を縫い合わせるという。[25] この説明はいささかこじつけめいて聞こえるが、懲罰者としてのイメージがマーリーチーに与えられていることは注目される。罪人を見つけ出すことを本務とするミトラやヴァルナは、太陽をその目とし、さらにスーリヤ自身、ダンダとピンガラという従者を眷属として従えていた。

このような持物や周辺の要素も、マーリーチーの顕著な特徴であるが、それよりも重要なものは猪のモチーフであろう。マーリーチーの左面、眷属の頭部、そして乗り物として、作品の中には猪の姿があふれている。なぜこれほどまでに猪にこだわらなければならなかったのであろうか。そして、大日如来やスーリヤの乗り物と同じように、なぜその数は七でなければならないのであろうか。

「七」のシンボリズム

七という数字が太陽をめぐる神々の中で重要な数であることは、これまでにも示してきたとおりである。大日如来、スーリヤ、マーリーチーのいずれもが、乗り物として七頭の動物をしたがえている。火の神であるアグニの車も、七枚の舌をもつ馬が引くといわれる(26)。アグニは『リグ・ヴェーダ』の中でインドラに次いで人気が高い神で、本来はアスラに属していたが、後にデーヴァの側に移ったことで、アスラに対するデーヴァの優位が確実になったとも伝えられている(27)。すでに見た転輪王の七宝や王国の七支分、七河の支配者など、いずれも王権と結びついた七である。支配者が有する完全性、全体性が七によって象徴されている(28)。

七が秩序や全体を表すことは、インドのみならず、世界のいたるところで見られる。たとえば、『旧約聖書』の「創世記」において、神は世界を七日で創造した。あるいは、中国の『荘子』の有名な「渾沌《こんとん》、七竅《しちきょう》に死す」の寓話も興味深い。昔、渾沌という王がいたが、顔をもたないため、隣国の儵《しゅく》と忽《こつ》のふたりの王が、厚意から両目、両耳、両鼻、口の七つの穴を七日かけてあけてやった。しかし、最後の穴があいたところで、渾沌は死んでしまう(29)。渾沌とは混沌であり、文字通り、カオスを意味するが、これに目や鼻などの器官を与えて秩序化が行われたのである。荘子の意図するところはカオスの秩序化に対する否定であるが、それは顔にあいた七つの穴と、それをあけるための七日間が、秩序を象徴することへのアンチテーゼであることは自明である。

図2-10　釈迦誕生図（七歩は足跡で示される）

七という数はこのように全体や秩序と密接に結びついているが、さらにそれを超越した存在をも表すことがある。

釈迦は誕生の直後に北に向かって七歩進み、高らかに獅子吼《ししく》する（図2-10）。日本では「天上天下《てんじょうてんげ》唯《ゆい》我《が》独尊《どくそん》」と伝えられているが、初期の仏典である『中部経典』では「われは世界の最高者である。われは世界でもっともすぐれた者である。われは世界の最長老者である。これがわれの最後の誕生である。以後われには新たな生存はない」となっている。生まれたばかりの者の宣言としては奇異な印象を与えるが、宗教学者エリアーデによれば、これは釈迦が空間的にも時間的にも超越した存在であり、「始源の時」に存在し、その生命は宇宙の開闢《かいびゃく》にまでさかのぼりうることを宣言したのだという。(30) 七歩の歩みは、この超越的な存在への移行を表しているのである。なおエリアーデはインドの宇宙が七つの層でできていることも同じところで指摘している。釈迦はこの層を一歩ずつ歩んでいたのである。

七に限らず特定の数にさまざまの意味を織り込むことは、洋の東西を問わず、その例にことかかない。特別視される数も二、三、七、八、一二、六四などは普遍的に現れる。これらの数は、二や三のようにそれ自身の数以外によっては割り切れない素数か、あるいは反対に八や六四のように二の三乗、二の六乗などに分割できる均整のとれた数であることがほとんどである。とくに、他の何者によっても分割できない素数は、同じように、それ以上は分割不可能とされるアトム、すなわち原子にも共通し、数の神秘主義において重要な役割を果たす。七もその代表として、完全性や秩序、さらにはそこからの超越を示すものとして、さまざまなかたちで姿を現している。

ヴィシュヌの化身としての猪

マーリーチーの彫刻に繰り返し現れた猪の由来についてみてみよう。

アーリア人を含むインド＝ヨーロッパ語族にとって、猪と、それを家畜化した豚は、身近で重要な動物のひとつであった。古代ギリシャでは豚を牡牛や山羊とともに供犠として捧げる大祭が定期的に行われ、とくに豚は犠牲獣としてもっとも一般的な動物であったという(31)。

野猪すなわち野生の猪を意味するサンスクリット語ヴァラーハは、『リグ・ヴェーダ』においてルドラやマルトと呼ばれる暴風雨神、あるいはヴリトラと呼ばれる魔神への呼称として登場する(32)。蛇の姿をとるというヴリトラは『リグ・ヴェーダ』においてはインドラの敵として位置づけられ、水を独占して人々を困窮させる。インドラは手にしたヴァジュラ（金剛杵《こんごうしょ》）でヴリトラを粉砕し、水と光明を人間界に解放する。インドラによるヴリトラ退治は周期的に行われ、雨期の到来や河川の氾濫をその背景に予想させるが、宗教学的には宇宙的な秩序の回復と解釈されるのが一般的である。また雲を擬人化したものがヴリトラともいわれ、ヴァラーハという呼称も雲を意味するという解釈も見られる。この場合の水や雨は、天界にある大海原にたたえられた水である。マルトやルドラがヴァラーハと呼ばれることも、水や雨を介してヴァラーハと結びついているのであろう。代表的なアスラであるヴァルナがもともと天界の水と密接な関係をもち、後世、水天という水の神に地位を落とされたことも連想させる。

ヴァラーハがヴェーダの神話に登場するのは、インドラによる野猪退治の物語においてである。これは複数のヴェーダ文献に現れる逸話で、インドラはエームーシャ（あるいはアームシャ）と呼ばれる野猪を殺し、この猪が石の砦の中に守っていたアスラたちの宝を手に入れたという。[33]すでに見たアスラに対するデーヴァの代表インドラという図式と同じである。ヴァラーハはアスラの宝の守り役として登場するが、実際はアスラそのものであったのであろう。ヴァラーハが守るアスラの宝は、七つの山の中や、七の三倍の二一の砦の中に隠されていたという記述も、文献の間で共通しており、七という数の重視が認められる。インドラが奪ったアスラの宝が具体的に何であったかは伝えられていないが、ヴァラーハやヴリトラが蓄えていた水であったのかもしれない。

ヴァラーハと水との結びつきは、ヴァラーハによる創世神話においてさらに明瞭になる。それは、世界の始まりにあった原初の水の中に、最高神プラジャーパティが野猪の姿になって潜り、自分の鼻の大きさに等しい土地ができたというものである。大地の女神であったプリティヴィーがこのとき誕生したと伝える伝承もある。プラジャーパティとはヴェーダの詩人によって創造神として讃えられ、さまざまな創世神話に登場する神である。原初の海が大地を生み出すためにこの神がとったのが、野猪の姿なのである。

ヴァラーハによる創世神話は、後にヴィシュヌの偉業のひとつに組み込まれる。ヒンドゥー教の最高神のひとりヴィシュヌは、ヴェーダ文献には断片的に登場するにすぎないが、その名は「広がる」「遍満する」を意味する動詞√viṣから作られ、太陽の光を神格化した神である（図2-11）。ミトラ、ヴァルナ、スーリヤなどの、太陽と関係をもつヴェーダの神々の中でももっとも遅れて登場しながら、結局、神々の最高位にまで上りつめる。[34] シヴァ、ブラフマーとともにヒンドゥー教の三柱を形成し、シヴァが破壊、ブラフマーが創造を司るのに対し、ヴィシュヌは秩序維持をその本来の機能とする。

ヴィシュヌ信仰の高まりは、この神がさまざまな姿をとって現れ、偉業をなしたという化身神話に結びついている。このような化身をアヴァターラと呼び、もっとも一般的なものに一〇種を数える。『ラーマーヤナ』の主人公ラーマや、牧童神クリシュナあるいは仏陀さえもがヴィシュヌの化身となって、ヴィシュヌ信仰に組み込まれていった。[35]

野猪ヴァラーハの姿をとったヴィシュヌの物語は、すでに見たプラジャーパティの創世神話と大筋では同じである。プラジャーパティではなくヴィシュヌが野猪の姿となり、自らの牙でプリティヴィー女神、すなわち大地を救い上げた。

この野猪に変身して創造神話を行うヴィシュヌの姿は、グプタ期以降、ヴィシュヌの化身像のひとつとしてさかんに制作された。全身が猪の姿をするものも一部あるが、頭部が猪で身体が人間の姿をとるものが大半で、これはパーラ朝でも継承されている（図2-12）。獣頭人身の場合、ほとんど共通した形を取り、右足を伸ばし、左足をやや曲げて蛇の上に立ち、猪の頭は横向きに表される。一、二の例外を除き、顔はつねに左向きで、右半分のみを見せている。左手は肩の上のあたりまであげて、小さな女性を乗せている。水中から救い上げられたプリティヴィー女神である。ヴィシュヌの下にいる蛇はシェーシャと呼ばれるナーガの夫婦で、太古の昔、原始の海でヴィシュヌが眠っていたときに寝台の役目を果たした者たちである[36]。

ヴィシュヌがつねに左向きで表されていることと、マーリーチーの左面が猪の顔をしていたこととは何か関係があるのかもしれない。マーリーチーの三面のうち、猪の顔をしていたのは左面のみである。これはマーリーチーの尊容を規定する文献でも明記されていたが、なぜ左面であるのかは説明されていない。左を向いたヴァラーハのヴィシュヌ像がグプタ朝以降、急速に普及していく中で、マーリーチーの尊容が考案されたとすれば、三面のいずれかを猪面にするときに、左面が選ばれるのは自然ななりゆきであろう。

マーリーチーの左面が化身としてのヴァラーハと関係することは、その名称からも推測できる。マーリーチーの左面は「ヴァラーハムキー」すなわち「ヴァラーハの顔」と呼ばれていた。これはマーリーチーの眷属のひとりの名称にも用いられている。これに対し、台座の七頭の猪たちは、図像上は同じ猪で表現されているが、「ヴァラーハ」ではなく「スーカラ」（sūkara あるいは śū-

図2-11　ヴィシュヌ像

図2-12　ヴァラーハ像

kara）という名詞が文献では用いられている。[37] この語は猪あるいは豚一般を指し、インド＝ヨーロッパ語族の間で古い起源をもっているが、ヴィシュヌの化身の野猪には用いられない。ヴァラーハを猛々しい雄の猪、スーカラを雌の猪と使い分けて用いられたという説もある。[38] マーリーチーは女神であるが、その左の猪面はヴィシュヌのヴァラーハを意識したイメージであったのであろう。

　グプタ期にはヴィシュヌの別の化身である獅子の頭をもった人間（人獅子）と、ヴァラーハの化身を合体させた特殊なヴィ

図2-13　ヴァラーハと人獅子のアヴァターラを示すヴィシュヌ像

シュヌ像が作られた（図2-13）。通常の神の姿をしたヴィシュヌを中心に、野猪の面を左面に、獅子の面を右面として左右に加えた三面の像である[39]。このとき野猪面は左面であるので、ヴィシュヌの顔の左から横向きに表されるが、もう一方の獅子の面はヴィシュヌの右側に横向きではなくて正面を向いて加えられる。これは人獅子のヴィシュヌの単独像が、一般に正面を向いていることによるのであろう。これにしたがえば、野猪の面を三面のひとつとして加えるならば、左面として左向きというのがもっとも自然な選択なのである。

太陽神の末裔ヴァーラーヒー

猪の頭をもつ神としては、ヴァラーハの配偶神ヴァーラーヒーを最後にあげなければならない（図2-14）。中世のヒンドゥー教では、男神にかわって新たに女神が神話の主人公や崇拝の対象として台頭してくる。その代表に、後にドゥルガーやカーリーの名で呼ばれる「恐るべき女神」たちがいるが、それとは別に、有力な男神の妻たちもひとつのグループを形成する。インドラの妻インドラーニー、ヴィシュヌの妻ヴァイシュナヴィーなどがそのメンバーで、七神からなるため七母神（サプタマートリカー Saptamātṛkā）と総称される。[40] ヴァーラーヒーもその一員である。もっとも彼女らのほとんどは、名前からもわかるように、夫である男神から作られた人工的な神々である。

七母神がはじめて登場する神話も、アスラとデーヴァの間の戦いを主題としている。[41] 自分たちの宝をアスラに奪われたインドラなどの男神たちが、女神のところにやってきて、宝を取り戻してくれるよう懇願する。女神は自らの分身でもある七母神も動員して、アスラとの壮絶な戦いの後にこれを下し、世界に平和をもたらす。

図2-14　ヴァーラーヒー

しかし、ヴァーラーヒーに限ってみれば、自分の夫のヴァラーハはもともとアスラの一員であり、アスラの宝を守る立場にあったはずである。それがヴィシュヌのアヴァターラの中に組み込まれ、さらにその化身であるヴァラーハから人工的に作られた女神であるために、七母神のひとりとしてアスラと戦うことになってしまったのである。アスラとヴァーラーヒーは、ともに世界の秩序を司る崇高な太陽神であったはずなのに、中世のヒンドゥー教の神話では、同じ起源をもちながら、同族の間で骨肉の争いを繰り広げているのである。ヴァーラーヒーがその高貴な血統を示すのは、首から上の醜悪にも見える猪の頭と、かろうじて水とのつながりを示す、手に持った魚だけなのである。(42)

◇コラム③　胎蔵曼荼羅

行《ぎょう》タントラの代表的な経典『大日経』（『大毘盧遮那成仏神変加持経《だいびるしゃなじょうぶつじんぺんかじきょう》』大正蔵八四八番）にもとづくマンダラが胎蔵曼荼羅である。金剛界曼荼羅とあわせて「金胎両部」のマンダラともみなされるため、金剛界に合わせて胎蔵界と呼ばれることもあるが、本来の名称は「大悲胎蔵《だいひたいぞう》生曼荼羅《しょうまんだら》」で、「界」に相当する語は含まれない。『大日経』では複数の箇所でマンダラが説かれているが、第二品にあたる「具縁品」がもっとも重要とされる。しかし、ここに含まれる記述だけからは、現在見るような胎蔵曼荼羅は描けない。インドから中国に伝わる間に、さまざまな改変が加えられたからである。

わが国に伝わる胎蔵曼荼羅は「十二大院」と呼ばれる一二の区画からなる複雑な構造をしている。はじめて胎蔵曼荼羅を目にするものは、中台八葉院と呼ばれる中央の区画を取り囲み、整然としかも隙間なくならべられたほとけたちの姿に強い印象を受けるであろう。視点を周囲にまで移せば、そこにも無数の神々の姿が描かれ、中には半身が鳥や獣のものたちまでいる。マンダラ全体の尊格数は三六一にものぼる。

一見すると複雑な形態を示す胎蔵曼荼羅であるが、それを構成するいくつかの原理を理解すれば、実はそれほど難解なものではない。

胎蔵曼荼羅の基本となる原理のひとつは「三部」すなわち三つの部族である。大乗仏教から密教にかけて多くの新しい尊格が登場すると、これらを起源や性格、機能などからいくつかのグループに分類するようになる。そのもっとも初期のものが、仏部、蓮華部、金剛部の三部である。それぞれの部族の中心となるのが、釈迦、観音、金剛手で、各部の名称もこれに由来するが、密教の時代になると、釈迦は密教仏である大日に交代する。

胎蔵曼荼羅の中央部である中台八葉院と、その左右にある蓮華部院、金剛部院は、この三部に対応している。マンダラの中央でもある中台八葉院には、大日如来を中心とした四仏四菩薩が八葉の蓮華の中に描かれる。蓮華部院は観音、金剛部院は金剛手をそれぞれ中心とし、その眷属たちが整然とならんでいる。

観音と金剛手の二菩薩は、その一方で、他の六尊の菩薩とともに八大菩薩というグループを形成する。六菩薩とは弥勒、文殊、普賢、虚空蔵、地蔵、除蓋障《じょがいしょう》である。いずれも大乗仏教の経典にも登場する伝統的な菩薩たちである。この八大菩薩も胎蔵曼荼羅を理解するためのかぎになる。三部に対応する三つの区画の周囲にはこれらの菩薩のうち、文殊、地蔵、虚空蔵、除蓋障の名称をもつ区画がある。いずれも各菩薩を中心に置いて、その周囲にそれぞれの菩薩の眷属をならべる。観音や金剛手に率いられる蓮華部院や金剛部院は、仏部とともに三部を構成すると同時に、八大菩薩の一部としての役割もになっている。

このほかに、文殊院の下には釈迦を中心とした区画である釈迦院がある。また、マンダラの周囲の細長い区画は、ヒンドゥー教の神々や下級神を配した外金剛部がある。この二つの領域は、もともと三部で構成された三つの領域と、文殊や地蔵などの四菩薩を筆頭とする四区画の間にはさまれていたが、マンダラの形態の発展過程において分離され、釈迦の領域はそのまま残り、外金剛部はマンダラの周縁へと押し出されることになる。さらに遍智院、持明院《じみょういん》そして蘇悉地院《そしつじいん》が加えられ、またすでに存在していた区画に尊格を補充して全体のバランスを整えることで、現在みられるような胎蔵曼荼羅はできあがる。

第3章　文殊——童子神の姿

母と子——七母神

宗教はしばしば母と子をクローズアップする。キリストの母マリアは、時としてキリストをもしのぐ信仰を集める。イエスとマリアを描いた聖母子像は、キリスト教美術においてもっとも好まれた主題のひとつであるが、その主役は幼子イエスよりも母マリアの方がふさわしい。ほかにも、大天使ガブリエルからイエスの懐胎を告げられる受胎告知や、「悲しみの聖母（ピエタ）」として知られる、十字架のそばで泣きくずれる姿など、マリアを主題とする作品は数多い。幼な子イエスを抱いたマリア像は、それ自体がイコンとして、時代や地域を超えて世界中で親しまれている。

これに対し、マリアの夫であるヨセフはいたって影が薄い。もともとマリアと結婚したのも神の指示にしたがったまでで、マリアがイエスを宿したのは、ヨセフが長期間にわたって別の町に出かけていた間の出来事である。マリアは「処女懐胎」であった。ヨセフが単独で礼拝の対象になることもないし、キリストと二人で、いわば「聖父子像」として表される例も皆無に等しい。ヨセフが登場するのは、マリアやイエスなどとともに「聖家族」の一員として描かれる場合にほぼ限られる。まるでヨセフは母マリアを介さなければ、キリストと接することができないかのようである。

父親が必要とされないことは、釈迦の場合も同様である。母の摩耶夫人が釈迦を身ごもったのは、釈迦が六本の牙をもった白象の姿をとって、兜率天から母胎に降下したからである。誕生するときと同じ右脇を通って、釈迦は母の胎内に入ったといわれる。仏伝の作者たちは、そのときの父浄飯王《じょうぼんのう》についてまったく無関心である。しかも、釈迦の懐胎後は浄飯王も摩耶夫人も精進潔斎に徹し、性的な交渉を一切もたなかった。摩耶夫人は釈迦出産後、七日目に昇天してしまうので、ただ釈迦の母であることのみが、托胎後の彼女の役割であった。

仏伝美術における父浄飯王の不在も同様で、説話上どうしても必要とされる仏伝図（たとえば釈迦誕生直後の占相の場面）以外に、浄飯王が登場するものはほとんどない。一方の摩耶夫人は、マリアのように自身が礼拝の対象となることはなかったが、釈迦誕生図においてはその主役として必ず登場するし、三道宝階降下のように、彼女の存在を前提とした主題が人気を博した。わが国では摩耶夫人は涅槃図にもしばしば姿を現し、この母に対し、釈迦が棺から起きあがって説法をする「釈迦金棺出現図」のような作品も生み出された。

ヴァーラーヒーやヴァイシュナヴィーを含む七母神も、その名の通り、インドにおける母なる神々である。七母神のメンバーは、伝統にもよるが、このほかにブラフマーニー、マーヘーシュヴァリー、カウマーリー、インドラーニー、そしてチャームンダーというのが代表的な組み合わせである。このうち、チャームンダー以外はブラフマー（梵天）、マヘーシュヴァラ（大自在天）、クマーラ（倶摩羅天《くまらてん》）、インドラ（帝釈天）のそれぞれの妻である。最後のチャームンダーの夫はヤマ（閻魔《えんま》）とされているが、実際は特定の配偶神をもたない独立した神格が、後世、七母神のメンバーに加えられたと考えられる。

このように彼女らは特定の男神のパートナーと理解されているが、神話や図像において夫とともに現れることはほとんどない。七母神が登場する神話『デーヴィーマーハートミヤ』では、彼女らはつねにグループで行動し、最終的には、ドゥルガーに相当する大女神へと帰入していく。そすべてが大女神から生み出されたものたちだからである。そこには夫である男神たちが介入する余地はまったくない。

図3-1　七母神

このことは、七母神をまとめて浮彫などに表した作品においても同様である。七尊の女神たちは横一列に並び、それぞれの夫の姿はそこにはない（図3-1）。七母神の信仰が定着してくると、メンバーの一部や各尊を個々に表すこともあるが、そこにも彼女らの夫とされる男神の姿を見つけることはできない。そのかわり、彼女らはしばしば子ども、それも男の子をともなって表される。これは単独尊でも七母神全体の場合でも同様である。七母神のメンバーの中には、頭部が猪のヴァーラーヒーもいるが、彼女の抱きかかえる子供は、猪ではなく、人間の姿をしている。個性的な特徴をもっていないことは、他の母神の子どもも同様で、どの子がどの母親の子であるのかは、その姿からだけでは判断できない。単に母神たちが「母であること」を示すためのシンボルのようである。

現在残されている七母神の作品では、両側にシヴァとガネーシャを置くことが一般的である。これは七母神がシヴァ神信仰に取り込まれた結果である。七母神を生み出し、さらに吸収してしまう大女神が、シヴァの配偶者と理解され、ドゥルガーの名で呼ばれるようになる。ドゥルガーがシヴァの妻であるならば、その分身たちも、当然、シヴァの家族に含まれる。シヴァの反対側に置かれる象頭の神ガネーシャも、シヴァの家族の一員で、シヴァの柔和な妻であるパールヴァティーとの間の子とされる。七母神たちが子どもをともなうようになるのは、彼らが加わってからで、シヴァを中心とするインド版の「聖家族」となっている。

しかし、五、六世紀以前の七母神の作品は少し様相が異なる。二世紀ごろの作品でマトゥラー出土の七母神像の場合、シヴァやガネーシャの姿は表されず、一人の男性像をかわりに向かって左端に置く[1]。この男性は手に槍を持ち、若々しい姿で立っている。母神たちはそれぞれの特徴を有せず、すべて同じような姿で表されている。大きな乳房や長い髪をのばしていることから女性であることはわかるが、相互の区別はむずかしい。また、後世の七母神のように、一人ずつ小さな子どもをともなって表されることもない。一人の少年と七人の母親で構成された「聖母子像」で、そこにもやはり父親は不在である。

七人の母神たちの横に立った少年はスカンダと呼ばれる。息子あるいは王子を意味するクマーラや、韋駄天《いだてん》の名で仏典にも登場するカールティケーヤの名でも知られている。神々の軍神として勇壮な姿をもち、永遠の若者として信仰を集める少年神である。

スカンダはシヴァとパールヴァティーの息子で、その第一子と見なされる。したがって、ガネーシャは彼の弟になる。スカンダが占めていた七母神の横の定位置は父に奪われ、その反対側には弟が居座ることになるのである。

文殊の姿

智慧のほとけとして知られ、観音とならんで人気の高い菩薩である文殊には、このスカンダと数多くの共通点がある。

文殊師利、曼殊室利などと訳され、あるいは意味をとって、妙音、妙吉祥などの名でも呼ばれるこの菩薩は、慈悲のほとけである観音が柔和な姿で表され、しばしば女性的なイメージをともなうのに対し、利発や勇猛さと結びついた若々しさをその最大の特徴とする。文殊の智慧とは大乗仏教の中心的な教義である空性《くうしょう》、すなわち般若であり、そのため、弁舌巧みな説法者というすがたも文殊のイメージとして大乗経典に広く見られる。(2)

パーラ朝の時代に作られた菩薩像の中で、もっとも作例数が多いのは観音であるが、それに次ぐのが文殊である。現在その数はおよそ一三〇点にのぼる。(3) これらの文殊の作例は、その特徴から「伝統的な文殊」と「密教系の文殊」の二つのグループに大別することができる。

図3－2　文殊立像

伝統的な文殊の例として、ナーランダー出土の立像を見てみよう（図3-2）。堂々とした体軀で、胸や大腿部の肉感も充実している。右手は与願印を示し、左手は大地から伸びた睡蓮の茎をつかんでいる。頭光の一部が欠損しているため、睡蓮の茎はとぎれているが、花の部分は顔の横に残っている。

文殊固有の図像上の特徴は、その髪型と装身具である。髪の毛は大きな束を三つ作り、そのうち左右のものは顔の両側に垂らしている。時代や地域で表現方法に若干のばらつきがあるが、髪を束ねて複数の髻《もとどり》を作ることは、ほとんどの文殊像で共通である。日本の文殊はこの髻の数によって、五髻《ごけい》文殊や八髻文殊などの名が付されているが、インドでは髻の数はあまり重視されていないようで、実際の作例では、このナーランダーの文殊像のように、中央と左右の三つのことが多い。

この左右の髪の房を隠すかのように、大きな円形の耳飾りがつけられている。浮彫であるため、楕円形で表されているが、実際は丸い輪の形をしているのであろう。耳飾りは観音をはじめとする他の菩薩たちや、あるいはターラーなどの女尊にも見られる装身具であるが、それらの多くは房状のものや花を模した比較的小さなもので、文殊のように肩にも届く耳飾りは他にほとんど類を見ない。しかも、この時代の文殊の大半にこの輪の形の耳飾りは共通して現れ、文殊固有の装身具として強く意識されていたことがわかる。

同じように、文殊の比定材料にもなる装身具が、独特の首飾りである。比較的短い連珠の首飾りには、特徴的な飾りがいくつか付いている。中央部分には長方形もしくは円筒形の飾りをつけ、さらにその下には法輪のようなペンダントを、また左右にはひとつずつ勾玉のような飾りをおく。後者は「虎の爪」(vyāghranakha)と呼ばれ、もともとは小児を病気や災厄から守るお守りであったらしい[4]。虎の爪というのは素材そのものの名称であろう。これらを付けた首飾りも文殊の作例に共通して現れ、パーラ朝期の文殊を比定するための指標となる。

文殊は智慧の菩薩として、わが国ではしばしば梵篋《ぼんきょう》すなわち般若経の経典を持つ姿で表される。インドの文殊では、時代が下るにしたがって、左手に持った睡蓮の上に梵篋を乗せた作品が現れてくる(図3-3)。しかし、同様に知恵を象徴するといわれる剣(利剣)は、与願印と睡蓮の組み合わせのこのような伝統的な文殊には登場しない。アトリビュートとして剣を持つ文殊は「密教系の文殊」の一部に登場するにすぎない。

図3－3　梵篋を持つ文殊立像

密教系の文殊

これらの伝統的な文殊とは異なり、独特の持物や尊容をもち、しかもその特徴が密教の文献に見られる文殊の記述に、かなりよく一致するものがある。代表的な成就法文献『サーダナ・マーラー』には、特定の名称を冠した文殊が一〇種類以上現れる。このうち、実際に作例が存在するのは、アラパチャナ、マンジュヴァラ、文殊金剛（マンジュヴァジュラ）の三種類のみである。密教文献の記述に忠実なこれらの文殊は、伝統的な文殊に対し、密教系の文殊と呼ぶことができる。

アラパチャナ文殊の「アラパチャナ」（arapacana）とは、『華厳経』などに説かれるサンスクリットのアルファベット四二文字のはじめの五文字で、文殊の真言となっている。文殊が登場する大乗経典は数多くあるが、その中でも『華厳経』は、もっとも重要な役割を文殊に与えている経典である。

アラパチャナ文殊は右手で剣を振り上げ、左手は梵篋を胸の前で保ち、結跏趺坐で坐る（図3-4）。持物の剣と梵篋の組み合わせは、中国や日本の文殊と共通であるが、アラパチャナが剣を大きく振りかざすダイナミックなポーズを取るのに対し、中国や日本では、体の前で直立した剣を構える静的な姿勢で表される。ナーランダーから出土したブロンズ製の作品の場合、文殊は四脚で支えられた蓮台の上に坐っている。台座の前面は破損が見られるが、後ろ側はよく残っており、左右に孔雀の装飾が確認される。文殊の乗り物といえば獅子がすぐに連想されるが、グプタ朝の文殊には孔雀をともなって表された作例が数点あり[5]、この作品でもその伝統が継承されていることがわかる。

図3-4　アラパチャナ文殊坐像

マンジュヴァラは密教系の文殊の中でももっとも作例数が多く、

図3-5　マンジュヴァラ坐像

およそ二〇点を数える。ナーランダー博物館所蔵の浮彫の作品（図3-5）を例にとると、遊戯坐の姿勢で獅子の上に坐り、両手は転法輪印を示す。このうち左手の指先では睡蓮の茎をつまみ、この睡蓮は体の横にのびて、先端の花の上には梵篋を載せている。この持物は伝統的な文殊の中で比較的新しいグループに属するものと共通するが、マンジュヴァラの場合、印相はつねに転法輪印で、その他の印は現れない。また、この時代のインドの文殊で獅子に乗って表されるのはこのマンジュヴァラのみである。

文殊金剛は、後期の密教に現れた「守護尊」と呼ばれるグループに属し、菩薩というより「密教の仏」と呼んだ方がふさわしい。後期密教の代表的な経典のひとつ『秘密集会《ひみつしゅうえ》タントラ』では、この尊を中尊としたマンダラが説かれ、インドとチベットの密教の中できわめて重要な位置を占めた。文殊金剛が阿閦如来や金剛薩埵と同体であることを説く文献もある。[6] 名称からもわかるように、この尊格は文殊に起源をもつが、密教のパンテオンの最高位に位置づけられる尊格である。

文殊金剛の作例は三点を数えるにすぎない。いずれも結跏趺坐で坐り、三面六臂をそなえる。頭には宝冠をいただく。三例のうちの二例では、主要な二臂を胸の前で交差させ、残りの四臂には剣と弓矢、そして梵篋を乗せた睡蓮を持つ。残りの一例は弓矢と剣は共通するが、梵篋と睡蓮をそれぞれ別の手に持ち、このうち梵篋はアラパチャナのように胸の前に保つ。残りの一臂は与願印を示す。文献にしたがえば、後期密教の守護尊にふさわしく、主要な二臂には明妃を抱くことになっているが、実際の作例には現れない。いずれの場合も、主要な持物としては、剣、睡蓮、梵篋という文殊一般のものに弓矢を加えていることがわかる。

伝統的な文殊に見られた共通の特徴である頭髪の髻と独特の装身具は、これらの密教系の文殊にも同じように現れる。ただし、例外として、最後の文殊金剛の三例とアラパチャナの一部の作例は、頭飾として宝冠をいただくため、髻は確認できない。また、両手を胸の前で交差させた文殊金剛は、首飾りは腕で隠れてしまい、見ることはできない。しかし、伝統的な文殊を下敷きにして、これらの密教系の文殊が作り出されたことは、共通の持物からも推測でき、髪型や装身具がその過程においてもおおむね維持されていると見てよいであろう。

若き勇者スカンダ

パーラ朝の文殊の大半の作例に見られた、これらの独特の髪型と装身具は、そのままヒンドゥー教の少年神スカンダに現れる。

すでにあげたマトゥラー出土の七母神と並ぶスカンダは槍を手にして立っていた。これとほぼ同じ二世紀ごろの制作と推定される単独のスカンダ像がマトゥラーから出土しているが、頭にはターバンの冠飾を付け、王侯貴族の装いをしている。仁王立ちで直立する姿は、若き武人という印象を与える。(7)

グプタ朝になると、スカンダは少年のイメージが顕著になる。ヴァラナシ出土の五世紀のスカンダ像は、その代表的な作品のひとつである（図3-6）。左手に槍を持ち、孔雀にまたがった姿で表される。右手に持った丸いかたまりは、孔雀の餌となる果実である。髪型は、すでに見た文殊のものとよく似ている。髻から伸びた髪が、頭の左右に垂れ、独特の丸い耳飾り、「虎の爪」を両側にぶら下げた首飾りも、ほとんど同じ形式である。首飾りや臂釧《ひせん》などの装身具の他には、上半身には衣装を付けず、腰から下にはドーティをまとっている。やや伏し目がちに遠くを見つめるような大きな目と鼻筋の通った顔立ちは、少年特有の凛とした美しさと気品がある。乗り物とする孔雀の羽が体の周囲に広がり、ちょうど光背のような効果を与えている。

スカンダは叙事詩『マハーバーラタ』によれば、火神アグニの子とされる。(8) スヴァーハーという女性がアグニと交わった結果、生まれたのであるが、このときスヴァーハーはクリッティカーと呼ばれる七人の女性たちのうちの六人の姿をとったため、アグニの精液は六回に分けて落とされた。そのためスカンダは六つの頭と一二の腕や足をもつことになる。クリッティカーの女性たちは、北斗七星と見なされる七人の聖仙の妻たちといわれ、その後、天界に昇り「スバル」の星座になる。スカンダが「カールティケーヤ」という名称をもつのは、クリッティカーの子であるためである。

生まれるやいなやスカンダはたちまちの間に成長し、強大な力をもった勇者となった。世界は彼の前にひれ伏し、神々の王であるインドラでさえも、とても歯が立たず、この神に敗北を告げた。誕生後六日目にスカンダはついに神々の将軍の地位につき、プラジャーパティの娘であるデーヴァセーナー（文字通りには「神々の軍隊」を意味する）と結婚した。

図3-6　スカンダ

スカンダにまつわる神話で注目されるのは、母神と子どもに関する逸話が頻繁に現れることである。スカンダから現れた分身たちは「小さなクマーラ」（クマーリカ）と呼ばれ、新生児や胎児の命を奪うものとして恐れられた。「息子」を意味するクマーラは、スカンダの異名の中でももっとも有名なものである。また、スカンダの力を恐れたインドラが、世界の母神（マートリ）たちにスカンダを殺すように頼んだところ、逆に彼女らはスカンダを自分の息子のようにかわいがったという。別の箇所では、一部の母神群がやはり彼の母になりたいと願ったところ、スカンダはそれをかなえ、さらに、彼女たちよりも以前の母神が産んだ子供たちを喰うことを許したという。スカンダ自身からも病魔がつぎつぎと現れ、スカンダを礼拝しないものたちの子どもの命を奪ったという。

水牛を殺す女神と少年神ムルガン

『マハーバーラタ』におけるスカンダの物語は、マヒシャという強力なアスラを倒すことでクライマックスを迎える。マヒシャは水牛を意味し、その名の通り、水牛の姿をした強大な悪魔である。神々の軍勢をたびたび苦しめてきたマヒシャの軍を、スカンダは手にした槍で粉砕し、マヒシャをはじめとするアスラたちを皆殺しにした。

このマヒシャと神々の戦いは、もともとは女神を主人公とした神話で知られていた。前章でも取り上げた『デーヴィーマーハートミヤ』には、神々とアスラたちとの戦いが三つ語られている。このうち、マヒシャがアスラの王として登場するのは第二のエピソードである。そこでは、男神のエネルギーから生み出された女神が、ただ一人でアスラの軍勢に立ち向かう。この女神は一六本の腕をもち、それぞれの手には、男神から与えられた武器を持つ。マヒシャというアスラを殺す女神であるため、それを意味する「マヒシャースラマルディニー」と呼ばれ、その殺戮のシーンは、ヒンドゥー教の女神のもっとも人気のある像として、彫刻や絵画で数多く残されている。水牛の首を剣で切り落とし、さらにそこから姿を現したアスラに槍を突きたてる。彼女が乗る獅子は、切り落とされた水牛の首に爪を立て、かぶりついている。地域によっては、獅子のかわりに虎が女神の乗り物となることもある。

『マハーバーラタ』にあるスカンダによるマヒシャ退治は、この女神神話にもとづき、その主役の座を女神と交代したものである。『デーヴィーマーハートミヤ』の文献の成立そのものは、『マハーバーラタ』の当該箇所よりも遅れるが、水牛を殺戮する女神の像は、遅くとも二世紀ごろにはすでに作られていることから、文献として残される以前から、女神を主人公とする伝承が存在していたと考えられる。(9)

スカンダはアグニとスヴァーハーとの間の子であるが、後世はシヴァとパールヴァティー（図3-7）の息子という出自が一般的になる。これは興隆してきたシヴァ信仰にスカンダが組み入れられた結果であるが、『マハーバーラタ』の作者もこれを無視することはできず、造物主ブラフマーの言葉を借りて、シヴァとパールヴァティーがアグニとスヴァーハーの体に入り込んで、スカンダが生まれたことを付け加えている。

グプタ期以降、北インドではスカンダはシヴァ信仰にのみ込まれていき、スカンダそのものに対する単独の信仰はほとんど見られなくなった。これは七母神とともに描かれていたスカンダの位置が、シヴァとガネーシャによって取って代わられたことにも現れている。(10)これに対し、南インドではスカンダに相当する少年神ムルガン（図3-8）が、現代にいたるまで絶大な信仰を集めている。

図3－7　シヴァとパールヴァティー

図3－8　ムルガン

　ムルガンはとくにタミルナードゥ州で人気の高い神で、タミル文学の古典で一〜三世紀にまでさかのぼることのできる「サンガム」と呼ばれる作品において、すでにその姿や偉業が讃えられている。そこではムルガンは六つの山の上に砦をもち、そこから悪魔を滅ぼすための軍隊を送り出すといわれる。また、ムルガンは人にとりついて病魔をもたらすため、これに対し特別の祈禱を古代タミルの人々は頻繁に行ったという。本来はタミルを含むドラヴィダ系の神であったと考えられるが、すでにサンガム文学においてスカンダとの同一性が認められる。そのため、ムルガンはスカンダと同様、槍を手にして立ち、孔雀をともなった若者の姿で描かれる。[11]

南インドの少年神としては、ムルガンの他にケーララ州でとくに人気のあるアイヤッパンという神がいる。アイヤッパンは、子宝に恵まれない王の夫婦に神が授けてくれた子とされる。成長した彼は森において、苦行者たちを苦しめていたマヒーシーというアスラと戦ってこれを殺す。マヒーシーは、水牛のアスラであるマヒシャの女性形で、その妻ということになっているが、女神やスカンダの神話を借用したことは明白である。マヒーシーを殺したアイヤッパンは、マヒシャースラマルディニーと同じ乗り物である虎に乗って、城内に凱旋する。そのため、弓矢を手にして虎にまたがった少年神の姿で、しばしばこの神は表される。[12]

子宝を授ける神

南インドで人気のあるムルガン神は、子宝を望む者たちのあつい信仰を集めている。子ども、とくに男子の誕生を祈るものは、ムルガン神の諸寺院を回り、そうして授かった子どもには、この神と同じ「ムルガン」の名前を付けるという。理想的な少年神の信仰と男子の出生は、自然な結びつきのように見えるが、実際はそれほど単純ではない。[13]

ムルガンという名称は「ムルク」(muruku)という言葉に由来する。この「ムルク」は「少年」や「童子」を表すが、「輪」という意味もあり、原義はむしろこちらにある。

タミルナードゥ州の古い風習では、妊婦は災厄から身を守るため、お守りとして輪を身につけるという。同様に、病気や事故を防ぐために新生児にも類似の輪のお守りをつける習慣もある。

南インドのカルナータカ州では、草を編んで作った輪を木に掛けて、妊娠を祈願する。最近の研究によれば、このような輪を供えて子宝を望んだり、妊婦や新生児を災厄から守る習慣は、古くはインダス文明にまでさかのぼるらしい。[14] ケーララの童子神アイヤッパンが、子宝に恵まれない夫婦のもとに、神から授けられたことも、おそらくこのような信仰に根ざしていたのであろう。

南インドにおける輪の奉献は、ムルガンなどの童子神のほかにも、女神や樹神に対しても行われた。これに類似した儀礼は、ベンガル地方でもあったようで、子宝を望む女性は、カールティカ月の最後の日に、土で作ったスカンダ像に祈願する風習があった。[15] ここでは輪の奉献があったかは確かではないが、スカンダが子どもの出生をつかさどっていたことはわかる。カールティカ月とはインドの暦で一〇月から一一月に相当するが、スカンダの母たちであるクリッティカーにちなんだ名称である。また、スカンダと関係の深い女神で「第六」を意味する「シャシュティー」に対して、米の粉で作った輪を供えて子宝を祈るという習慣も、ベンガル地方から報告されている。南インドのドラヴィダ系の民族の習慣が、北インドにまで広まったのであろう。

インダス文明の都市から発見されたいわゆるインダス文字には、「ムルク」に相当すると推定される象形文字がある。二つの輪の一部を重ねて、横に並べたものである。これらは二匹の蛇が交わっている姿を模したものと解釈されている。動物の中でも蛇ほど象徴的な意味を多く有するものも少ないが、この場合の二匹の交わる蛇は、豊穣多産のシンボルと考えてよいであろう。タミルナードゥをはじめとする南インドの風習の中に、ムルガンの信者が蛇を供物としてこの神に供えたり、石で作った蛇の像の間を回って女性が子宝を祈るものがある。絡み合って交尾する蛇を模したものが、一部を重ねた二つの輪なのである。

孔雀と愛欲

蛇はスカンダの乗り物である孔雀にも関係が深い。インドでは古くから孔雀は蛇を喰う鳥と信じられていた。そのため、日本で孔雀明王として知られるマハーマーユーリーという尊格は、毒蛇除けの神として信仰され、その真言《しんごん》を唱えれば、毒蛇から身を守られたり、あるいは蛇に噛まれても死を免れる効験があると信じられた。すでに見たように、グプタ期以降のスカンダは孔雀に乗ったり、孔雀をともなって表された。これはムルガンにおいても同様である。そして、そこに現れる孔雀は、しばしば両足で蛇を捕まえている。

文殊の場合は孔雀との結びつきはそれほど顕著ではないが、先述のように、アラパチャナ文殊の作例をはじめ、孔雀を台座や周囲に置いた作例がいくつか知られている[16]。仏教の尊格では、金剛界系の五仏のうちの西方の阿弥陀が、孔雀を乗り物とする。阿弥陀は密教以前から信仰を集めた重要な仏であるが、本来、孔雀との関係は認められない。金剛界曼荼羅で阿弥陀に孔雀の座があてがわれたのは、むしろ文殊の乗り物が阿弥陀にも適用されたためと考えられる。

わが国の真言密教には「三輪身説《さんりんじんせつ》」という考え方がある。五仏がそれぞれ説法の対象に応じて、柔和な姿の菩薩や忿怒の姿の明王となって教えを説くというものである。五仏が自性《じしょう》輪身、五菩薩が正法《しょうぼう》輪身、五大明王が教令《きょうりょう》輪身と呼ばれ、全体で三輪身となる。阿弥陀の場合は、正法輪身が文殊、教令輪身が大威徳明王すなわちヤマーンタカとされる。四菩薩の中でもとくに文殊と阿弥陀が密接な結びつきを有していたことがわかる。

蛇を捕食すると信じられた孔雀であるが、必ずしも蛇の天敵としてのみ登場したわけではない。むしろ同じシンボリックな意味をもった動物と考えられている。密教の儀礼の中に、本来は男女の和合を目的とした「敬愛法《けいあいほう》」という修法がある。文殊を主役とする密教経典『文殊師利根本儀軌経』では、敬愛法について説明する箇所で、「孔雀座」という印契があげられている。これを結ぶことで異性への恋愛の成就や性欲の増進が実現するという。(17) また、敬愛法の護摩を行うとき、西の方角に護摩の火炉が置かれ、そこで赤い色を基調とする供物や道具を用いて修される。(18) 西は阿弥陀に対応する方角であり、赤も金剛界曼荼羅の阿弥陀の身色である。

愛欲や多産のイメージは、蛇や孔雀を媒介としなくても、ムルガンやスカンダそのものに結びついている。たとえばムルガンはサンガム文学で、人間にとりついて病を起こす神として恐れられることがあるが、恋愛を主題とした作品では、ムルガンによって「恋の病」にかかるというモチーフがしばしば現れる。(19) スカンダについては、後世はシヴァとパールヴァティーの息子とみなされるが、すでにあげた神話で見たように、本来はアグニの子であった。

アグニがヴェーダの儀式の中でもっとも重要な役割を果たすのが、ホーマすなわち密教の護摩の起源となる祭式である。火炉の中に火をおこし、そこに油を注いで天界の神々を満足させる儀礼であるが、しばしば火炉が母胎に、そこで燃やされる火すなわちアグニが胎児とみなされる。そして祭火の点火は聖なる性交である。アグニは『リグ・ヴェーダ』の中で「クマーラ」と呼ばれることがあり、また、祭火としてのアグニは「隠されたもの」と名付けられ、これも後にスカンダの異名のひとつとなる。[20]『マハーバーラタ』ではアグニとスカンダは親子の関係にあるが、ヴェーダの祭式では両者はより密接に結びついており、しかも性的なメタファーの中で言及されていたのである。

妊娠を望むものに子宝を授け、胎児の出生をつかさどり、誕生後は新生児の生命を左右することが、スカンダやムルガンのもつ機能であった。スカンダの神話で繰り返し強調された、子どもに災厄をもたらすとともに子どもを守るという性格は、この神が本来有していたものであったことがわかる。ムルガン、スカンダ、そして文殊に共通してみられた首飾りの「虎の爪」も、これと同じはたらきをもっていた。そして、もうひとつの特徴である丸い大きな耳飾りは、これらの機能が集約された象徴である輪の形をしている。

六つの顔をもつヤマーンタカ

『マハーバーラタ』の神話では、スカンダは六つの顔、一二本の手足をもつといわれていた。これはクリッティカーの六人の母に由来すると説明されていたが、七人の聖仙の妻たちのうち、ひとりが除かれるのは不自然である。むしろ、スカンダがもともと六面をそなえており、その理由として出生時の神話が創作されたのであろう。しかし、実際に六つの顔をもったスカンダの像は、グプタ時代より前には作られていない。現存する作例は、いずれも六、七世紀以降のものである。[21]

デリーの国立博物館が所蔵するスカンダ像[22]は、六面のものとしては最初期に属する（図3-9）。直立するスカンダには大きな円形の頭光のようなものが付けられ、スカンダの頭を取り囲むように、五つの頭が並んでいる。時代が下ると、スカンダの六面は横一列に並ぶようになる。しかし、偶数であるため、中心となる顔の左右は二面と三面にしかならず、バランスが悪い。花弁のように周囲に配する形式がおそらく本来のものであったであろう。

わが国に伝わる胎蔵曼荼羅には、ヒンドゥー教の神々が数多く含まれるが、クマーラ（鳩摩羅）もその中の一尊である。そこではクマーラは槍によく似た戟《げき》という武器を手にして、孔雀にまたがり、六面をそなえた姿で表される（図3-10）。六面の配置は、中心となる顔の横に一面ずつ、そしてこれらの上に三面である。[23]おそらく、インドの六面のスカンダの初期の形式を受け継いだものであろう。

スカンダで強調された六面は文殊には見られない。しかし、その特徴は文殊の眷属とも、あるいは忿怒形の化身ともいわれるヤマーンタカ（大威徳明王）に現れる。ヤマーンタカを説く諸文献は、共通してこの尊が六面をそなえていると述べる。[24]手や足の数も同じ六本ずつで、そのため日本では「六足尊」とか「六足忿怒」の異名で、この明王は呼ばれることもある。一部の文献で

図３－９　六面のスカンダ

図３－10　現図胎蔵曼荼羅の鳩摩羅天

は腕が六臂ではなく十二臂と説かれることもあり、この場合、スカンダの腕の数に一致する。

わが国の大威徳明王の作例は、単独尊もいくつか知られているが、ほとんどは五大明王の中の一尊である。胎蔵曼荼羅では、現在の形式では明王院の中で他の明王たちと並んで描かれるが、本来は文殊院に含まれる尊格で、文殊と密接に結びついている。三輪身説において、文殊と同体とみなされていることも、すでにふれたとおりである。

これらの大威徳明王のいずれの作例においても、六つの面は三面ずつ上下二段に重ねられている。上の段の三面が下の段のものに比べると小さくなっているが、これは美意識的な配慮で、本来は中心の面を取り囲むようにその周囲に同じ大きさの残りの五面を並べていたのであろう。つまり、胎蔵曼荼羅のクマーラやインドの初期の六面のスカンダの像と同じ形式に由来するのである。

インドでは明王の作例は限られているが、ヤマーンタカに関しては、いくつか知られている。ナーランダー出土のヤマーンタカ立像は、比較的よく紹介されているものであるが、そこでは六面は横一列に並んでおり、日本のものと形式が異なる。(25)

近年、オリッサのウダヤギリ遺跡近郊で、脇侍にヤマーンタカをしたがえた文殊像が発見された（図3-11）。この作品は摩滅がかなり著しいが、全体のバランスから見て、日本の大威徳明王

図3-11　ヤマーンタカを脇侍とする文殊立像

図3-12　脇侍のヤマーンタカ（図3-11部分）

と同じように、三面を二段に重ねた形式をとっていた可能性がある（図3-12）。インドにおいて文殊とともに表され、日本の大威徳明王に近い尊容を有したおそらく唯一の作例である[26]。

水牛・獅子・女神

ヤマーンタカのもうひとつの特徴に、水牛に乗ることがあげられる。その乗り方は文献によれば、水牛の上に直立する方法と、水牛にまたがる方法の二種があったらしい。日本の大威徳明王は、圧倒的多数が後者で、水牛の上にまたがって、三本ずつの足を左右に垂らしている。これに対し、後世、チベットに伝わったヤマーンタカは、ほぼ例外なく、水牛の上に直立している。さきほどのインドの二例のヤマーンタカを見ると、ナーランダーの単独像は直立するタイプ、ウダヤギリの文殊の脇侍の場合は、水牛にまたがるタイプとなっている。ここからも、ウダヤギリの作例が、わが国の大威徳明王と直接つながりをもっていることがうかがわれる。

インドの後期密教になると、ヤマーンタカの忿怒の性格をさらにエスカレートさせたヴァジュラバイラヴァが登場する（図3-13）。この忿怒尊の尊容を説く文献によれば、ヴァジュラバイラヴァは九面三十四臂十六足をもつという。九つの面は三面ずつ三段に重ねられ、このうち中心面に相当する最下段の中央は水牛の顔をする。また最上段の中央の面は文殊の顔であるという。文殊とその忿怒形であるヤマーンタカを意識的に統合している。この尊はチベットやネパールで信仰を集め、とくにネパールではその容貌から「マヒシャサンヴァラ」とも呼ばれる。サンヴァラは後期密教の代表的な守護尊の名で、「水牛のサンヴァラ」という意味になる。

チベットではヴァジュラバイラヴァは、呪殺の尊としてよく知られている。なかでも、一一世紀から一二世紀にかけて活躍したドルジェタクは、この呪法に長けたものとして有名で、その生涯に何千何万という敵対者を呪殺したと伝えられる。このような呪法は「度脱法」と呼ばれる。ドルジェタクの言葉によれば、度し難い衆生であっても救済することのできる慈悲の方便が、この度脱法であるという。そして、この呪法によって呪殺されたものは、文殊の仏国土へと導かれると強調されている。重要なのは、水牛の顔をしたグロテスクなこの尊格の出自が、頭頂にいただく文殊であることなのである。(27)

文殊自身は水牛の姿をとることはもちろん、水牛に乗ることも、あるいは六面を有することもなかった。しかし、六面に関しては、その作例に共通してみられた髻と、何らかのつながりを予想させる。実際の作例では、髻の数ははっきりしていないが、文献では五つであることが一般的であった。このような文殊はわが国では、五髻文殊と呼ばれ、文殊の姿の基本となった。文殊にとって五という数が重要になったため、アラパチャナの五字真言や、中国の五台山信仰を生み出すことになった。

頭髪を結わえ五つの髻を付けた姿は、顔の周囲に五つの面を配した六面とよく似ている。中心の面はそのままにして、まわりの五つの面を小さな円で表現したならば、それは髪の毛を結って作った髻とあまり区別が付かない。そのためには、六つの面は横一列に並ぶのではなく、中心となる面のまわりに残りの五面が円環上に置かれなければならないが、すでに見たように、初期の単独のスカンダ像はそのような形式をとっていた。

それでは、文殊やスカンダの髻は、六つの面のうちのまわりの五面がいわば退化してできたのだろうか。ここからは推測でしかないが、実際はむしろその逆で、髻が顔に変化したのではないかと考えられる。

図3-13　ヴァジュラバイラヴァ（チベット）

古代文明がおこった地域のひとつで、インダス文明の諸都市とも交易のあったメソポタミア地方からは、水牛と戦う若者の浮彫が数多く出土している。紀元前二千年以前に属するこれらの作品は、エンキという神の従者の姿を描いたとされている。注目されるのは、この若者が長髪を垂らし、その左右に三つずつ、合計六つの髻を付けていることである。さらに、同じ若者を描いた作品の中には、若者と並んで、水牛と闘う獅子が表されたものもある[28]。

一方、メソポタミアを含む西アジア一帯では、獅子に乗った女神が広く信仰されていた。この女神はイナンナともナナーとも呼ばれ、メソポタミアでは豊穣と戦勝の神イシュタルと、地中海世界では豊穣の女神レア・キュベレと習合した[29]。

この獅子に乗った女神のイメージはインドにも伝えられ、水牛を殺す女神マヒシャースラマルディニーのイメージ形成に寄与した。インドに現存するマヒシャースラマルディニーの像は二世紀頃の作品がもっとも古いが、そこではこの女神は獅子をともなわず、単独で水牛を殺していた（図3-14）。しかし、クシャーン朝以降、西アジアやヘレニズム世界の影響がインドの美術にも顕著になると、この女神はナナー女神にならって獅子に乗るようになる[30]。獅子に乗った女神を説く『デーヴィーマーハートミヤ』は、このような作例の出現を受けて成立したものであるが、逆に文献の規定が作例の基準となって、獅子に乗って水牛を殺すこのイメージがインドにおいて定着していく。

インドとその西に広がる世界で知られていたこれらのイメージ、すなわち水牛を殺す女神、獅子に乗る女神、豊穣と戦勝の女神、六つの髻を付けた若者、水牛と闘う若者、水牛と闘う獅子。インドにおいて母神と少年神が現れる背景には、密接に絡み合ったこのような重層的なイメージが横たわっているのである。

荒ぶる若者

スカンダをはじめとする童子神は、若々しさとともに恐ろしさをあわせもっている。永遠の若者としてイメージされながら、一方では子どもの誕生をつかさどり、小児の命を容赦なく奪う。仏教の童子神である文殊は、智慧のほとけというイメージが定着し、畏怖すべき尊格としての性格は、その忿怒形とされるヤマーンタカにもっぱら集約されている。しかし、文殊そのものが恐ろしい存在であることは、いくつかの大乗経典に見ることができる。たとえば『大宝積経』第三十六会「善住意天子会」（大正蔵三一〇番）では、魔たちが「たとえ百千万億の諸仏の名を聞くことがあっても、文殊ひとりの名を聞きたいとは思わない」と告白し、仏陀に対し泣きつくシー

図3-14　マヒシャースラマルディニー

ンがある。あるいは『仏説魔逆経』（大正蔵五八九番）などの中で、世尊や文殊が法を説くにあたり、仏弟子が「魔が妨害をしに来ないのは不思議です」と尋ねると、仏陀は「それは文殊の加持力によるからである」と明かしている。[31]

童子神がもつ若々しさと恐ろしさという二面性は、そのまま若者のもつ両義的な性格に一致する。若者のもつエネルギーや情熱は、文学や芸術において賛美されるのが常であるが、現実の社会ではしばしば暴走し、抑制がきかなくなる。若者の純粋さは、未熟さや不寛容の裏返しでもあるからである。そして真理や正義を求める求道者的な精神は、一歩間違えれば愚直さや頑迷さへと容易に移行する。若者がもつ美しさは、その一過的なはかなさに支えられているが、完成途上の危ういバランスの上で運良く発露したものにすぎないともいえよう。

ベンガル地方から出土したパーラ朝期の文殊に、左右に二尊の男尊を従えたものがある。このうちの一尊は、忿怒形をとることからヤマーンタカに比定できる。脇に経典を抱えて合掌するもう一尊は、『華厳経』「入法界品」の主人公、善財童子である。文殊の指示のもと善知識を訪ねて求道の旅を続ける、大乗仏教の理想の少年である。文殊の両側に置かれたこの二尊は、そのまま、少年のもっている二面性を具象化した姿にほかならない。この作品では二面性はヤマーンタカと善財童子に分化しているが、少年神においては同居している。そして、両者が結びついていることこそが、若者のもつ本質である。[32]

鎌倉時代初期の代表的な彫刻のひとつで、運慶作とされる八大童子像は、日本の彫刻史におけるもっとも美しい少年たちであろう(33)。八体のうちの二体は残念ながら後補であるが、当初からの六体は、均整のとれた体つきとりりしく知的な容貌をもち、全身からみなぎり放射される生気が過不足なく表現されている。このような彼らの姿は、文字通り、少年の理想像である。

　このうちの一体の制吒迦《せいたか》童子は、頭に五つの髻を結っている（図3-15）。これは八大童子を説く文献『聖無《しょうむ》動尊《どうそん》一字《いちじ》出生《しっしょう》八大童子《はちだいどうじ》秘要法品《ひようほうぼん》』にも「頭に五髻を結う」とあり(34)、おそらく文殊

図3-15　制吒迦童子

固有の特徴である五髻を取り入れたものであろう。興味深いのは、同じ文献に、制吒迦童子は瞋心すなわち怒りの心をもった悪性のものであると説かれていることである。そのため、平安時代の絵画などでは、この童子は醜悪な姿で描かれることが多い。運慶がこの規定や先例を知らないはずはない。それを承知の上で、あえて少年美の極致として表現したのは、美しさと恐ろしさが分離不可能な状態で少年神に内在していることを、彼が直感していたためであろう。

第4章

観音と聖地補陀洛山

四印会	一印会	理趣会
供養会	成身会	降三世会
微細会	三昧耶会	降三世三昧耶会

図コラム④　金剛界曼荼羅

『補陀落渡海記』

井上靖氏に『補陀落渡海記《ふだらくとかいき》』という短編小説がある。わずか五〇枚あまりの掌編であるが、井上氏の代表的作品のひとつに数えられている(1)。

この小説のタイトルにある補陀落（補陀落）渡海とは、小説中の説明によれば、「観音浄土である補陀落山に生身の観音菩薩を拝し、その浄土に往生せんと願うものが、生きながら舟に乗って海に出ること」である。補陀洛渡海は、土佐、摂津、肥後などでも行われたことが伝えられているが、もっとも有名なものは熊野で、渡海の儀式をつかさどる浜辺の寺は、その名のまま「補陀洛寺」あるいは「補陀洛山寺」という。

『補陀落渡海記』もこの熊野を舞台にとり、永禄年間（一五五八―一五七〇）の補陀洛寺の住職金光坊を主人公にしている。補陀洛渡海に至るまでの金光坊の心理描写を軸に、金光坊が見届けてきた過去の渡海僧たちのさまざまな風貌をからめて、死と信仰を問いただすことがこの小説のテーマである。

渡海に用いられた船のイメージが、この小説では重要な演出効果を果たしている。金光坊が見送った渡海僧のひとりは、渡海にのぞんで金光坊に対して、自分の乗る船がずいぶん小さいという。それに対し、金光坊は以前の渡海者の船の方がさらに小さかったと答えるのであるが、彼自身がいざ渡海船に乗るときには、いままでのどの船よりも小さく感じられる。ここに、わずかの食料と油を載せて乗り込み、その上には木箱がかぶせられ、船底に釘付けされて海へと流されるのである。

補陀洛渡海の光景は「那智参詣曼荼羅」（図4－1）に見ることができる。[2] 社寺参詣曼荼羅のひとつであるこの曼荼羅図は、熊野三社、如意輪堂、那智の滝、補陀洛山寺などを陸地の部分に配し、画面の下端に表された熊野灘に、渡海船とそれを見送る二艘の同行人の船を描いている。小説では小さいことが強調された渡海船は、この曼荼羅図では意外に立派で、同行人の船よりもかなり大きい。船上の四方には鳥居が立てられ、「南無阿弥陀仏」の六字が記された白い帆が風を受けて、熊野灘を進んでいる。ただし、船底に閉じこめられているであろう渡海僧の姿は、当然のことながら画面の中に見ることはできない。

補陀洛渡海は観音の浄土への憧憬から行われたとされるが、実際は入水往生の信仰や水葬の風習が背景にあったことを、民俗学者たちは明らかにしている。[3] 古代の日本人は海上他界観を有しており、そこを常世や蓬萊山と呼び、死者の霊魂が集まるところと考えていた。熊野灘がこの常世の国への旅立ちの海であったことは、『日本書紀』などにも見いだせる。さらに熊野の地は、奈良時代から平安時代にかけて修験者たちの間で投身や焼身、入水などの捨身の行がさかんに行われたことで知られている。その背景には、捨身によって現身を捨てて、観音と共に生きる永遠の命を獲得するという、熊野における古くからの観音信仰があったことも指摘されている。

今でも熊野は観音信仰の一大霊場として知られている。那智参詣曼荼羅の画面の中心に描かれ

図4－1　那智参詣曼荼羅部分

ている如意輪堂は現在の青岸渡寺で、西国三十三カ所の観音霊場第一番札所として有名である。観音にちなんだ三三という数を札所とする西国の観音霊場は、わが国の巡礼地としてもっともよく知られ、かつ由緒あるものであろう。三十三カ所の観音霊場を回る巡礼者たちは、熊野の青岸渡寺を皮切りに、紀伊半島を横断し、さらに西日本を右回りにほぼ一周する。熊野の地はこの観音の霊場をめぐる旅の入口に位置するのである。

補陀洛渡海も観音の聖地を求める旅である。しかし、西国三十三カ寺が地上の巡礼地であるのに対し、渡海船のめざす先は南方の彼方にある観音の聖地補陀洛山である。そこは海によってへだてられ、生きて到達できる保証はどこにもない。むしろ、生者の現実の世界には含まれない祖霊たちの常世の国であったのだから、渡海者たちが死を覚悟して船に乗り込んでいったのは当然である。

渡海に際しては、その功徳にあずかるための結縁がさかんに行われたという。那智参詣曼荼羅は、そのような結縁の勧進のための絵解きにも用いられたらしい。現実の世界に含まれる三三の観音霊場を巡礼することはできても、文字通り命をかけて観音の浄土に往生することは誰にでもできることではなかった。熊野が観音巡礼の出発点であったのは、ここが観音の聖地補陀洛山にもっとも近い場所だからであり、二重の意味で観音の聖なる世界の入口になるからである。

補陀洛山の情景

補陀洛渡海者たちが海の彼方に見すえていた観音の浄土とは、いかなるものだったのか。

補陀洛山は『華厳経』「入法界品」に説かれている。文殊の指示にしたがって諸国を歴訪し、善知識との出会いを重ねる善財童子は、第二六番目の善知識ヴェーシュティラ長者から、ポータラカ（potalaka）の山すなわち補陀洛山に観音菩薩を訪ねるようすすめられる。長者は善財童子に対して、

「行け、善財よ。吉祥の海の中央にある壮麗な山の王なるポータラカ、勇士の住む地に。宝石から成る木立や森林があり、華々が撒き敷かれ、遊園や蓮池や水流を具えている（地に）」と補陀洛山を賛嘆している。(4)

これにしたがって善財童子は補陀洛山に登り、観世音菩薩をその山中に探し求めた。そして山頂の西側の窪地に、ついにその姿を見つけだす。経典によれば、そこは次のような所であった。

「泉や湖や流水で美しく飾られ、青々とした瑞々しい渦を巻いた柔らかい草が繁茂した大きな森林の中の空き地で、（そこに観世音菩薩は）金剛宝石の岩の上で結跏趺坐して坐り、種々の宝石の表面に坐っている無量の菩薩に取り巻かれ、法を説いて、すべての世の衆生の摂取を主題とする大慈大悲の門の明示という法門を明らかにしておられた」

『華厳経』「入法界品」の説く補陀洛山は、南方に位置し、海中にそびえる山で、宝石でできた木々、柔らかい草、泉や湖、流水をそなえたところである。金剛宝石の岩の上に観音が坐るのは、釈迦が成道の際に金剛宝座に結跏趺坐したことにならったのであろう。そこで説法をする観音を無量の菩薩たちが取り巻いている。

「入法界品」では観音が善財童子に教えを伝えた後に、詩頌の形でふたたび補陀洛山の観音の描写がなされる。補陀洛山は南方にあり種々の宝石で満ちあふれ、金剛でできている。その山の斜面にある蓮華台の獅子座に観音は坐り、神々、アスラ、龍、キンナラ、ラークシャス（羅刹《らせつ》）と勝者の子らに囲まれて、彼らに教えを説いていたとされる。

玄奘は『大唐西域記』の巻十「マライコッタ国」の箇所で、伝聞の形で補陀洛山について説明している。[5] そこは険しい山道を越えていかなければならない深山で、行き着くことのできるものはきわめてまれであるという。山頂には池があり、鏡のように澄んでいる。水は流れて大河となって、山を二〇周めぐってから南海に至る。池のかたわらの石造りの堂宇の中に観音がいる。池からあふれる水が山をめぐるという独特の説明が見られるが、南方の峻厳な山で、海に面し、水が豊富であることは、「入法界品」の記述に合致している。

このようなイメージは補陀洛渡海者たちがいだいていた観音の浄土の姿でもあったようだ。『補陀落渡海記』の中で井上氏は、金光坊に先だって渡海をした僧の言葉を借りて、次のような描写をしている。(6)

「そこは大きな巌でできあがっている台地で、烈しい波涛に取り巻かれている。その台地はどこまで行っても尽きないほどの広さをもち、限りなく静かで美しいところで、永遠に枯れぬ植物が茂り、尽きることのない泉が至るところから湧き出している。朱い色をした長い尾の鳥が群らがり棲み、永久に年齢をとらぬ人間たちが仏に仕えて喜々として遊び戯れている」

もちろん、小説自体がフィクションであり、この描写も特定の史料にもとづくものではなく、井上氏の創作である。さらに「入法界品」には現れない長い尾の鳥や、永久に年をとらない人など、おそらく阿弥陀の極楽浄土のイメージが混入していることがうかがわれるが、南海の楽園というイメージは、経典の記述から逸脱するものではない。

ウダヤギリ出土の四臂観音立像

補陀洛山上の観音の姿を表したパーラ朝期の作品がすくなくとも八点現存する。そのうち三点はパーラ朝のもので、残りの五例はオリッサ州のカタック地区から出土している。(7)このうちの一例で、ウダヤギリ遺跡の四臂観音立像（図4－2）について、少し詳しく見てみよう。[8]
二メートル近い高さの長方形のパネルの中央に、ほぼ等身大の四臂の観音立像が高浮彫で表されている。そしてその周囲に尊格や人物が小さく表現されている。
野ざらしの状態で放置されているため、表面は風化し、この地方の石材に特有な白い付着物が

図4－2　四臂観音立像

表面を覆っている。しかし、保存状態は比較的良好で、欠損は作品全体の向かって右上の側面、中央の観音の顔と脚部の一部、そして、周囲の尊格の一部にとどまっている。下端を土中に埋め、やや後ろに傾いた状態で長い間立っていたが、近年、隣接する第二僧院の発掘が行われたことにともない、現在では全体が掘り出され、地面の上に仰向けになっている[9]。

中心となる四臂の観音はやや腰を曲げていわゆる三曲法で直立している。髪型は観音に一般的な髪髻冠（ほっけいかん）で、中央には定印を結ぶ阿弥陀が化仏として刻まれている。上半身には着衣はなく、ビーズ状の瓔珞、聖紐《せいちゅう》、臂釧《ひせん》、腕釧《わんせん》を飾る。いずれも細部まで念入りに表現された豪華な装身具である。腰にはドーティをまとい、装飾的な腰帯を締める。長い耳朶には耳飾りを垂らし、三山形式の冠飾もいただく。

四臂のうちの右の前の手は下に垂らして与願印を示し、後ろの手は肘を曲げて数珠を持つ。左の前の手は掌を前に向けて、大地からのびた蓮華の茎をつまむ。蓮華は観音の左肩の近くで大きく花開いている。後ろの手は水瓶の首をつかんでいる。

顔の表情は、鼻梁を欠いているのが惜しまれるが、伏し目がちで瞑想的なまなざしを示し、弓なりに表現された眉や、引き締まった口元などが印象深い。やや誇張気味に腰がくびれているものの、身体的なプロポーションも適格で、全体のバランスもよく、写実性にすぐれている。この地区から出土した作品の中でもとくに完成度の高い優品に位置づけられるであろう。

観音の周囲には三人の女尊と一人の男尊がいる。このうち、向かって左下の女尊はターラー

（図4－3）、左下の男尊は馬頭《ばとう》（図4－4）、右上の女尊はブリクティー（図4－5）である。いずれも観音の眷属として、この時代の観音の作例にしばしば登場する。(10) 残りの向かって左上の合掌する女尊は、類例がないため、尊名は不明である。

作品全体の上端には七つの方形の龕が作られ、それぞれの中に仏坐像を一尊ずつ並べている。龕《がん》と龕の間には柱が表現され、さらに各龕の上部には半円形の装飾がほどこされている。この部分全体が建造物、とくに宮殿を模していることは明らかである。

これらの七仏の下には四人の人物が横一列に置かれている。いずれも中央の観音の方を向いて坐り、向かって左の二人は合掌し、右の二人のうちの前の人物は何か供物のようなものを持ち、後ろの人物も右手に何か握っている。これらの人物は、腕の筋や骨が誇張されて表現され、さらに体からも肋骨が浮き出ている。インドにおいて、仏や菩薩をこのようにやせ衰えた姿で表現す

図4－3　脇侍のターラー（図4－2部分）
図4－4　脇侍の馬頭（同上）
図4－5　脇侍のブリクティー（同上）

ることはなく、おそらく、苦行者や聖仙を意図したものであろう。ただし、右端の人物のみはそれ以外の三人の人物とは異なり、苦行者のような身体表現はとっていない。

中心となる観音の周囲で、これらの人物や尊格を配する部分は、上端の宮殿の部分を除いて、意図的に凹凸が作られている。白い付着物が全体のかなりの部分を覆っているため判別しにくいが、不規則な直線でそれを形づくっていることがわかる。これはインド固有の山岳の表現で、岩山をデフォルメしたものである。樹木も泉も川も含まれないが、観音の聖地である補陀洛山を表していると考えてよいであろう。

補陀洛山上の観音像

オリッサから出土した補陀洛山上の観音像の残りの四例は、いずれも二臂の坐像で表される。観音の尊容もほぼ共通で、遊戯坐《ゆげざ》で坐り、右手は与願印を示し、左手には蓮華を持つ。これはパーラ朝期の観音の典型的な姿である。(11)

比較的保存の良いカルカッタ・インド博物館所蔵の、ラリタギリ出土の作品(図4-6)を簡単に紹介しよう。

観音の脇侍には、先述の作品と同様にターラーとブリクティーがいる。これら二女尊の背後には円柱が表され、中心の観音が宮殿の中にいることがわかる。台座の下段は向かって右に一人の男性と二人の女性がいる。男性の前には供物が置かれ、観音の礼拝者か、あるいは像の寄進者の姿であろう。[12] 左側にも合掌する人物がいるが、後ろの人物は口先がとがり、体全体はやせこけている。「針の口をもつもの」という意味のスーチームカという餓鬼である。

光背の上部で、観音の龕の周囲は、植物が繁茂している様子が表されている。龕の縁に沿って五仏が山形に配され、さらにその間には二人の苦行者像が見える。周囲の植物は、三叉の葉が伸びたものがあちこちに置かれ、その余白を別の形の葉で埋めている。さらに、これらの植物に混

図4－6　観音坐像

じって、鹿や猪などの動物の姿があることがわかる。草むらの中から顔をのぞかせている姿は、一種の隠し絵のようで、注意深く見なければ見落としてしまう。

ウダヤギリの作品が植物の生えない岩山であるのに対し、ラリタギリ出土のこの作品は、うっそうと樹木の生い茂った森林のイメージで山岳が表現されている。しかし「山」であることは共通で、いずれにも苦行者が含まれている。

次にクルキハールから出土した補陀洛山上の観音像（図4－7）を取り上げよう。この作品はパーラ朝の遺品としては他に類を見ない作品である。オリッサの作例と共通する要素も多く見られるが、この作品独自の点もいくつか認められる。

三葉形の龕をうがち、中尊の観音と脇侍のターラーとブリクティーを置く。観音が二臂で遊戯坐をとり、左手の持物が蓮華であることは、直前に見たラリタギリ出土の作例などとも共通するが、両手で転法輪印を示すことは、観音像としてはきわめて珍しい。「入法界品」の観音が善財童子に法を説いたことを、直接的に表現したものだろうか。

興味深いのは、これら三尊の周囲の様子である。その全体は煉瓦を重ねたようなモチーフで埋められているが、これも岩山を意図した山岳表現で、ウダヤギリの作品に見られたモチーフが、さらに形式化されたものである。そしてその中にさまざまな人物や尊格が含まれている。

まず大きく目をひくものとして、上部に山形に配された五仏の坐像がある。中心の仏は、その真下にいる主尊の観音と同じ転法輪印を示す。それ以外は、向かって右から定印、触地印、与願印、施無畏印をとり、金剛界の五仏の印相がすべて現れる。これらの印相や、結跏趺坐をとる坐法などから、彼らが仏であることは明らかであるが、なぜかその身体には種々の装身具をつけ、頭髪も螺髪ではなく、渦巻状に髪を結い、全体で菩薩形を示している。ただし、向かって一番左の定印の尊のみは、渦巻状の髪型ではなく、観音固有の髪型である髪髻冠を結っている。[13]

図4－7　補陀洛山上の観音

五仏の中心の尊の左右には、脇侍のように尊格が一人ずつ立っている。両手の持物は不明であるが、尊容から見て菩薩であることは確かであろう。

これらの五仏と二菩薩の下には、下半身が鳥の姿をした二人の女性と、二組の男女の像がある。半鳥半人の女性は、一人が琵琶を持ち、もう一人がシンバルのような楽器を持つ。音楽神のガンダルヴァかキンナラであろう。男女の像も何らかの下級神であろう。

その下で、三葉形のアーチの上部には中心に仏塔を置き、これをはさんで左右に四人ずつ、合計八人の人物が、シンメトリカルに置かれている。仏塔に礼拝する者、花輪を仏塔にそなえる者などがいるが、ひときわ大きく表された二人の人物は、あごひげを生やし、肋骨が浮かび上がった、おなじみの苦行者の姿である。人物像の間には植物も表現されている。

ターラーとブリクティーの外側には、動物たちの姿がある。左右で順序は異なるが種類は同じで、猿、つがいの鳥、獅子と蛇が上下に置かれている。つがいの鳥は一羽がもう一方の上に乗り、獅子と蛇はたがいに向かい合っている。

山岳表現を構成するモチーフ

このように、クルキハールから出土した転法輪印を結ぶ観音像は、山岳表現をベースにして、さまざまな人物や尊格、動物たちによって囲まれている。その中には「入法界品」に見られた補陀洛山の描写に合致するモチーフも含まれる。岩でできた山とそこに生える植物（ただしこの作品では生い茂ってはいない）、楽器を奏でるガンダルヴァやキンナラといった下級神などである。山岳表現を伴うオリッサ出土の作品以上に、補陀洛山の観音を強く意識した作品ということができる。

この作品の上部に現れた菩薩形の五仏も、同じ文脈から注目される。パーラ朝の尊像彫刻で、光背の上部に金剛界系の五仏を表した作品は数多くある。このような光背五仏をいただく尊格には、作例数の多い順に、観音、ターラー、マーリーチー、文殊、釈迦、パルナシャバリーの六種がこれまで確認されている。(14) これらの尊格の光背に散発的に五仏が現れる理由は明らかではなく、五仏が特定の図像学的な意味を有していたかも不明である。ただし、五仏の配列には一定の法則が認められ、中央に置かれる仏は、主尊の属する部族主であることが圧倒的に多い。密教のパンテオンでは、時代や伝統によって違いはあるが、五尊ないしは六尊の仏を上首とする部族に分かれている。金剛界の五仏はその代表的な部族主たちなのである。そのため、たとえば観音の光背上部に五仏が現れる場合は、その部族主である阿弥陀が、あるいはマーリーチーであれば、同じく大日がそれぞれ中央の尊格に選ばれている。観音やマーリーチーが自らの出自を表すために、五仏を標識のように用いているである。

ところが、クルキハールの作品では、通常の観音像で選ばれる阿弥陀に代わって、転法輪印を示す大日が中央に置かれている。観音自身も同じ印相を示すために、統一感をもたせるための配慮かもしれないが、ここでも説法者としての観音の性格が強調されていると見ることができる。

光背の五仏に関して、もうひとつこの作品で例外的なのは、五仏が僧形《そうぎょう》をとらずに菩薩形で示されている点である。しかも、定印を示す阿弥陀のみは、他の四仏とも異なり、観音に固有の髪型である髪髻冠を結っていた。観音と阿弥陀の結びつきを前提として、五仏を菩薩の姿に転換して、光背の中に置いたことは明らかである。

パーラ朝に広く見られた光背の五仏を、あえて菩薩の姿で表した理由は何であろうか。光背五仏に何らかの図像学的な意味を見いだせないことは、すでに見たとおりである。配列を別にすれば、それは菩薩や女尊などの礼拝像に加えられた一種の装飾モチーフのように見える。しかし、補陀洛山の観音という特定のテーマを有する作品の場合、単に装飾のためだけに、五仏を配することは許されない。「入法界品」の補陀洛山の記述には、山上で観音のまわりにいるのは菩薩たちであって、仏ではない。大乗仏教の仏陀観では、ひとつの世界には一尊の仏のみが存在している。五仏のような複数の仏が登場するのは、その数と同じ多くの仏国土が認められるからである[15]。しかも、菩薩である観音の眷属に、それよりも位の高い仏が置かれることも許されない。

クルキハールの作品のように、補陀洛山の観音であることを明瞭に示す作品の場合、光背に五仏を加えるためには、その主題に破綻をきたさないように、菩薩の姿へ変換する必要があったのであろう。下級神や山岳表現と同じように、五仏さえも補陀洛山の観音という主題を構成するモチーフのひとつとなっているのである。

「入法界品」では言及されないモチーフも、この作品には現れる。脇侍の二女尊のターラーとブリクティーはその顕著なものであるが、パーラ朝期の観音の代表的な脇侍である彼女らについては、次章で詳しく述べるため、ここでは取り上げない。

猿や鳥などの動物たちも経典中に記述はないが、山であることを示すモチーフの一部であることは明らかである。種類は異なるが、鹿や猪などの動物の姿は、ラリタギリ出土の作品でも見られた。聖地に鹿や猪、さらにはライオンのような猛獣がいるのは、考えてみれば奇異であるが、山や森に付随した要素とすれば、むしろ自然であろう。

各作品にきまって登場する苦行者についても、同じ理由で説明することができる。観音の浄土という聖なる場に、やせこけて老いた姿を苦行者がさらしているのは、いかにも場違いである。もちろん、「入法界品」にも彼ら苦行者については、一言の言及もない。しかし、古来、インドにおいて森や山は苦行者の住む世界であった。世俗の生活を捨てて悟りを求めた求道者は、「サンニヤーシン」と呼ばれ、森の中で生きることが常識であった。老いて家督を譲った後の人生は「林住期」と呼ばれ、森に移り住むことが、アーリア人たちの理想の人生の完成と見なされる場合もある。

サーンチーのストゥーパのような初期の仏教美術では、このような苦行の場としての山や森が表される場合、きまってひげをはやした苦行者が一緒に描かれる。[16] 山岳や森林の風景の一部として、苦行者の姿は必要不可欠であり、山であることを示すための一種の記号として扱われているのである。その場合、経典中にその記述がないことも問題にされなかったのであろう。[17]

不空羂索観音

補陀洛山上の観音像としてはじめに取り上げたウダヤギリ出土の作例は、他の四例とは異なる四臂の立像という特徴をそなえていた。多臂の観音は、わが国でも千手観音などを通してなじみ

図4-8　十二臂観音立像

深いが、インドにおいては腕の数は十二臂を最大としてそれ以上の多臂化は進まない。さらに、それ以下の臂数が均等に現れるわけでもない。パーラ朝の版図からは二臂が一一八例、四臂が二二例、六臂が一六例、そして十二臂（図4-8）は四例の作例を数える。そして六臂と十二臂の間にあるべき八臂と十臂は、それぞれわずかに一例ずつあるにすぎない。[18] わが国では不空羂索観音の一般的な形態として八臂像がよく知られているが、インドにおいては皆無に等しいのである。一方、オリッサの観音の場合、多臂は六臂が最大で、それも一例確認されているにすぎない。四臂は坐像と立像と合わせて三〇例ほどあり、二臂の作例は三八例なので、観音の作例全体の四割強は、四臂で占められていることになる。[19]

観音の臂数に見られるこのような相違は、ベンガル、ビハール地方とオリッサとの間の地域差を示す顕著な例のひとつであるが、オリッサに多く出土する四臂観音の中で、立像はさらに独自のグループを形成している。

図4－9　四臂観音立像

図4－10　四臂観音立像

オリッサからは、像高わずか数センチメートルの小品から、等身大もしくはそれ以上の大きさをもった大規模なものまで、さまざまな規模の作品が出土している。その作風も稚拙なものから芸術的価値のきわめて高いものまで千差万別である。その中で、四臂の観音立像は、いずれも像高が二メートル前後の堂々とした作品ばかりで、その制作技術の水準も群を抜いている。四臂観音の立像の作例は一二点を数えるが、そのほとんどがこの地方を代表する仏像彫刻として、これまでにもしばしば紹介されてきたものばかりである(図4－9～11)。

　これらの作品にはいくつか共通の特徴がある。まず第一に、いずれも豪華な装身具をつけることがあげられる。ウダヤギリの補陀洛山上の観音像にも見られたような瓔珞、腰帯、臂釧、腕釧、冠飾、耳飾りなどは、ほとんどの作品に共通してみられる。左肩からはビーズ状の聖紐を斜めにかけている。着衣のドーティは両足にぴったりと密着しているが、両足の間には波状のひだを作る場合も多い。

周囲に複数の尊格を配することも、ほとんどの作品に共通してみられる。ターラーがもっとも多く、これと対をなしてブリクティーかあるいは忿怒形の馬頭がしばしば現れる。この三尊がそろって登場する作品も三例ある。ウダヤギリの補陀洛山上の観音像もそのひとつであるが、この作品に現れたそれ以外の人物群は、他の作品には含まれない。ただし、作品の上段に一列に置かれた七尊の仏坐像に似たものとして、九尊の仏坐像を同じように置いた作品が二例ある[20]。

四臂の印と持物は与願印、数珠、大地から伸びる蓮華の茎、水瓶というのが一般的であるが、約半数の作品が羂索を持っていることが注目される。摩滅や欠損などで確認できない作品もあることから、その数はさらに多かった可能性もある。インドでは二臂の観音の場合、右手は与願印を示し、左手に蓮華を持つことが、オリッサでもパーラ朝でももっとも一般的である。これが四臂になると、パーラ朝では圧倒的多数が数珠と水瓶をこれらに加える。オリッサの四臂観音でもこれは共通であるが、立像においてのみ、さらに羂索が多くの作品に登場するのである。

オリッサの四臂観音立像が特別の存在であることは、同じ四臂をそなえた坐像と比べることでもわかる。オリッサからの四臂観音坐像は一〇例あまりにすぎず、いずれも制作の水準はそれほど高いものではない。眷属尊を伴う作品もまれで、ターラーとブリクティーを表す例が二つあるのみである。馬頭が登場する例は一例もない。持物等はいずれも与願印、数珠、蓮華、水瓶で、羂索は現れない(21)。

オリッサにおける四臂の観音の立像・坐像の違いは、単に姿勢が異なるというだけではなく、

図 4-11　四臂観音立像

同じ身体的特徴を有する観音でありながら、それぞれ別のものとして意識して制作されたようである。四臂の坐像の場合、その持物などの特徴から、二臂像の臂数を四臂にふやした姿という印象を受けるが、立像の場合、はじめから特定の尊格を念頭に置いていたように見える。その尊格とは、特徴的な持物である羂索をアトリビュートとする不空羂索観音であった可能性がもっとも高いであろう。(22)

ウダヤギリの補陀洛山上の観音像は、残念ながら、持物の羂索は確認できない。しかし、それ以外の特徴は、オリッサの他の四臂観音立像と多くが共通する。逆に補陀洛山を表す山岳表現は、他の四臂観音立像には見られないものである。ウダヤギリの観音像は、オリッサの観音の中で特別の存在である四臂の立像と、補陀洛山のモチーフを合成することによって作り出された、きわめて特殊な作例なのである。

『不空羂索神変真言経』

不空羂索観音を説く経典は、漢訳された経典に一〇種あまりを数えるが、とくに菩提流志《ぼだいるし》によって七〇九年頃に翻訳された大部の密教経典『不空羂索神変真言経《ふくうけんさくじんぺんしんごんきょう》』(『神変真言経』大正蔵第一〇九二番)が重要である。

この経典には一二種の不空羂索観音が説かれている。臂数のみを見ても二臂から三十二臂までさまざまである。(23) このうち、四臂の不空羂索観音を説く「出世解脱壇像品第二十六」には、観音を中心とした補陀洛山の描き方が詳しく述べられている。(24) その内容はウダヤギリの補陀洛山上の観音像に合致すると思われる点も多い。経典の記述をたどりながら、「不思議観陀羅尼真言出世解脱曼拏羅像」と名付けられた、この補陀洛山の様子を再現してみよう。

　経典によれば、補陀洛山は白い絹布に描かれる。その形状は須弥山に似て、九つの頂をもつ。九つのうち、ひとつは中心に置かれるため、周囲を八つの峯が取り囲んでいたのであろう。補陀洛山には宝の木や花咲く樹木が生い茂っている。山の下は大海となっており、種々の海獣が泳ぐ。中心の峯の頂は丸く平らで、宮殿楼閣が置かれ、その中央の獅子座に不空羂索観世音が結跏趺坐で坐っている。観音は四臂で「梵天面」を有し、三眼をそなえる。宝冠をいただき、そこには化仏が置かれる。天衣をまとい、臂釧、腕釧、瓔珞で飾られる。四臂のうちの三臂には、蓮華、三《さん》叉戟《さげき》、羂索を持ち、残りの一臂は施無畏印を示す。

　観音の周囲には多くの眷属尊が描かれる。まず、そのすぐ左右にはターラーとシュヴェーター（Śvetā）、そしてこの二尊の後ろにはブリクティーとパドマスンダリー（Padmasundarī）がいる。観音の下の左右には不空羂索菩薩と不空奮怒王が置かれ、それぞれの後ろには一〇尊の波羅蜜尊が半数ずつ分かれて並ぶ。そしてさらにその後ろには、右側に一髻羅刹《いっけいらせつ》（Ekajaṭā）、左側に度底使者（Dūtī）がいる。この二尊はいずれも多臂の忿怒形で、身体からは火炎を発し、蛇の装身具や虎皮、髑髏《どくろ》の首飾りなどをつける。手には羂索や剣、曲刀、三叉戟、そして斧などを持つ。不空羂索菩薩と不空奮怒王の下には五人の苦行仙と天子の集団がいる。さまざまな花果を持ち、半跏坐で坐る。

中心となる観音の上には、七尊の仏を横一列に描く。さらにこの七仏の中央の仏の前には、払子を手にして仏をあおぎ見る執金剛秘密主《しゅうこんごうひみつしゅ》が置かれる。七仏の上には毘盧遮那と、さらにその左右に阿弥陀と世間自在王如来が獅子座の上に結跏趺坐で坐る。観音の左右にも三十二仏が描かれる。

以上が不空羂索観音をとりまく諸尊の配置で、マンダラの中心部分である。この周囲を三股の金剛杵と華鬘《けまん》が取り囲み、その外側には三十二天神と梵天以下の諸天が描かれる。そしてふたたび、金剛杵と華鬘の帯が置かれ、龍王と龍女、諸々の天などがさらにそのまわりを取り囲む。観音の宮殿の外には、八基の仏舎利塔が置かれ、菩提樹とその下で説法の姿を示す釈迦などが描かれる。そのほかにも、観音の周囲では諸々の大菩薩、声聞《しょうもん》、縁覚《えんがく》、苦行者、天子などがそろって観音を供養すると説かれている。このように、『神変真言経』が伝えるマンダラの姿は、補陀洛山上に展開する壮大な観音の世界であったことがわかる（図4-12）。

さて、前節で詳しく見たウダヤギリの四臂観音立像と、この経典の記述をくらべてみると、かなり符合する部分があることがわかる。四臂の観音が補陀洛山の中心に位置し、その周囲にはターラーやブリクティーなどの眷属尊が置かれる。向かって左上にいた女尊はシュヴェーターかパドマスンダリーであろう。いずれも供物を手にして半跏で坐ると説かれていた(25)。右下の忿怒尊の姿は一髻羅刹や度底使者の描写に重なるところが多い。ただし、この二尊はいずれも女尊である

世間自在王　　毘盧遮那　　阿弥陀

七仏

執金剛秘密主

毘倶胝 (Bhṛkuṭī)　　蓮華遜那利 (Padmasundarī)

三十二仏　　三十二仏

不空羂索観世音

多羅 (Tārā)　　湿婆廢多 (Śvetā)

一髻羅刹 (Ekajaṭā)　　度底死者 (Dūtī)

十波羅蜜の五尊　　十波羅蜜の五尊

不空羂索菩薩　　不空奮怒王

諸天子衆　五苦行仙衆　　諸天子衆　五苦行仙衆

三十二天（周囲を取り込む）

大梵天等の諸天（周囲を取り込む）

難陀龍王　跋難陀龍王　龍女

八舎利宝塔

具壽慶喜　　釈迦牟尼仏　　金剛秘密主

五十四仏

持真言者

図4-12『不空羂索神変真言経』「出世解脱壇像品第二十六」に説かれる「補陀洛山マンダラ」

ため、すでに述べたようにこの尊は馬頭と考えた方が妥当であろう。作品の上部に置かれた七尊の仏は、観音の上に横一列に並ぶ「七仏」に対応する。彼らが宮殿の中に坐っているのも、観音の住居である宮殿の楼閣を表したものであろう。その下に小さく表現された四人の人物は、位置は一致しないが、苦行仙に相違ない。ただし、右端の人物は苦行者の姿をとらないことから、天子であるかもしれない。

このように、『神変真言経』に説かれる補陀洛山上の観音のマンダラは、実際の作例を解釈するときの有力な情報源となる。しかし、その一方で、経典の内容と実際の作品との間にへだたりや相違があることも確かである。

中心となる不空羂索観音そのものが、結跏趺坐ではなく立像で表され、持物も一致しない。図4-12に示したように、その周囲にはほぼシンメトリカルに、多数の尊格が描かれたはずであるが、実際に登場するのは四尊の眷属尊と七仏、そして苦行仙等と思われる四人の人物に限られる。また、忿怒形の尊格は、臂数や事物の一部が一致しないばかりではなく、経典では女尊であったのに対し、作品では男尊となっている。

経典と作品の関係を考えた場合、作品を制作する典拠が経典の記述であったと考えられることが多い。とくに、密教の尊像に見られる複雑な特徴が、複数の作品で共通してみられるのは、制作のために参考となった経典や儀軌の類が存在したことを示唆している。しかし、ウダヤギリの補陀洛山上の観音像は、『神変真言経』の記述と合致する点が多いとはいえ、それを参照して制作されたとは思えない。経典の内容が示す補陀洛山の姿はあまりに複雑で、これを浮彫のような形で再現することはほとんど不可能であったであろう。ただし、経典が指示するように、これを布に白描のような形で描くことは、おそらく可能である。そのような尊像集合画を下敷きにして、ウダヤギリの作品ができあがったと考えられなくはない。

しかし、すでに見たように、この作品の観音像や周囲の人物の大部分は、オリッサに特有の四臂観音像に共通する特徴を有している。補陀洛山とそこにいる苦行者などは、オリッサやクルキハール出土の補陀洛山上の二臂の観音坐像にも現れた。ウダヤギリの補陀洛山上の観音像を作り出すためには、『神変真言経』のような文献は、必ずしも介在させる必要はない。むしろ、このような作品を目にした経典制作者が、文献の中で想像上の観音の世界を肥大化させていった可能性すら想定できるのである。

水増しされたほとけたち

不空羂索観音を中心とした補陀洛山世界を説くこの経典で興味深いのは、布に描いたこの絵のことを「マンダラ」(曼拏羅)と呼んでいることである。しかし、経典の記述をもとに復元してみた図4-12のような補陀洛山の様子は、われわれがよく知っているマンダラとは、ずいぶん異なる。わが国に伝わる金剛界や胎蔵のマンダラは、いずれも中心に大日如来を置き、その上下左右がほぼシンメトリカルな構造をもつ。そしてその中に規則正しく尊格が配され、全体は四角の枠で囲まれている。特定の仏を中心に幾何学的な構造をとるのは、これ以外のインドやチベットのマンダラでも同様である。マンダラとは「中心をもち、閉ざされたもの」なのである。[26] 日本密教のマンダラは全体が四角い形態をとることが一般的であるのに対し、インドやその伝統を受け継いだチベットのマンダラの場合、その外側に火炎や金剛杵などのモチーフをもった円を描くが、仏たちの世界が閉ざされていることは共通である。[27]

マンダラのもつこのような構造は、その機能とも密接に結びついている。マンダラを瞑想する行者は、自分自身がマンダラの中尊と合一し、そこから展開した宇宙が、自己の身体と本質的に同一であることを悟る。マンダラに表された仏たちの世界とは、宇宙のあらゆる事象を特定の尊格に凝縮したものであり、それを媒体として行者は宇宙との一致をめざしたのである。[28]

したがって、マンダラに描かれた仏の世界は、単なる仏の住む仏国土の情景図ではない。インドでは中国や日本であれほど流行した浄土図は残されていない。阿弥陀やその浄土である極楽に対する信仰はインドにまでさかのぼるが、蓮の池を前にした宮殿に、観音や勢至をしたがえた極楽浄土の情景は、中央アジアで成立したと考えられている。

また、釈迦の生涯や前世の物語に強い関心を示し、膨大な説話図を生み出したインドの仏教美術が、密教の時代になると、四相図や八相図といった固定化された場面を除いて、急速に説話に対する関心を失っていったことも、すでに述べたとおりである。マンダラに描かれているのは、特定の説話や物語とは無縁な、いわば無機質な仏の世界なのである。

しかし『神変真言経』に説かれている「補陀洛山マンダラ」は、観音浄土の様子を描いた情景図であり、しかもその背景には『華厳経』「入法界品」に説かれた善財童子による補陀洛山上の観音との邂逅の物語がある。

ところで『神変真言経』は、近年サンスクリット写本が発見され、研究の進展の著しい密教経典である。[29] そして、厳密なテキスト研究の結果、明らかになったのは、菩提流志による漢訳がサンスクリット原典を大きく増広したものであったということである。『神変真言経』には、補陀洛山上の観音を説くマンダラは一種のみであるが、不空羂索観音などを中心とするマンダラは、ほかにも何種類か説かれている。これらのマンダラに関する記述の箇所で、漢訳経典とサンスクリット・テキストとを比較すると、原典には含まれない尊格が漢訳経典に数多く見いだせる。補陀洛山マンダラでも十波羅蜜、不空羂索菩薩、不空忿怒王などは、漢訳経典にのみ現れ、サンスクリット・テキストには含まれない。ちなみにチベット訳テキストはサンスクリットにほぼ対応し、忠実な訳であることが確認されている。[30] これは経典全体を通して一貫している。

尊格の増広がもっとも顕著であるのは、この経典で最大規模のマンダラを説く「広大解脱品」である。野口圭也氏の研究によれば、菩提流支の漢訳では一三四の尊格がこのマンダラには含まれているが、サンスクリット・テキストではその数は百尊も少ない三四尊で構成されているにすぎない。[31] 漢訳経典にのみ登場する尊格は、金剛界曼荼羅に含まれる尊格や、仏教用語や教理上の概念を尊名とする、いわば人工的に生み出された尊格である。

現存するサンスクリット原典と漢訳、あるいはチベット訳などの翻訳テキストとの間に不一致が見られることは、仏典ではめずらしいことではない。サンスクリットの原典そのものが時代の中で変化していくためである。しかし、マンダラの尊名のこのような相違から見て、菩提流支が翻訳するときに用いた『神変真言経』のサンスクリット・テキストが、現存するものよりも増広された異なるヴァージョンであった可能性は低い。菩提流支が行ったのは翻訳ではなく、サンスクリット・テキストを参照した新たな経典の創作であり、尊格の水増しだったのである。

それでは、それは何のために行われたのだろうか。

マンダラを見る者

わが国の密教研究の嚆矢である大村西崖氏の『密教發達志』には、『神変真言経』に説かれるマンダラを氏が復元してみせた図が掲載されている。「出世解脱壇像品」の補陀洛山マンダラは残念ながら含まれていないが、「広大解脱品」のマンダラは一頁大で示されている[32]（図4-13）。大正七年に刊行されたこの書の中で、大村氏は当然ながらサンスクリット・テキストは参照せず、チベット訳も用いていない。菩提流支の漢訳のみをたよりに一三四尊を四角いマンダラの中に整然と並べている。それはわれわれの知っているマンダラの形態、すなわち中心をもち上下左右がシンメトリカルな構造をとっている。

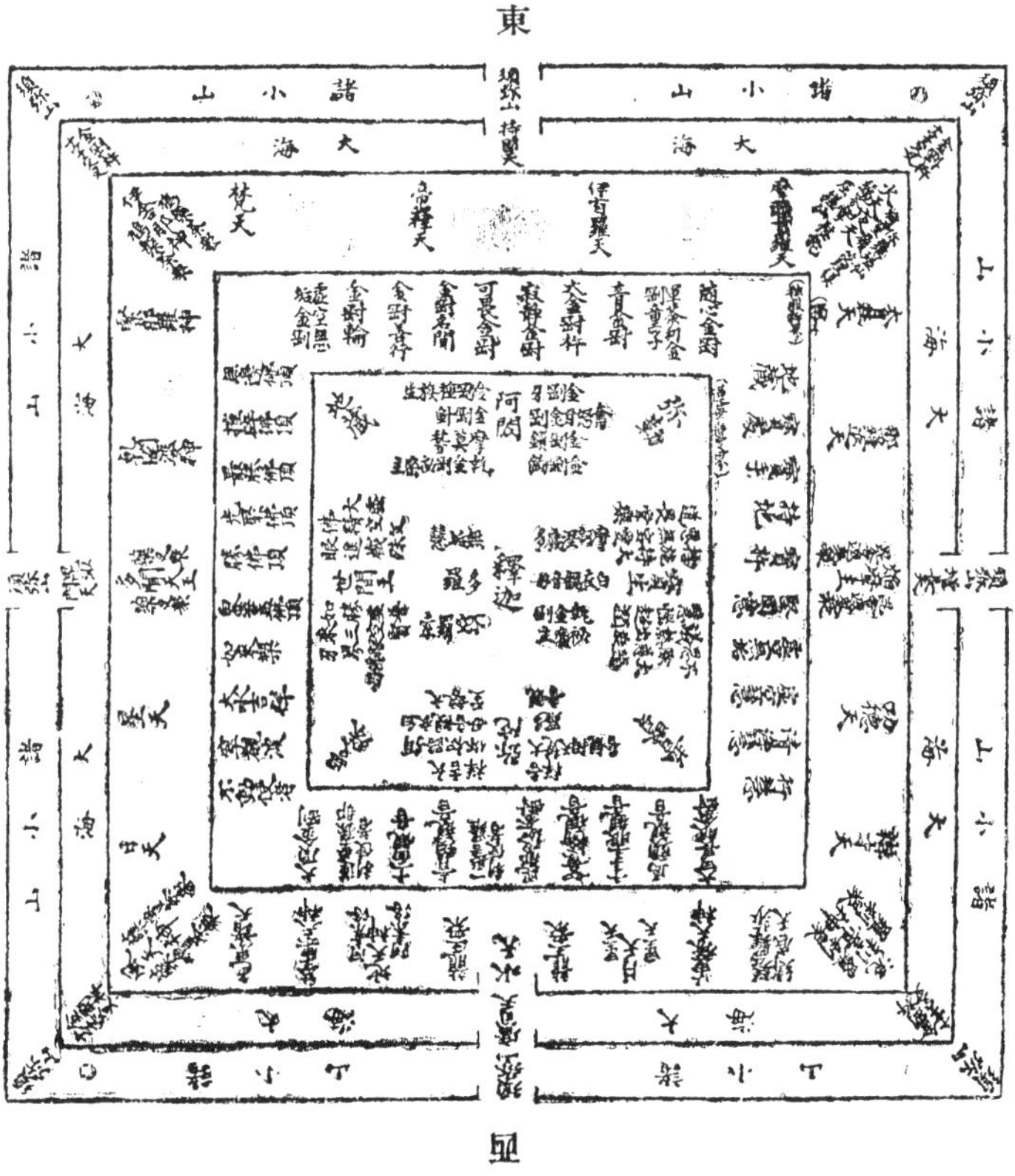

図4-13　広大解脱曼荼羅

菩提流支が『神変真言経』の翻訳を行ったのは七〇九年頃であるが、その七年後である七一六年には『大日経』が、さらに七二〇年には『金剛頂経』の初期的なテキストがそれぞれ中国に伝来した。マンダラといえば幾何学的な宇宙の縮図であることが、すでに主流になりつつあったのである。わずかに三四尊しか含まれず、その配置もばらばらなオリジナルの「広大解脱マンダラ」は、マンダラと呼ぶにはあまりにプリミティヴな姿でしかなかったであろう。マンダラといえば無機質な構造をもった「閉ざされた空間」であるという信念から、菩提流支は百にものぼる新たな尊格を付け加えたのではないか。

しかし『神変真言経』に説かれるマンダラは宇宙の縮図でも何でもなく、観音などの尊格を中心とする仏たちの世界であり、いわば諸尊の集合図でしかない。そのため叙景的な要素や説話性が、まだ十分認められる。

「出世解脱壇像品」では、補陀洛山の情景を説明した後で、それを描いた布の下端に「持真言者」すなわち真言行者が、ひざまずいて観音を礼拝する姿をあわせて描くように指示している。仏の世界に人間も描かれるのである。これは、われわれの知っているマンダラ、すなわち尊格のみで構成された宇宙の縮図においてはあり得ないことである。マンダラに描かれる四角い枠は仏の居住空間である楼閣を表し、純粋に聖なる空間だったからである。

礼拝される対象とそれを礼拝するものとが同一画面に描かれるマンダラは、「宇宙の縮図」を描いた後世のマンダラとは、同じ「マンダラ」という言葉を用いながら、その意味するものはまったく異なる。礼拝する者を含む絵図の場合、画面に描かれた礼拝者は、作品の前に立ってそれを見る者と、いわば「同じ側」にいる。われわれも礼拝者も作品に表された「仏の世界」の中に足を踏み入れることはできない。それに対し、仏たちだけで構成された宇宙の縮図である後世のマンダラは、礼拝者というわれわれと同じ側にいるものの姿を含まないが故に、中尊の仏と同一化し、そこから展開した宇宙そのものと一体となることが保証されている。マンダラとはそのための見取り図であり、宇宙そのものである仏との合一を体験するための媒体なのである。

最近、ウダヤギリ出土の補陀洛山上の観音像は全体が掘り出され、向かって右下に礼拝者の姿があることが確認された。これが『神変真言経』の「真言行者」を意図したものかは明らかではないが、いずれにせよ、礼拝者を含むこの「補陀洛山マンダラ」に、われわれが精神的に同化することは無理であろう。あくまでもこれは観音の聖地を描いた図であって、「中心をもった閉ざされた空間」ではない。われわれ礼拝者は観音の聖なる世界に直面しても、その入口にとどまるだけで、その中に入り込むことはできないのである。

この作品を前にしたわれわれは、ある意味で那智参詣曼荼羅の補陀洛渡海船と似た立場にあるのかもしれない。観音の霊場を大きく描いた画面の下端には、真の観音の浄土である補陀洛山をめざして、渡海船がまさに出帆しようとしている。聖なる世界の入口に位置していても、そこにたどり着くことができる保証はどこにもないのである。

◆コラム④　金剛界曼荼羅

金剛界曼荼羅は中期密教の代表的な経典である『初会《しょえ》金剛頂経』（『真実摂経《しんじつしょうきょう》』）に説かれるマンダラで、七世紀頃に誕生した。インド密教の数あるマンダラの中でも、金剛界曼荼羅はとくに重要視され、チベットやネパールでも数多く制作された。日本へも中国を経由して、空海によって九世紀に伝えられた。

日本に残されている金剛界曼荼羅の多くは、縦横がそれぞれ三等分され、全体が九つの部分からできている。そのため、このような形式の金剛界曼荼羅は「九会《くえ》曼荼羅」とも呼ばれる。日本以外の国や地域で作られた金剛界曼荼羅で、このような構造をもつものは存在しない。その多くはひとつだけでできているが、これは九会曼荼羅の中央の部分に相当する。そしてこれが基本となって、全部で二八種類のマンダラが作られる。日本の九会の金剛界曼荼羅は、この二八種類のマンダラの一部を取り出して、組み合わせたものである。

金剛界曼荼羅は大日如来を中心とした三七の仏たちで構成されている。これらの三七尊をすべてそのままの姿で描いたマンダラが、基本となるマンダラで、「大マンダラ」と呼ばれる。そしてこの大マンダラから、まず五種類のマンダラが作られる。五種類のうちのはじめの三つは、仏たちのもつさまざまな機能に焦点をあて、それを象徴的に表したものである。具体的には、仏の救済者としての側面を強調した「三昧耶《さんまや》マンダラ」、仏の智恵を象徴した「法マンダラ」、仏の活動を表す「羯磨《かつま》マンダラ」の三種類である。それぞれ表現方法に特徴があり、たとえば三昧耶マンダラでは仏たちはシンボルで表現され、法マンダラでは智恵を象徴する金剛杵とともに描かれる。ただし、いずれも三七尊で構成されていることは、大マンダラと同じである。

残りの二種類のマンダラは「四印マンダラ」と「一印マンダラ」と呼ばれ、基本となる大マンダラを簡略化したマンダラである。四印マンダラは大日如来を中心とする五尊のみで構成され、一印マンダラは一尊だけのマンダラである。

以上の六種のマンダラは、総合的なマンダラに相当する大マンダラ、仏たちの機能を強調した三種のマンダラ、段階的に簡略化を進めた二種類のマンダラという三つのグループにまとめることもできる。

さらに、この大マンダラから一印マンダラの六種のマンダラを一組にしたものが、全部で四セットある。これは『初会金剛頂経』に説かれる部族の数が、『大日経』の仏部、金剛部、蓮華部の三部から、摩尼《まに》部という部族を加えた四部になっているからである。摩尼というのは宝石のことで、部族の代表には虚空蔵菩薩が選ばれた。これらの四つの部族はそれぞれが大マンダラ以下の六種のマンダラをもつ。マンダラ内部のメンバーは部族ごとに異なるが、構成する仏たちの数や位置はすべて同じである。また、三昧耶マンダラであればシンボルで表すといった表現方法も、四つのグループで共通である。四つのグループがそれぞれ六種類ずつのマンダラを有するため、これで二八種のうちの二四種類のマンダラができあがる。

残りの四種類のマンダラは、仏教に改宗したヒンドゥー教の神々によるマンダラで、『初会金剛頂経』の「降三世品」に説かれる。彼らのマンダラも、やはり基本に大マンダラがあり、これに三昧耶マンダラ、法マンダラ、羯磨マンダラが続く。ただし、四印マンダラと一印マンダラはない。三世の神々で構成されるため、この四種のマンダラは「三世輪のマンダラ」とも呼ばれる。前にあげた四つの部族の六種のマンダラ二四種類に、この三世輪のマンダラを加えて、二八種類のマンダラができあがる。

わが国の九会曼荼羅には、この二八種類のうちのはじめの八種類が描かれている。中央には基本となる仏部の大マンダラを置き、これを右回りに取り囲むように仏部の残りの五つのマンダラが配される。右上のマンダラのみは『初会金剛頂経』のマンダラではなく、同じ中期密教の『理趣経』にもとづくマンダラである。残りの右の列の二つのマンダラは、金剛部の大マンダラと三昧耶マンダラである。別の見方をすれば、仏部と金剛部のはじめの二つのマンダラがそれぞれ隣り合って並ぶことになる。

第5章　変化観音と女尊たち

図コラム⑤　マハーマーユーリー立像

観音は女性？

平均的な日本人に「観音は男性か女性か」と尋ねたならば、おそらく半数あるいはそれ以上は「女性である」と答えるであろう。観音のような菩薩に性別があるとは思わない者もいるはずであるから、観音が男尊であると自信をもって答えることのできる人は、少数派であるかもしれない。子ども向けの昔話の挿絵や絵本に観音が登場する場合、すらりとした柔和な姿でたいていは描かれる。小さいときから日本人の脳裏には〈観音＝女性〉という図式が植え付けられているのだ。

観音（観自在、観世音）が男尊すなわち男性の尊格であることを示すのは簡単である。その名称であるアヴァローキテーシュヴァラ（Avalokiteśvara）あるいはアヴァローキタスヴァラ（Avalokitasvara）が男性名詞であるといえばよい。インドの神々は男女の別が明確で、その名称の性はつねにその神の性別に一致している。観音の異称とされる「世自在」（ローケーシュヴァラ Lokeśvara）や「世王」（ローカナータ Lokanātha）なども男性名詞である。[1]

インドの観音像は日本のようには女性的なイメージが支配的ではない。むしろ王侯貴族のイメージを有している。もともと菩薩は成道前の釈迦を指す言葉で、「悟りを求めて精進する者」を意味する。王子であった釈迦のイメージは、観音に限らず、多くの菩薩に色濃く現れる。インドの尊像のイメージの中には〈聖者的・行者的イメージ〉と〈王者的・戦士的イメージ〉という二つの系統があり、これがしばしば相互補完的に現れることが提唱されている。[2] 前者には梵天が、後者には帝釈天がその代表としてあげられる。仏教の尊格の中にもこの二種のイメージで説明できるものがあり、その好例が弥勒と観音である。弥勒が行者的イメージ、観音が王者的イメージに対応する。この二尊がしばしば仏の脇侍として対になって現れるのも、このこととおそらく関係する。

本来は男尊であり、インドにおいては王子や勇者のイメージをそなえていた観音であるが、日本ではかなり多くの観音像が、女性的なイメージで表されているのも確かであろう。わが国の観音の代表例としてあげられる法隆寺の救世《ぐぜ》観音や百済《くだら》観音は、いずれもしなやかさを感じさせる長身の作品で、柔らかみを帯びた身体表現や慈愛に満ちた風貌には、男性的な要素を見つけることさえむずかしい。あるいは十一面観音の傑作である滋賀向源寺の十一面観音立像は、やや腰をひねったポーズをとり、その均整のとれたプロポーションと豊満な肉感の表現は、官能的な美しさを見る者に感じさせる。隠れキリシタンに伝わるマリア観音は、いうまでもなくキリストの母マリアを観音にカモフラージュしたイコンである。マリアという聖母をそれとわからないように表すために観音を選んだということは、女性や母のイメージをもっとも鮮明に有していた仏教の尊格が、観音であったからにほかならない。

観音は「慈悲のほとけ」と呼ばれる。われわれが「慈悲」という言葉から連想するのは、女性であり母であって、その逆ではない。「慈愛」に満ちているのはマザー・テレサのような「慈母」

であって、いかに心優しい男性であっても「慈父」という言葉はあまり用いられない。仏教では慈悲は慈と悲に分けられ、それぞれサンスクリットの karuṇā と maitrī の訳語として用いられるが、この二つの語がいずれも女性名詞であることも、そのようなイメージと無関係ではないであろう。

『法華経』「普門品」の観音

観音が登場する経典は無数にあるが、もっとも重要なのは『法華経』の「観世音菩薩普門品」略して「普門品」である。[3] この部分は『法華経』の中でももっとも成立の遅い層に属すると考えられているが、さらに『観音経』の名で独立した経典としても広く流布している。「普門品」という章題は「あらゆる方向に門を開いた」という意味であるが、「あらゆる方向に顔を向けた」という解釈もでき、十一面観音のような多面の観音が生み出される根拠となる。

「普門品」の中で観音菩薩は、衆生の救済者として活躍する。いかなる危難に遭遇しようとも、観音菩薩の名を呼べば、たちどころに救い出される。交易船が海難に遭い、羅刹の島に打ち上げられても、誰かひとりでも観音の名を呼べば、残りのものもすべてその場から救出される。処刑寸前に観音の助けを求めてその名を呼べば、処刑者の刀は砕ける。あるいは、男の子や女の子を望むものが、観音菩薩に祈願すれば、容姿端麗にして人々に愛される子が生まれる。

「普門品」の前半は、このような現実的な救済を求める者たちに、観音がいかに利益をもたらすかが繰り返し述べられている。とくに、海上交易での危難からの救済は、前章でも取り上げた補陀洛山が海に面した山であることとも関連づけられ、観音信仰の拠点が南インドの海岸の地域であったことを推測させてきた。

「普門品」に説かれる観音に関してもうひとつ重要なことは、同品の中盤で多数の変化身が説かれることである。『法華経』の説法者である世尊は、観音菩薩が衆生に応じてさまざまな姿をとって法を説くことを、具体的な例をあげて説明する。ある世界では観音は仏陀の姿をとり、また別の世界では菩薩、独覚、声聞などの姿でそれぞれ法を説く。その変化の姿は仏教の領域にとどまらず、梵天、帝釈天、ガンダルヴァ、ヤクシャ、自在天、大自在天、転輪王、さらに、屍肉を喰うと言われるピシャーチャという悪鬼までもがあげられている。

観音のこれらの変化身は、のちに三三種にまとめられ、観音の三十三身として定着する。その内容は「普門品」には一部一致せず、密教経典のひとつの『摂無礙経《しょうむげきょう》』に尊容とともに説かれている。(4) 観音の巡礼地が三十三カ所であったり、観音の秘仏の御開帳が三三年周期で行われるのも、この数に由来する。もっとも、三三という数そのものは、帝釈天を中心とした三三の神々にならったものと考えられている。

観音を表した作品が、インドではじめて現れたのは、仏像誕生の地として知られるガンダーラである。この地で釈迦の脇侍として、先述のように弥勒と対になって観音は表される。手にはしばしば華鬘《けまん》もしくは蓮華を持ち、頭にはターバンのような髻を結う。このような髪型はターバン冠飾と呼ばれ、ガンダーラにおいては、王者的イメージの代表的な神である帝釈天にも見られるものである。もう一方の弥勒は、インドの行者に固有の持物である水瓶を持ち、髪は束ねて結う[5]。

このような組み合わせをとる三尊形式の作品は、グプタ朝においてもさかんに制作され、とくにこの時代に造像の中心となったサールナートから、多くの作品が出土している。その伝統はポスト＝グプタ期を経てパーラ朝に継承される。その一方で、単独の観音像の作例も多く、とくにパーラ朝においては、菩薩の作例の半分以上は、観音が占めることになる。作例数において観音に続くのは文殊であるが、その数は観音の半分にも満たない。以下に続く弥勒、金剛手なども、観音に比べればわずかなものにすぎない。観音こそは菩薩の中の菩薩であり、あらゆる仏教の尊格の中でももっとも高い人気を誇っている。

この時代の観音の作例の特徴は、単独尊でも仏の脇侍であってもほぼ共通している。髪の毛は円筒形に高く結い上げた髪髻冠と呼ばれる髪型をとり、その前面には化仏《けぶつ》である阿弥陀仏の坐像を付けている（図5－1）。ただし、インドの場合、化仏は必ずしも観音のみに現れるわけではなく、また、化仏をいただかなかったり、かわりに小さな仏塔をおいた観音も現れる。装身具や衣装はたいてい豪華で、腰帯、聖紐、ドーティなどをまとう。右手は通常、与願印で、施無畏印も散発的に見られる。左手はほとんどの作品が蓮華を持物とする。

エローラやアジャンターに代表される西インドの石窟寺院でも、グプタ朝からポスト＝グプタ期、あるいはそれ以降にかけて、独自の観音像の展開があった[6]。ここでは、三尊形式の脇侍とな

図5-1　二臂観音坐像

る場合は、弥勒のかわりに金剛手と対になることが多い。また、単独尊で表されるほかに、観音自身が三尊形式の中尊となって、脇侍に女尊を従えたものも登場する。脇侍の女尊はターラーとブリクティーで、一部に馬頭と考えられる尊格も脇侍に加わることもある。前章で取り上げた多臂の観音も、わずかではあるがこの地から発見されている。このような特徴は東インドのオリッサとも共通し、さらにパーラ朝の作品にも部分的に見られる。

観音諸難救済図

西インドの石窟には「八難救済観音」と呼ばれる独特な形式の観音像（図5-2）が残されている。[7]「普門品」に説かれる救済者としての観音を表すもので、立像の観音の左右に縦に四つずつ、合計八つの区画を作り、ここに危難に直面した人とそれを救済するために飛来してきた観音の姿が描かれている。八つではなく左右に五つずつ合計一〇の場面を描いたものもあり、「諸難救済図」と呼んだ方が適切かもしれない。このような作品がアジャンターやオーランガバードなどの複数の石窟に点在し、一〇あまりの作例がこれまで確認されている。

中央の観音はすべて二臂の立像で、右手は施無畏印をとることが多く、大地から伸びた蓮華を左手でつかむ。さらに左手に数珠や水瓶が加わることもある。髪型は髪髻冠であるが、化仏はほとんど確認できず、確実に化仏があるのは二例にとどまる。

周囲の諸難救済の各場面の内容は、象、獅子、毒蛇などの猛獣や動物におそわれるものや、火が迫っているもの、海難事故、鎖と枷にとらわれたものなどが認められ、彼らの頭上には飛来してきた観音が、表される。両膝を曲げたその姿は、空中を浮遊しているようにも見える。危難の内容は「普門品」の中の観音の功徳の記述に一致するものもあるが、作品に必ず登場する象や獅子は、経典では「悪獣」とあるだけで、種類までは明記されていない。図像表現するために選ばれた代表的な猛獣が、広く定着していったのであろう。このことは他の場面にも当てはまることで、作品を見るものに理解しやすい単純な内容が、八種もしくは一〇種選ばれている。

図５－２　八難救済観音

いくつかの作品では、諸難救済のシーンよ

図5－3　八難救済ターラー

りもさらに上に、一体ずつの仏坐像が置かれている。転法輪印を示すものが多く、与願印もわずかに認められる。「普門品」などの経典の内容からは、このような二仏の坐像は説明できない。[8] 類似の二仏は「諸難救済」の構図をとらないエローラなどの観音像にも現れ、特定の主題に結びついたモチーフではないことが予想される。

さらにオリッサの観音や女尊の作例にも見られることから、特定の主題に結びついたモチーフではないことが予想される。

観音の諸難救済図は、敦煌の壁画にも見られ、両者のつながりが注目されるが、インド内部では西インドの石窟寺院以外には、ほとんど類例を見ない。[9] ただし、東インドでは観音にかわってターラーを中心とした、同じ形式の「八難救済図」が数例知られている。[10] 諸難の内容もまったく同様で、中心と周囲の観音をターラーに置き換えてできている。とくに、オリッサのラトナギリから出土した二点は、規模の大きな堂々とした作品で、様式的にも西インドとオリッサとの交流がうかがえる（図5－3）。

密教系の変化観音

西インドの石窟寺院に見られる観音は、ほとんどが一面二臂のオーソドックスな姿をとり、この八難救済観音以外には、特殊な構図や図像上の特徴をそなえた観音はほとんど制作されていない。わずかに四臂観音の立像が数例あり、その中に十一面観音が一例（図5－4）あるのみである。これに対し、パーラ朝からは独特の図像上の特徴を有し、それが『サーダナ・マーラー』などの密教文献の記述に合致する観音がいくつか知られている。これらは「密教系の変化観音」と呼ぶこともできる。ただし、インドの場合、わが国の三十三観音や六観音のように、特定の数に複数の観音がまとめられることはない。それぞれが独立した尊格として信仰され、他の観音とと

図5－4　十一面四臂観音立像

もにグループを構成することはなかったのである。このような観音に、青頸《しょうきょう》（ニーラカンタ Nīlakantha）、六字（シャダクシャリー Ṣaḍakṣarī）、獅子吼《ししく》（シンハナーダ Siṃhanāda）、カサルパナ（Khasarpaṇa）の四種があげられる。[11]

青頸観音

青頸観音はヒンドゥー教の神であるシヴァと関係がある。インドの代表的な創世神話「乳海攪拌」には、シヴァが活躍するエピソードが含まれることがある。甘露を得るために神々とアスラが乳海を攪拌したとき、世界を滅ぼす「ハーラーハラ」という猛毒が発生した。これが世界中に広がらないようにシヴァが呑み込んだため、のどの部分が青黒くなってしまったというものである。そのため「青い頸を有するもの」を意味するニーラカンタは、シヴァの異名のひとつになる。青頸観音の名称もこれに由来する。

図5－5　青頸観音

青頸観音（図5－5）の作例は三例あり、すべてサールナートから出土している。[12] 三例の間で尊容はほぼ共通し、結跏趺坐で坐り、大きな鉢を両手で胸のあたりにかかえる。毒の入った容器であろう。両肩には同じように鉢をかかえる女尊がそれぞれ直立し、さらに頭上には仏坐像を載せている。この坐像は定印を示すことから阿弥陀と考えられるが、観音の頭部と同程度の大きさをそなえ、化仏と呼ぶにはあまりに大きい。小さな房をいくつも作ったような髪型をとり、全体がおかっぱのような形になっている。他の観音には見られない髪型である。頭飾は一切なく、装身具も臂釧、腕釧、そして一連の数珠状の首飾り以外には何もつけておらず、全体に簡素な印象を与える。青頸観音の三つの作例はいずれも共通の様式をそなえ、グプタ朝の制作か、あるいは遅くともパーラ朝初期の作品と見なされ、限られた地域でごく短期間だけ流行した尊格のようである。

青頸観音に言及する経典は漢訳に二種あるが、いずれも尊容に関する詳しい記述は含まれない[13]。『サーダナ・マーラー』には青頸観音の短い成就法が一点だけある（第三九番）。さまざまな宝に満ちたカパーラ（頭蓋骨で作った器）を定印の上に載せ、鹿皮の聖紐、虎皮の腰布を着ける点などは、作例と一致しない。また、のどの部分には青黒い斑点が付いていると説明している。

六字観音

六字観音（図5-6）もグプタ朝もしくはポスト＝グプタ期のサールナートにまとまった作例が残されているが、パーラ朝においてもベンガルとビハールの両地方で制作が続けられ、さらにオリッサからもいくつかの出土例がある[14]。全体では一五例程度の作例が確認でき、特殊な観音と

図5-6　六字観音

しては、比較的作例が多い。六字観音の六字とは、観音の真言である「オーム、マニ、パドメー、フーン」（oṃ maṇi padme hūṃ）のことで、チベットの仏教徒が頻繁に唱えることでもよく知られている。ただし、六字といっても文字が六つなのではなく、音節（akṣara）の数が六つである。

六字観音は四臂をそなえ、主要な二臂は胸の前で合掌し、残りの左右の手には数珠と水瓶をとる。結跏趺坐で坐り、青頸観音と同様に左右対称性の強調された尊容である。男女の二人の脇侍をとることも特徴的で、右脇侍は男尊マニダラ（Maṇidhara）、左脇侍は女尊の六字大明（Ṣaḍ-akṣaramahāvidyā）と呼ばれる。いずれも中央の六字観音と同じ姿をとることが多い。

サールナート出土の初期の作品では、この二脇侍は中尊とほぼ同じか、やや小ぶりの大きさで表されているが、時代が下ると中尊に比べ脇侍は極端に小さくなり、中尊の膝のあたりに添えられるようになる。さらに、脇侍をともなわない単独の六字観音の作例もいくつかある。中尊の礼拝像としての性格が強調され、相対的に脇侍尊の重要性が薄れたためであろう。

現在のバングラデシュから出土した六字観音の作例のひとつに、台座部分に二人の龍王が表され、六字観音の坐る蓮華の台座を支えているものがある。[15] このような龍王は六字観音を説く文献には言及されない。一般に、二龍王が蓮華を支えるのは、釈迦の仏伝図のひとつ「舎衛城の神変」に見られるモチーフで、ナンダとウパナンダに比定される。釈迦が千仏を化現したときに、釈迦を含む無数の仏たちを載せるために、この二龍王が千輻輪《せんぷくりん》の蓮華を大地から出現させたからである。

図5-7　獅子吼観音

獅子吼観音

獅子吼観音（図5-7）はパーラ朝の作例を一〇例程度確認できる。[16] 大半がビハール州からの出土であるが、現在ラクノウ博物館に所蔵されている一例はウッタル・プラデーシュ州のマホーバーで出土したものである。オリッサからの作例はこれまで知られておらず、青頸観音や六字観音が制作されたサールナートからも出土していない。

獅子吼観音は他の観音に類を見ない独特な尊容を有するが、それは現存する作例のほとんどに共通して現れる。名称にも含まれる獅子の上にゆったりと坐っている。獅子座は王の台座すなわち玉座の代名詞でもあり、宗教界の王と見なされる仏の台座にもしばしば表される。しかし、その場合、獅子は台座の装飾モチーフの一部であり、仏が獅子に直接乗るわけではない。獅子に乗る仏教の尊格として文殊を連想するが、すでに第三章で述べたように、インドの文殊で獅子に乗るものはむしろ少数派である。

獅子吼観音そのものは、このような台座や坐法を別にすればきわだった特徴はない。一面二臂で、髪型も髪髻冠である。いくつかの作例では化仏を飾っていることも確認できる。独特な点はその周囲にある。体の右側には、蛇がからみついた三叉戟が直立し、反対の左側には花があふれた容器と、さらにこれとは別に、剣を上に立てた蓮華が大地から伸びている。この蓮華は台座に置いた左手で支えているのであろう。このほかに光背に五仏を山型に並べたいわゆる光背五仏のモチーフも、一部の例外を除いてほぼ共通して認められる。

獅子吼観音の成就法は『サーダナ・マーラー』に六種類含まれている[17]。尊容を説かない二編を除き、残りの四編の成就法はこの尊格の姿を具体的に描写している。そこに見られる説明は、実際の作例にきわめてよく合致する。白い蛇の巻き付いた三叉戟、蓮華の容器（カパーラという場合もある)、直立した剣を上に載せた蓮華、これらはすべて文献中の記述に含まれる。獅子の座に坐ることも、その坐法が輪王坐であることも規定されている。光背の五仏に言及する一節も含まれている。

獅子吼観音の名称である「獅子吼」は、いうまでもなく、釈迦をはじめとする仏の説法を獅子の咆吼にたとえたもので、王者のイメージが仏に託されている。しかし、なぜ観音がこの語を名称としているのか、そして、独特の事物や道具が、なぜこの尊にそろって現れるのか、文献は語っていない。もちろん獅子吼観音にまつわる神話や伝承も伝えられていない。

これは獅子吼観音以外の特殊な観音についても当てはまることで、それぞれがもっている独特の図像上の特徴は、尊名比定の根拠とはなっても、それ以上の解釈を受け付けない。彼らはすべて神話なき神々なのである。

カサルパナ観音

カサルパナ観音(図5-8)においてもこのことは同様である。カサルパナとは「虚空を移りゆくもの」という意味であるが、その由来は不明である。『サーダナ・マーラー』に六種の成就法がおさめられ、その中でも第二四番はとくに長文であるが、尊格の起源や図像上の特徴が表す意味などについてはまったくふれられていない。(18)

これらの成就法によれば、カサルパナ観音の特徴は周囲の眷属たちである。観音そのものは右

図5－8　カサルパナ観音

手で与願印を示し、左手に蓮華を持った通常の観音と何らかわりはない。周囲の尊格はターラー、ブリクティー、馬頭、善財童子の四尊で、第一六番の成就法のみは、ターラーに変えてヴァスダラーを置く[19]。これらの尊格のうち、善財童子を除く三尊は、ウダヤギリの補陀洛山上の観音像にも登場していた。また善財童子は『華厳経』「入法界品」の中で、補陀洛山上で観音と対面している。実際の作品では、ヤマーンタカとともに文殊の脇侍としても表されていた。いずれの場合も、梵篋を脇にかかえて合掌する姿をとる。

実際の作例を見てみると、これらの四脇侍が登場する観音の作例は確かに存在する[20]。パーラ朝からは九例、オリッサでも二例確認できる。しかし、これらがすべてカサルパナ観音に比定可能かは疑問である。眷属の組み合わせのみで尊名を決定してよいかわからないからである。

すでに前章で見たように、観音はしばしばその眷属を脇侍にともなって表現される。その組み合わせは、ターラーとブリクティーの二女尊がもっとも多く、それ以外にはターラーと馬頭、馬頭と善財童子の組み合わせがある。ターラーと善財童子、馬頭とブリクティーといった組み合わせは知られていない。三尊の場合は、善財童子を除いた組み合わせとなる。ターラーと馬頭を中心にいくつかの組み合わせがあり、なかでもターラーの出現する頻度がもっとも高く、逆に善財童子が低いという傾向になる。四尊の組み合わせは、三尊以下の組み合わせで現れた眷属をすべて登場させた結果にすぎないことがわかる。

カサルパナ観音が四尊の眷属を周囲に配することは、この尊格にとっての必要条件ではあっても、カサルパナ観音に比定するだけの十分な根拠にはならないようである。文献に合致する作例があれば、文献に示された尊名を機械的に当てはめることがしばしば見られるが、むしろ、実際の作品を見ることのできた文献制作者が、そのイメージをもとに特定の尊格を新たに創作し、何らかの名称をこれに与えた可能性も考えられる。

これまで見てきた特殊な観音たちが、いずれも神話や由来をもたないにもかかわらず、不思議なほど文献の記述に合致していたことは、このように作例が文献に先行していたと考えると理解しやすい。すでに、彫刻などの視覚的なイメージが確立していたのであれば、それをわざわざ説明する神話や説話は必要ないからである。

独立する眷属たち——馬頭とブリクティー

八難救済観音も、六字観音をはじめとする密教系の変化観音も、日本における作例は知られていない。例外的に青頸観音がいくつかの図像集に残されているが、その尊容はインドのものとはかなり異なる。獅子吼観音やカサルパナ観音などは、名称すら伝えられていない。

反対に、日本の代表的な変化観音である十一面観音は、前にも述べたとおり、西インドに一例あるのみで、千手観音に至っては、皆無である。不空羂索観音の場合、日本では大半の作例が八臂像であるのに対し、インドでは八臂の観音そのものがきわめてまれで、持物としての羂索も、前章で取り上げたオリッサの四臂の立像に集中的に見られるほかは、多臂像に散発的に現れるにすぎない。

特定の名称を付したさまざまな種類の観音が現れるのは、インドでも日本でも同様である。類似の現象は中国やチベット、ネパールなどの大乗仏教や密教の伝わった地域でも共通して見られる。しかし、その内容はそれぞれの地域でかなり異なるのである[21]。

インドの観音の脇侍のうち、馬頭とブリクティーは日本では変化観音とみなされ、ターラーも観音部すなわち観音のグループの尊格のひとりと考えられている。しかし、彼らはインドにおいては観音としては信仰されていない。

わが国の馬頭は観音部の尊格としては珍しく、忿怒形をとる。一面二臂像も存在するが、三面八臂などの多面多臂をとることが多い。顔は忿怒の形相を示し、多臂の場合、大半の手には武器を持つ。名称にもある馬の頭を、逆立った髪の毛の中からのぞかせている。名称や尊容から、家畜や競走馬の守護尊としても信仰を集めている。

インドには単独の馬頭の作例は存在しない。前章でもふれたように、すべて観音の脇侍として表される。そのような作例が三〇点近く残されている。一面二臂が大半で、四臂のものもいくつかあるが、それ以上の多面多臂をとることはない。背は低く腹は突き出るというインドの下級神に古くから見られる身体的特徴を有する。腰布を巻く以外は着衣はないが、腕や足首に蛇を巻き付けることがある。これはヤマーンタカなどの明王のもつ装身具と共通する。髪の毛は炎のように逆立ち、それをロープのようなもので縛っている。ロープの先端に鎌首のようなものも見られるので、これもおそらく蛇なのであろう。わが国の馬頭のように、馬の首を頭髪にいただくことはない。

馬頭はその忿怒の形相から、経典によっては明王とみなされることもある。馬頭明王、馬頭金剛明王、大力持明王などとも呼ばれる。これは、インドの密教経典においてはむしろ正統的な見方で、大威徳明王や降三世明王などと同じグループの尊格ともみなされている。『秘密集会《ひみつしゅうえ》タントラ』の中では四大明王の一尊として、マンダラの西門を守り、さらに後期の密教のいくつかの経典では、一〇尊からなる明王のグループの一員となる。彼らは一〇尊の忿怒尊で構成されるため「十忿怒尊」と呼ばれる。(22) その中には、不動、降三世、大威徳、軍荼梨《ぐんだり》などの日本では明王と呼ばれる尊格が含まれる。馬頭も彼らと同類の尊格とみなされたのである。

ブリクティーはそのまま音写されて「毘倶胝《びくち》」という名称で漢訳経典に登場する。わが国の図像集や胎蔵曼荼羅の蓮華部に含まれる以外には作例は伝えられていない。インドにおいては、観音の脇侍以外では、パーラ朝で八例、オリッサから二例の単独像の出土がある。(23)

脇侍尊としても単独尊としても、ブリクティーの尊容はほぼ一定である。一面四臂が多く、持物と印は数珠、水瓶、三叉の棒、そして与願印（あるいは頂礼のしぐさ）である。脇侍尊としての作例の中には、二臂が与願印と水瓶、残りの二臂が合掌という組み合わせも見られる。まれに二臂像があり、数珠と水瓶を持物とする。

ターラーとその変化身

馬頭のように単独尊が作られなかったり、ブリクティーのように脇侍としての作例数が単独尊のそれを上回るのとは異なり、もう一人の観音の脇侍であるターラーは、単独尊としても膨大な作例数を誇る。それはちょうど、菩薩のグループの中で観音が突出した人気を博していたことに似て、女尊の中でターラーの作例数は、他のものたちを大きく引き離している。しかも、観音にいくつもの種類があったように、ターラーも「変化ターラー」とでも呼びうるような、特殊な形態と名称をもつものがいくつか知られている。

ターラーと観音とは図像上の特徴もよく似ている。一般的なターラーは、右手は与願印もしくは施無畏印を示し、左手に睡蓮を持つ（図5-9）。観音の左手の持物を蓮華から睡蓮に変え、身体的な特徴を女性的なものにすれば、ターラーができあがる。ただし、頭部の化仏はターラーには現れない。パーラ朝とオリッサとでは、ターラーの図像上の特徴の差はほとんどないが、パーラ朝においては立像と坐像がほぼ同数であるのに対し、オリッサでは大半の作例が坐像で、姿勢

図5-9　ターラー坐像

図5-10　カディラヴァニー・ターラー

に関してのみ地域的な嗜好の差があったようだ。

　特定の名称を冠したターラーには五種ほどある。いずれも『サーダナ・マーラー』などの文献に図像上の特徴が合致することを根拠に比定されることが多い(24)。

　このうち、カディラヴァニー・ターラー（図5-10）という尊格は、一般的なターラーと同じ形態で表されるが、左右に女尊の脇侍をともなう点が特徴的である(25)。アショーカカーンター・マーリーチー（アショーカ樹枝のマーリーチー）とエーカジャターと呼ばれる女尊である。

前者はマーリーチーの一種で、後者は一髻羅刹の名で漢訳経典にも現れる。マーリーチーの方は金剛杵とアショーカ樹の枝を持ち、エーカジャターは忿怒形で表され、カルトリ（曲刀）とカパーラを手にする。なお、カディラヴァニーというのは「カディラ樹の森に棲むもの」を意味するが、その理由は明らかではない。

カディラヴァニー・ターラーの場合とは異なる尊容の脇侍をともなうターラーもいる（図5-11）。一尊は四臂の女尊で、カルトリとカパーラを主要な二臂で持ち、残りの二臂で象の皮を頭上に掲げている。臂数は異なるが、先述のエーカジャターと考えられる。もう一方は四臂の男尊で、杖、斧、剣、羂索などが持物に現れる。人差し指を突き立てた期剋印《きこくいん》や、何も持たずに腕全体を上に上げる場合もある。これらの持物や炎髪などの身体的特徴は、観音の脇侍の馬頭に共通し、おそらくこの尊に比定してよいであろう。このような三尊の組み合わせは『サーダナ・マーラー』などにも見あたらず、特定の名称が与えられていたかどうかも明らかではない。

密教系の多臂のターラーとしては、ドゥルゴーターリニー・ターラーがいる。ただし、実際にこの尊に比定できる作例は、ラリタギリ出土の一例（図5-12）のみである。尊名は「越えがたき所を渡らしめるターラー」という意味であるが、この名称の由来は明らかではない。『サーダナ・マーラー』の第一一一番がこの尊の成就法で、坐法や四臂の印・持物（羂索、鉤《かぎ》、与願印、睡蓮）も一致している。ラリタギリの作例では、光背の上部左右に二臂と四臂のターラーが一尊ずつ、さらにその上には仏坐像も表される。

図5-11　脇侍をともなうターラー立像

図5-12　ドゥルゴーターリニー・ターラー

　また、台座には合掌する帰依者と四臂の女尊もいる。この女尊も象の生皮を掲げていることから、前と同様、エーカジャターと推測される。文献にはこれらの周囲の尊格たちへの言及はない。

　後期密教の経典のひとつ『アビダーナ・ウッタラ・タントラ』には、ターラーを主尊とするマンダラが説かれる。このマンダラは『サーダナ・マーラー』などの文献でも解説されている。[26]マンダラの中尊のターラーは「金剛ターラー」と呼ばれ、四面八臂をそなえた後期密教の高位の尊にふさわしい姿をする。その坐法もターラーが一般的にとる遊戯坐ではなく、仏に多く見られる結跏趺坐である。

金剛ターラーの作例は、パーラ朝から九例、オリッサからも三例あり、かなり広く知られていたらしい。ニューデリー国立博物館には、胸から上のみであるが、金剛ターラーの彫刻作品が残されている（図5-13）。高浮彫で表されることの多いパーラ朝の彫刻の中において、めずらしく丸彫りで表され、四面のうちの背面も刻まれている。造形的にもかなり水準の高い作品であるため、これまでにもパーラ朝の美術作品としてしばしば紹介されてきている。胸から下が失われていることが惜しまれる。

特殊なターラーとしては、このほかにも、転法輪印を結ぶマハーシュリー・ターラー、結跏趺坐を組んで坐るマハッタリー・ターラーなどが作例として存在する。またすでに述べたように、

図5-13　金剛ターラーの前面部［上］と背面部［下］

八難救済観音の主役の座を譲り受けた「八難救済ターラー」も、オリッサのラトナギリからの二例を含め、合計で六例が残されている。

こうして見ると、インド密教の代表的な女尊であるターラーは、単なる観音の脇侍ではなく、独立した有力な尊格であることがわかる。そして、脇侍をしたがえたり、マンダラの中尊になったり、さらに、さまざま尊容の「変化身」をとって表される。観音に匹敵するような多様性をこの女尊はそなえているのである。

観音になった女尊たち

日本の変化観音の中で、インドにまで起源がさかのぼることのできるものに、本来は女尊であった観音がいくつかある。葉衣《ようえ》観音、白衣《びゃくえ》観音、准胝《じゅんでい》観音などである。ターラーやブリクティーとは異なり、彼女らはインドにおいて観音と密接な関係を有していたわけではない。

葉衣の原語はパルナシャバリー（図5-14）で、多面多臂の忿怒形の姿で表された作例が、ベンガルとビハールから、断片を含め六例出土している。[27] このほかに弥勒の脇侍として表現された例がひとつある。[28] このうち、とくにダッカ博物館が所蔵する二例は、いずれもよく似た特徴をそなえ、三面六臂で展右の姿勢で立ち、肥満した姿をする。名称の由来となる、樹木の葉をつなげて作った腰巻きをまとっているほかは、着衣はない。

葉衣はインドの初期の密教から信仰されていた女尊で、漢訳経典にも登場する。その起源は

「林住の先住民族が信仰していた土着の女神」と推測されているが[29]、それを実証するだけの文献的な根拠や遺品は知られていないようだ。経典ではこの尊名を冠した陀羅尼が説かれ、初期密教の女尊にしばしば見られる陀羅尼の尊格の一人として信仰された。

白衣観音に相当するパーンダラーは、四仏の明妃《みょうひ》の一人で、『秘密集会タントラ』やその系統に属する経典では、阿弥陀の配偶尊と理解される[30]。『大日経』やそれにもとづく胎蔵マンダラにおいては、観音に率いられる蓮華部院の中に含まれ、その限りにおいては、観音と何らかの関係を有していたようだ。阿弥陀のパートナーとなったことも、観音と阿弥陀との密接な関係があったからかもしれない。インドではパーンダラーの作例はこれまで知られていない。

准胝は真言系の六観音のひとつとして、わが国の重要な変化観音の一尊として広く知られるようになった。ただし、天台系では准胝は仏母《ぶつも》であって観音とはみなされないため、これにかわって不空羂索を六観音に加える。尊格の起源から見れば、むしろこの方が妥当である。

チュンダーというのが准胝の本来の名称で、やはり陀羅尼の女尊の一人である。「促す」「鼓舞する」という意味の動詞√cudから派生した名詞で、修行に専念する行者がみずからを励まし、奮起させるために唱えられた陀羅尼が尊格化されたと推測されている[31]。

インドでのチュンダーの作例は比較的豊富で、パーラ朝からもオリッサからも一九例ずつ出土している[32]。蓮華の上に結跏趺坐を組んで坐り、左右対称性が強い尊容である。面数はひとつであるが、多臂をそなえ、その数も四臂、八臂、十八臂などさまざまな例が確認できる。このうち、

図5-14　パルナシャバリー

もっとも多いのが四臂で、右手には数珠と与願印、左の一臂は定印の位置に保ち、もう一臂は梵篋を載せた蓮華を持つ。四臂のうちの二臂で定印を示し、その上に鉢を載せ、残りの二臂で数珠と水瓶を持つ作例も二例ある。(33) 六臂はベンガル出土の作例が一例、八臂はオリッサから二例あるのみで、いずれも主要な二臂で定印を示し、残りの手には数珠や水瓶、与願印などが確認できる。八臂を越えるものとしては、十二臂、十六臂、十八臂の三種がある。文献には二十六臂のチュンダーも説かれるが、実際の作例には存在しない。(34)

ナーランダーから出土したブロンズ製の十八臂像、ボードガヤの十八臂の浮彫、バングラデシュのラジシャヒにある十八臂の浮彫（図5-15）、そしてオリッサの二体の八臂像（図5-16）、これら五例は出土地も別で、臂数も一定していないが、ある共通のモチーフが付随している。[35] それはチュンダーが坐る蓮台の下に、二人の龍王が表されていることである。はじめの三例では、龍王が蓮台を支え、オリッサの八臂像では、チュンダーに向かって合掌しているように見える。

チュンダーを載せた蓮華の下に龍王を表すことは、チュンダーの陀羅尼を説く経典にも規定されている。[36] それによれば、十八臂のチュンダーを描く場合、その下には池から伸びた蓮華があり、ナンダとウパナンダの二龍王が、蓮華を支えるという。わが国で制作された准胝観音の絵画や彫刻は、十一面観音や千手観音に比べればはるかに少ないが、その中には、この規定に忠実に従っ

図5-15　十八臂チュンダー坐像
図5-16　八臂チュンダー坐像

たものも何点か知られている[37]（図5-17）。文献にも典拠が見られるモチーフが、日本に至るまで連綿と受け継がれているのは興味深い。オリッサのチュンダー像の合掌する二龍王は、姿勢の点でこれらの龍王とは異なるが、同じ流れに含まれていると見てよいであろう。

インドにおいてチュンダーの台座に龍王が表される理由は、おそらくチュンダーの尊容に関係がある。この時代、蓮台の左右に龍王が登場する代表例は、前にも述べたように、釈迦の仏伝図のひとつ「舎衛城の神変」である。そこでの釈迦は正面を向いて転法輪印を結ぶ姿で表される。釈迦の仏伝の中でもうひとつ同じ転法輪印を結ぶのは、サールナートにおける初説法の場である。台座には法輪と二頭の鹿が、龍王にかわって表されるが、これも左右対称の形式をとる。

アジャンターでは、この二つのシーンを合成した釈迦像がしばしば作られた。転法輪印を結ぶ釈迦が、二龍王を左右に

図5-17　准胝観音像

配した蓮台に乗り、さらに法輪と二頭の鹿までもがその前に表される。特定の説話を離れ、説法者としての仏が、仏伝の伝統的なモチーフをともなったまま現れていると考えられる[38]。

チュンダーの作例のほとんどは、臂数にかかわらず、定印あるいは転法輪印を示し、残りの手も左右にバランスがとれるように配されていた。このような正面向きの尊像に必要なモチーフとして、蓮台と二龍王が、釈迦の説話図から移し替えられたのであろう。密教系の変化観音のひとつである六字観音にも、一部の作例に同じモチーフが現れたが、この尊も結跏趺坐で合掌という左右対称性が感じられる尊容を有していた。

神話なき増殖

観音信仰の出発点である『法華経』「普門品」では、観音は対象に応じて自在にその姿を変えると説かれた。変化観音はこれに由来するが、パーラ朝期に実際に制作された観音は、このこととはほとんど無関係である。ただし「八難救済観音」およびそのターラー版のみは、諸難から人々を救う姿を描いて、「普門品」とのつながりを残している。しかし、それ以外の特殊な観音たちは、何らかの目的をもって変身しているとは思われない。

一方、日本の変化観音の中でインドに起源をもつものは、観音の眷属と二、三の女尊のみである。そのいずれもが、インドにおいては観音と呼ばれることはなかった。

観音がさまざまな姿をとるあり方が独特であることは、ヒンドゥー教の神々と比べるとわかりやすい。たとえば、ヴィシュヌはアヴァターラと呼ばれる化身となって、さまざまな神話の主人公となる。神話の内容に応じて、野猪、人獅子、倭人あるいはクリシュナやラーマとなるが、実際はそれらの神話をヴィシュヌが包摂していった結果である。

ヴィシュヌが変身するのに対し、シヴァはそのままの姿で表されることが多い。シヴァの図像の多くは、この神の神話において活躍する有名なシーンが描写されたものである。これらは「相」（ムールティ）と呼ばれ、シヴァが敵を攻撃するダイナミックな動きや、妻であるパールヴァティーとの交歓風景が重要なモチーフになる。

中世以降に有力となった女神信仰では、さまざまな女神が一人の大女神へと統合されていく。たとえば七母神やカーリーのような有力な女神は、大女神から生み出されたことになり、それを物語る神話によって正統化されていく。また村や町で信仰されている無名の女神たちは、大女神がいにしえの時に姿を変えて出現したと説明され、それに付随する物語がしばしば生み出される。

観音の場合、これらの神々のいずれのあり方とも一致しない。密教系の変化観音たちは、それぞれ固有の図像上の特徴を確かにもっているが、それを説明するための神話や物語が完全に欠落している。たとえば、獅子吼観音の周囲のさまざまなアトリビュートなどは、何か特別な物語の存在を期待させるが、いかなる意味や解釈もそこには見いだし得ない。

そもそも、インドの密教文献の中には「変化観音」に相当する言葉そのものが含まれない。密教のさまざまな観音が、根元的な観音から変身してできたと信じられていたかどうかさえも明言できないのである。

インドの観音の特徴のひとつは、自分を中心としたグループを次第に拡大していったことである。本来は仏の脇侍として表されていた観音は、次第に単独尊としての作例を増やし、さらに単独で表されるばかりではなく、ターラーをはじめとする脇侍をしばしばともなうようになる。脇侍たちの中には、その地位に甘んじることなく、単独尊として独立するものも現れる。ただし、日本や中国では彼らは変化観音となることもあるが、インドでは本来の名称のまま呼ばれ、性別も変えることはない。単独尊になったかつての眷属は、ターラーのように新たに脇侍を動員するものもいる。

こうして膨れ上がった観音のグループ内では、蓮華、水瓶、数珠、羂索などの頻繁に現れるシンボルによって、そこに含まれる尊格たちが、イメージにおいてつながっているようである。なかでも蓮華は、彼らを載せた台座として、文字通り、すべての尊格を結びつけている。観音とその眷属を一枚のパネルに浮彫で表す場合、彼らが台座とする蓮華の花は、すべて同じ根から伸びている。このような蓮華は、ベンガルやビハールの観音では必ずしも表現されていないが、オリッサでは複数の尊格を含む観音の作例の大半に見ることができる。さらに、光背上部に二体の仏坐像が表される場合も、やはり同じような蓮華の茎が、地面から伸びて台座となっている。観音みずからは、さらに大地から伸びた蓮華をしっかりと握りしめる。

インドにおいて、蓮華の花やそれから蔓草状に伸びるモチーフが、豊穣多産のシンボルとして古くから好まれたことはよく知られている。そのため女性の生殖能力や母胎のシンボルとしても、蓮華は重視される。何ら神話的根拠ももたずに眷属を増やしていく観音のイメージに、蓮華はもっとも適している。密教において観音を中心としたグループを蓮華部と呼ぶのは、観音こそがこの植物をシンボルにするにふさわしい尊格だからである。

複数の尊格を同じ根から枝分かれした蓮華の上に載せるという形式は、カーンヘリーなどの石窟寺院に見ることができる。ひとつの石窟の内部に掘り出された尊格たちが、同じ根をもつ蓮華の上に乗っているということは、石窟内部に蓮華を表現したというよりは、むしろ石窟の内部空間が蓮華そのものであり、この蓮華の上に尊格たちが出現したと見た方が妥当であろう。

現在、オリッサも含めパーラ朝期の尊像彫刻は、ほとんどが博物館や収蔵庫におさめられている。現地の寺院跡などにもいくつか残されているが、発掘された場所か、あるいはその近くに放置されていることが多い。そのため、われわれはこれらを独立した作品と見てしまうが、浮彫で表されたこれらの作品は、本来は寺院の外壁や内部空間を飾っていたはずである。おそらく、パネル状になっている作品のほとんどは、寺院の壁にはめ込まれていたのであろう。これらの尊像彫刻によって荘厳された寺院は、建築物自体は人工的に作り出されてはいても、石窟寺院の中に見られた、蓮華で結びつけられた尊格たちの世界と何らかわりはない。一枚のパネルに表されているのは、そのような蓮華の世界の一部分を切り取った結果なのである。

◆コラム⑤ 陀羅尼の女尊

陀羅尼（dhāraṇī）とは本来、仏の教えを聴聞し、正しく記憶し、これをよく保つことを意味し、大乗仏教の菩薩の徳目のひとつに数えられた。「保つ」を意味する動詞√dhṛから作られた言葉であるため、「憶持」や「総持」とも訳される。そして、仏の教えを記憶するだけではなく、衆生を救済するために説法を行うことも、陀羅尼の内容と考えられた。このような陀羅尼は『般若経』をはじめとする多くの大乗経典に登場する

大乗仏教に密教的な要素が現れるようになると、陀羅尼は真言（マントラ）と同化し、神秘的な力をもつ呪句、すなわち神呪《じんじゅ》へと変質していく。その背景には、正法を受持し念誦《ねんじゅ》することによって煩悩が清められ、それによって外敵を防ぐことができると考えられ、諸仏や諸天の加護を受けることのできる守護呪としても陀羅尼が機能していたことがある。このような「呪としての陀羅尼」は、すでに『法華経』の「陀羅尼品」にも認められる。

初期の密教経典には、陀羅尼を説いたものが多い。これらの陀羅尼は特定の女尊と結びつき、陀羅尼を唱えることによって、その女尊の功徳が得られることが説かれる。本書でもすでに取り上げたマーリーチーやチュンダー、パルナシャバリーなども、代表的な陀羅尼の女尊たちである。攘災や招福をもたらす女尊と、それぞれへの祈願の呪句に対する信仰が、密教経典に吸収され、陀羅尼の尊格として定着していったのであろう。

このほかにも陀羅尼の尊格として有名なものに、パンチャラクシャー（五護）という五尊の女尊からなるグループがある。マハープラティサラー（大随求明妃《だいずいぐ》）、マハーサーハスラプラマルディニー（大千摧砕明妃《だいせんざいは》）、マハーマーユーリー（大孔雀明妃《だいくじゃく》）、マハーシータヴァティー（大寒林明妃《だいかんりん》）、マハーマントラーヌサーリニー（密呪随持明妃《みつじゅずいじ》）の五尊である。

　このうち、もっとも起源が古く、かつよく知られたものはマハーマーユーリーである。孔雀が蛇の天敵であると信じられていたため、毒蛇除けや蛇に嚙まれたときの解毒のために、この尊の陀羅尼が用いられた。マハーマーユーリーは日本に伝えられると孔雀明王となり、その姿が絵画や彫刻にも残されているが、明王の名をもちながらも柔和な姿で描かれるのは、この尊が本来、女尊であったことによる。

　パンチャラクシャーは、インド後期密教においても依然として高い人気を集めていたようで、この五尊で構成されたマンダラが一二世紀初頭の文献にも含まれる。またパンチャラクシャーを説く文献の写本が、ネパールに数多く残されていることから、この地においても多くの人々に信奉されていたことがわかる。

　マハーマーユーリーと同じ、毒蛇除けの陀羅尼の女尊に、ジャーングリーがいる。蛇を手にしたり、マハーマーユーリーのように孔雀の羽を持つことなどが文献には記されている。インドでは実際の作例は残されていないが、わが国の図像集に白描などが伝えられている。ヒンドゥー教では、マナサーと呼ばれる女尊が、やはり毒蛇から身を守ることでよく知られている。ベンガル地方を中心とした広い範囲で、今でも信仰を集めている。地域や社会集団ごとに、異なる名称の類似の女尊が信仰され、それが仏教やヒンドゥー教に組み込まれていったのであろう。

このほかに陀羅尼の女尊としては、仏の頭頂にある肉髻《にくけい》を神格化したといわれるウシュニーシャヴィジャヤー（仏頂尊勝《ぶっちょうそんしょう》）や、白い傘蓋《さんがい》を手にしたシタータパトラー（白傘蓋《びゃくさんがい》）、「無数の顔をもつもの」という意味のアナンタムカー（無辺門）などがいる。法界語自在《ほうかいごじざい》マンダラという瑜伽《ゆが》タントラのマンダラには、これらの女尊が一二尊まとめられた「十二陀羅尼」というグループが現れる。

陀羅尼の女尊たちは、中期密教以降の経典からはほとんど姿を消してしまうか、言及されても重要な位置は与えられていない。これらの経典に登場する重要な女尊は、四仏の配偶尊であるターラーなどの四明妃や、ナイラートミヤー（無我女《むがにょ》）、ヨーギニー（瑜伽女《ゆがにょ》）、ダーキニーなどの後期密教特有の「恐ろしい女尊」たちである。

しかし、これらの有力な女尊たちで、実際に作例が残されているのは、大乗仏教以来の造像の伝統のあるターラーと、ごく一部の後期密教の女尊のみである。その一方で、陀羅尼の女尊たちは、インド密教のあらゆる時代を通して数多くの作品が作られつづけた。経典の中では重要な位置を奪われても、依然として彼女たちは一般の人々の間で高い人気を保っていたのである。

第6章

弥勒・金剛手・八大菩薩

蓮華とマンダラ

密教におけるほとけたちの世界を描いたマンダラは、蓮華すなわちハスの花をかたどったものである。日本のマンダラは四角い形をしているため、蓮華のモチーフを見つけることは難しいが、チベットやネパールに伝わるマンダラは、いずれも全体が円で囲まれ、円周部に蓮華の花弁が表されている。マンダラのほとけたちはその内部の四角い楼閣に住んでいる。彼らの住む楼閣は、蓮華の花托（ハチス）の部分にそびえている。マンダラの全体像は、中心に楼閣を載せた巨大なハスの花を、真上から見下ろした姿なのである。

このような蓮華を基本とした世界像は、大乗経典においてすでに頻繁に登場する。『華厳経』の説く世界観では、宇宙全体が巨大な蓮華でできており、その花托に含まれる無数の種のひとつひとつに、さらに無数の世界がびっしりと詰まっているという[1]。われわれの住む世界はその中の一つにすぎない。無数に存在する世界には、それぞれ衆生の救済につとめる仏たちが出現し、法を説くという。これらすべての仏たちの統括的存在であるのが、法身である毘盧遮那仏にほかならない。宇宙そのものである巨大な蓮華は、毘盧遮那がさまざまな仏の姿をとって顕現する場なのである。

日本密教においてもっとも重視されるマンダラのひとつ胎蔵曼荼羅は、正式の名称を「大悲胎蔵生曼荼羅」という。母胎において胎児がはぐくまれ、誕生発育するイメージが、マンダラに与えられている。これは蓮華にもたとえられ、種子から成長し開花することで、「胎蔵生」という言葉が説明される。[2]

胎蔵曼荼羅は、すでにコラム③で述べたように、中心部分は仏部、蓮華部、金剛部の三部で構成され、文殊院や地蔵院などの八大菩薩のメンバーを中心とする領域がこれを取り囲んでいる。[3]三部を代表する釈迦（あるいは大日）、観音、金剛手という組み合わせは、インドの密教美術においてもしばしば見られる。また、もうひとつの重要なグループである八大菩薩も、ビハール、オリッサそしてとくに西インドのエローラ石窟において豊富な作例が残されている。これらは胎蔵曼荼羅と何らかの関係をもつのであろうか。あるいは、胎蔵曼荼羅の原初的な形態がインドにも残されているのであろうか。

三尊形式と弥勒

釈迦の両側に脇侍を配する三尊形式は、複数の尊格からなる礼拝像においてもっとも広く見られるものである。わが国では釈迦は文殊と普賢の二菩薩を脇侍とすることが多く、また禅宗系の寺院では阿難と大迦葉《だいかしょう》をともなう例もしばしば見られる。チベットやネパールでは仏弟子をともなう場合、舎利弗《しゃりほつ》と目蓮が選ばれる。

三尊形式は仏像誕生の二つの地域であるガンダーラとマトゥラーにおいてすでに現れる。このうち、ガンダーラでは、脇侍となる菩薩は成道前の釈迦、すなわちシッダールタ太子と弥勒、あるいは観音と弥勒という二つの組み合わせがあることが、すでに明らかにされている。[4] インドの尊像彫刻に見られる〈王者タイプ〉と〈行者タイプ〉の二類型に対応することは、すでに前章で述べたとおりである。

弥勒はこのうちの〈行者タイプ〉の代表的な菩薩である。釈迦の入滅後、五十六億七千万年後に兜率天より下生すると信じられた。近年の研究によれば、下生に必要な時間は、この十分の一程度の五億七千六百万年が正しかったらしいが、それでも気の遠くなるような長さである。弥勒はバラモンの家に生まれ、龍華樹《りゅうげじゅ》のもとで悟りを開き、三度の法会においてすべての衆生を救済することが、経典の中に約束されている。

パーラ朝の版図であるベンガルとビハールでは、三尊形式の脇侍には観音と弥勒が圧倒的に多い。また、観音ほどではないが、単独の弥勒の作例も存在し、これまで三〇例あまりが知られている。[5]

わが国の弥勒は半跏思惟像のイメージが強いが、この時代のインドの弥勒でこの姿勢をとるものはなく、坐像の場合、くつろいだ坐法の遊戯坐や、片膝を立てて坐る輪王坐《りんのうざ》で坐る。例外的に六臂像が一点あるほかは、いずれも二臂像である。右手はほとんど持物をとらず、与願印か施無畏印を示す。転法輪印を示すものも二例ある。弥勒に固有のアトリビュートは、成道の時にその根元に坐るとされる龍華で、これを左手に持つ。

龍華のほかに水瓶《すいびょう》が現れる作品もいくつかある。たとえば、ボードガヤ出土でカルカッタのインド博物館に展示されている弥勒立像（図6-1）の場合、左手に持った龍華樹が途中で枝分かれして、その上に水瓶を載せている。弥勒と水瓶との結びつきは古く、すでにガンダーラの弥勒像にも認められる。水瓶を持つ姿は、ヒンドゥー教のブラフマー（梵天）やアグニ（火天）とも共通し、苦行者や聖職者に固有のイメージとして重要な意味をもつ。龍華樹を執る弥勒が、グプタ朝以降の比較的新しい作例であるのに対し、水瓶はより古い伝統に属しているのである。

左手に龍華樹を持ち、右手に数珠を持った弥勒像もある。数珠もパーラ朝以前の弥勒の持物としてよく知られており、やはり、聖職者のアトリビュートとして機能している。ただし、このような弥勒像は二点を数えるにすぎない[6]。

弥勒の特徴として重要なものに、頭部の前面に付けられた小さな仏塔がある。宝冠の中央に仏塔を表すため、全体が宝塔冠とか法界塔印とも呼ばれる。これは弥勒の尊容を説く経典や、それにもとづいて制作されたわが国の弥勒像にも広く見られる。ちょうど観音の同じ位置にある化仏に対応する。

弥勒が脇侍になる場合にも、これらの特徴はほぼ受け継がれている。パーラ朝の如来像に釈迦が圧倒的に多いことはすでに何度も述べているが、観音と弥勒を両脇侍とする三尊形式の作品が五〇点以上にものぼる。弥勒の場合、脇侍としての作例数が、単独尊の数を上回ることになる。

釈迦の脇侍となる弥勒は、多くの場合、頭部に仏塔を飾り、左手には龍華を持って表される（図6-2）。もう一方の脇侍である観音を見ると、仏塔のかわりに化仏を置き、左手の持物は蓮

図6-1　弥勒立像

華になる。これもこの時代の観音に一般的な特徴である。この二点以外に両脇侍の間に相違点はほとんど認められない。弥勒の頭髪は観音に多い髪髻冠で、冠飾や瓔珞などの豪華な装身具で同じように飾られている。両者の違いは二つのシンボルに限られているのである。(7)

ヤクシャの王—金剛手

パーラ朝のベンガル、ビハール地方では、釈迦の脇侍にはこの観音と弥勒が一般的であったが、それ以外の組み合わせが知られていなかったわけではない。弥勒と文殊、弥勒と金剛手《こんごうしゅ》、そして観音とターラーの組み合わせがそれぞれ一例ずつ確認できるほかに、観音と金剛手の組み合わせが四例存在している。興味深いのは、この観音と金剛手の組み合わせで、オリッサ地方ではむし

図6-2　釈迦三尊像

ろこの二尊が釈迦の脇侍となることが多く、パーラ朝で優勢であった観音と弥勒の組み合わせはほとんど知られていない。さらに、西インドのアジャンターやエローラでは、観音と金剛手を脇侍とする釈迦の三尊像が多数残されている。

図6－3　釈迦に付き従う金剛手

金剛手は古くはヴェーダ文献において、インドラの異名として知られていたが、仏典においてはヤクシャ（夜叉《やしゃ》）の王の名として登場する。[8] 密迹《みっしゃく》金剛力士、執金剛《しゅうこんごう》、持金剛《じこんごう》の名でも呼ばれ、釈迦を守護し、異教徒を威嚇する役割が与えられている。東大寺南大門などの仁王像の名称や姿で、われわれ日本人にもなじみ深い。

インドの仏教美術史上、金剛手が重要な役割を果たすようになったのは、ガンダーラであった。[9] 釈迦の生涯やその前生などの説話的な内容を好んで取り上げたガンダーラ美術において、金剛手は釈迦に付き従う護衛者としてしばしば表現される（図6－3）。ヘラクレスを思わせる勇猛な姿をとり、後世の菩薩像とはかけ離れたイメージをもつ。大きく波打つ長い髪や、胸まで届く濃いひげを生やし、腰には短いズボンをはいている。上半身が裸でドーティのみを身につけているものもある。別称である金剛力士にふさわ

図6－4　釈迦三尊像

しい容貌である。長くのばした髪やひげは、単なる勇猛さを表すだけではなく、超人的な力が長い髪やひげに宿るという、古代的な信仰に根ざしている。金剛手はその名の通り、金剛杵を手にするが、それは中央がくびれた長い棒状のもので、ウサギの餅つきの杵のような形をしている。三鈷や五鈷などの突起のついた後世の金剛杵とはかなり異なる。

ガンダーラとほぼ同時代に仏像の制作を始めたマトゥラーにも、金剛手の作例がある。しかも、そこでは三尊形式の仏の脇侍としての位置を占めている（図6－4）。対となる脇侍が蓮華を持つことから、観音と金剛手の両菩薩を脇侍とする三尊形式の先駆的作品とみなされることが多い。しかし、青年を思わせる容貌をもったこの両脇侍が、はたして菩薩を意識して制作されたかについては慎重な見方をする研究者もいる[10]。実際、マトゥラーからはグプタ朝以降になると、脇侍菩薩をともなう三尊形式は登場しない。

パーラ朝の仏教美術に大きな影響を与えたグプタ期のサールナートにおいては、三尊形式の脇侍には、観音と弥勒、金剛手と弥勒の二種の組み合わせがあることが明らかにされている[11]。ここでの金剛手は右手に払子を持ち、左手で握る金剛杵を腰に当てる。金剛杵は両端が三つの突起に分かれた三鈷杵のような形態をとる。

同じグプタ時代に開窟された西インドのアジャンター石窟にも、三尊形式の脇侍菩薩としての金剛手の姿が、数多く見いだせる。壁画、彫刻の両者があるが、いずれの場合も右手に払子を持ち、左手に三鈷の金剛杵を握る。[12] サールナートの金剛杵と同じ形式である。対となる菩薩は、やはり右手に払子を持つが、左手には蓮華、水瓶、数珠などが現れる。髪髻冠を結い、化仏や鹿皮をともなうこともあることから、観音（蓮華手）に同定される。

エローラの場合、金剛手の形式にはいくつかの種類がある。エローラの仏教窟の中でポスト＝グプタ期以降に開窟され、後期窟としてまとめられる第一一窟と一二窟に、かなりの数の金剛手が残されている。これらの金剛手は三尊形式の仏の脇侍菩薩としての作例が大半を占めるが、八尊の菩薩、すなわち八大菩薩の中の一尊として表されたものもいくつかある。これら二つの窟の中ではじめに作られた第一一窟の第三層では、アジャンターやサールナートと同形式の、右手に払子を持ち、左手で三鈷杵を握るタイプが見いだされる。しかし、これに続いて開窟された第二層では、右手は払子を持ったままであるが、金剛杵を直接握るのではなく、大地から伸びた蓮華の茎を握り、蓮華の花の上に直立した金剛杵を載せている（図6-5）。さらに、エローラの仏教窟の最後期に位置する第一二窟では、同様の持物を持った金剛手が、豪華な宝冠によって荘厳されている。

パーラ朝期の金剛手

パーラ朝になると、これまで一貫して仏の守護者や脇侍という従属的な立場に甘んじてきた金剛手が、単独の作品として表されるようになる。その背景には、菩薩や女尊あるいは明王などの尊格の種類が爆発的に増え、さまざまな尊像作品が作られるようになったことがあるが、さらに金剛手の場合、教理的にもその地位が上昇したことにもよるであろう。

『初会金剛頂経』では金剛手菩薩は一六尊の菩薩の筆頭としてその代表の地位を占める。そして、密教の尊格として金剛薩埵の名で金剛手は呼ばれることになる。同経の第二章に相当する

図6－5　金剛手立像

「降三世品」では、金剛手＝金剛薩埵は大日如来の命を受けて異教の神々をつぎつぎと降伏させ、仏教へと改宗させる[13]。ヤクシャの起源をもち、仏の護衛者であった金剛手にふさわしい働きである。その結果、金剛手には「降三世明王」の異名が与えられる。後期密教では、金剛手と同体である金剛薩埵は、菩薩の位から一歩抜けだし、五仏に次ぐ「第六の仏」としての地位を手にすることになる。

しかし、経典の中での金剛手あるいは金剛薩埵の重要性と、実際の作例数とは比例していない。単独の金剛手の作例は、ベンガルとビハール地方からは九例、オリッサからは一一例、金剛薩埵も両者をあわせて二〇例足らずが確認できるにすぎない。金剛手の場合、脇侍としての作例がこれに七例程度加わるが、いずれにしても、観音や文殊に比べてその数は驚くほど小さいものである[14]。

ナーランダー出土の金剛手坐像（図6-6）を例にとって、その特徴を見てみよう。蓮台の上に遊戯坐で坐り、右手を胸の前に置く。その手のひらには、金剛手のシンボルである金剛杵が直立している。三鈷もしくは五鈷の形を取り、日本やチベットなどで現在でも使われている仏具としての金剛杵と同じ形態である。台座においた左手からは睡蓮が上に伸びている。臂釧、腕釧、瓔珞などの菩薩に一般的に見られる装身具を身につけ、さらに頭には三面頭飾の付いた冠帯を飾る。

興味深いのはその髪型である。巻髪状の房をいくつも作り、それが頭頂でいったん結わえられ

図6-6　金剛手坐像

たあと、両肩にまで垂れ下がっている。観音の髪髻冠や文殊の五髻などのように、これもパーラ期の金剛手に結びついた独特の髪型で、他の菩薩には現れない。しかし、この髪型が金剛手のみに固有のものであるかといえば、そうではない。たとえば、アジャンターの第一九窟のファサードには、この金剛手に似た髪型の人物が現れる（図6-7）。やや肥満気味の堂々とした体軀のこの像は、クベーラと考えられている。クベーラというのは財宝を司る神で、ヤクシャの王でもある。北方の守護神ともされるが、これはヤクシャたちの棲むのが北方と考えられていたからである。インド美術をたどってみると、クベーラやヤクシャあるいはガナ（倭人）と呼ばれる者たちに、しばしば類似の房状の髪型が現れる。[15]金剛手も本来はヤクシャの王であったことを考えると、この類似は説明がつく。密教仏としての金剛手も、ヤクシャという出自を、依然として造形表現の中にとどめているのである。

しかし、パーラ朝期の金剛手がすべてこのような髪型をとっているわけではない。たとえば、ビハール出土の金剛手坐像で、カルカッタのインド博物館所蔵の作例（図6-8）では、渦巻き

図6-7　クベーラ

図6-8　金剛手坐像

状に結った髪型をとる。このような形態の髪型は、金剛手以外の他の菩薩にも現れる。菩薩に一般的な髪型と考えられ、特定の尊に結びつくものではない。脇侍としての金剛手も含め、パーラ朝期の金剛手には、この渦巻き状の髪型をとる方が多く、房状の長髪はむしろ一部の作例に見られるにすぎない[16]。

　インド博物館の金剛手坐像には、もうひとつ注意すべき特徴がある。それは左手の持物で、睡蓮の上に直立した金剛杵を小さく表している。エローラに見られた蓮華上に直立する金剛杵と直接関係をもつかは明らかではないが、類似の表現がパーラ朝の一部の金剛手にも散見される。

エローラとの結びつきは、オリッサの金剛手においてはより明確である。ラトナギリ第一僧院の本堂には、触地印仏坐像の左脇侍として、金剛手が表されている。宝冠をいただき、右手に払子を持ち、左手には金剛杵を載せた睡蓮の茎を握る。ただし、金剛杵がここでは直立しておらず、花の上に水平に置かれている。反対側の右脇侍は、同様に払子と蓮華を持った観音である。それぞれを単独の石材に掘り出した、三点で一組の三尊形式となっている。

ラトナギリからは一枚のパネルに金剛手と観音を脇侍とする三尊像も二例出土しており、これらの菩薩も本堂の作品と同じ特徴をもつ。さらに本堂入口には、四臂をそなえた等身大の観音と金剛手の立像（図6-9）がある。払子は姿を消し、かわりに数珠や水瓶が持物として登場するが、豪華な宝冠はそのままである。門の両側に対になって置かれていることから、両者が守門神のような役割を果たしていることはたしかであろう。

多臂の金剛手はパーラ朝では知られていないが、オリッサにはもう一例ある。バジュラギリ出土で、現在オリッサ州立博物館が所蔵する像（図6-10）がそれである。この作品では、金剛杵を載せた睡蓮は左手ではなく右手で持ち、左の前の手は、足元に小さく表された忿怒尊の頭に置いている。その反対側には金剛杵を捧げ持つ女尊が、蓮台の上に坐っている。他のオリッサの金剛手たちが、エローラの一部の金剛手に共通する豪華な宝冠をいただいていたのに対し、この作品ではナーランダーの金剛手坐像に見られたような、房状の長髪を垂らしている。

逆に、ウダヤギリから出土した金剛手坐像（図6-11）は、遊戯坐で坐り、胸の前に置いた左手の上に金剛杵を置くという、パーラ朝の作例に共通する特徴を有するが、その頭には円筒形の豪華な宝冠が大きく表現されている。さらに、パトナ博物館所蔵の、脇侍菩薩をともなう触地印仏坐像（図6-12）では、渦巻き状に髪を結った脇侍の金剛手が、オリッサの金剛手と同じように、金剛杵を垂直に載せた睡蓮を左手に握っている。

このように、パーラ朝とオリッサの金剛手のさまざまな姿は、エローラに見られた円筒形の宝冠をいただき、蓮華の上に金剛杵を載せた立像のタイプと、胸の前に金剛杵を保ち、ときとして房状の長髪を垂らした坐像のタイプが、個々の要素を混淆させることで、できあがっている。

図6-9　四臂金剛手立像
図6-10　四臂金剛手立像

図6-11　金剛手坐像

図6-12　釈迦三尊像

エローラの八大菩薩

　エローラの第一一、一二窟において、金剛手は観音とともに仏の脇侍となって三尊形式を構成する。三尊形式の作例そのものは三〇例を数えるが、そのうちの二一例がこの組み合わせで、そのほかに観音と弥勒、弥勒と文殊、文殊と観音の組み合わせが確認できる[17]。

　さらにこの二つの窟には、仏が八尊もしくは一〇尊の菩薩をともなった作例が八箇所にある。これらは形式によって大きく二つに分けられ、ひとつが、祠堂の正面に仏を配し、その手前の左右の側壁に、菩薩を四尊もしくは五尊ずつ一列に並べるもの（図6-13）で、もうひとつが、正方形を縦横三等分してできた井桁状の九つの区画を壁面に作り、中心の仏のまわりを八尊の菩薩が取り囲むもの（図6－14）である。前者を礼拝像タイプ、後者をパネル・タイプと呼ぶことにしよう。

第一一窟と一二窟は僧房窟の構造をもつ。中央に大広間を置き、左右の壁面に複数の僧房を並べる。正面の中央には各層の本堂として祠堂が作られ、ここに本尊である仏坐像が、菩薩たちと一緒に、ほぼ丸彫りに近い形で壁面から掘り出されている。光の届かない狭い祠堂に一歩足を踏み入れ、尊像に光を当てると、本尊と周囲の菩薩たちが圧倒的な迫力で迫ってくる。脇侍菩薩の

図6－13　八大菩薩像の一部
図6－14　パネル・タイプの八大菩薩

大きいものは三メートル近い高さをもち、それより小さいものでも、われわれ闖入者を頭上から見下ろしている。畏怖の念さえ起こさせるその姿は、何百年も前に岩から掘り出され、それ以来、仏のかたわらに立ちつづけているという事実を、見るものに改めて認識させる。

礼拝像タイプの場合、一〇尊あるいは八尊の菩薩のうち、仏にもっとも近い奥の二菩薩は、それ以外の菩薩たちよりも大きく表され、別格扱いされている。いずれも払子を右手に持ち、もう一方の手には右脇侍が蓮華、左脇侍が金剛杵を載せた蓮華を持つ。第一一窟、一二窟の三尊形式の大半を占める観音と金剛手であることは容易にわかる。残りの菩薩たちはほぼ同一の大きさと尊容をもち、形式の上では統一されている。それぞれが固有の持物を持つことで区別がはかられているらしい。このうち、右脇侍の観音の手前には、龍華樹を持った弥勒、その反対側には梵篋を載せた睡蓮を持った文殊が位置することが多い（図6-15）。

その他の四尊ないし六尊の菩薩たちにも特徴的な持物が現れる。剣、幢幡、宝珠を載せた睡蓮、三つの蕾の付いた花などである。しかし、何を表しているのかわからないものも多く、とくに全体が一〇尊の場合、持物が判別しがたい尊の数も増える。

パネル・タイプの三点は、様式上ほとんど違いがないことから、おそらく同一時期に制作されたのであろう。中央に定印の仏坐像を表し、さらにその両側には払子のみを持った脇侍の立像を小さく表している。周囲の菩薩たちに規格上の差異はなく、持物によって区別がはかられている。向かって左の中段には蓮華、その反対側である向かって右の中段には金剛杵を載せた蓮華が持物として現れ、観音と金剛手に比定できる。龍華を持った弥勒は観音の上、梵篋をともなった文殊は金剛手の下にそれぞれ位置している（図6-16）。残りの四つの区画には、前にもあげた剣、幢幡、宝珠、三つの蕾の花が登場する。

エローラの第一一窟、一二窟のこれらの八尊もしくは一〇尊の菩薩たちは、従来より八大菩薩のインドにおける重要な作例として、多くの研究者が注目してきた。持物がほぼ共通することから、礼拝像タイプもパネル・タイプも、制作時期に違いがあるとしても、同じ尊格グループを表したと見てさしつかえないであろう。ただし、一〇尊からなる菩薩のグループについては、あらたに加えられた二尊の菩薩が具体的な特徴を欠くことから、その名称はもちろん、全体が特定のグループを意図していたかどうかも明らかではない。

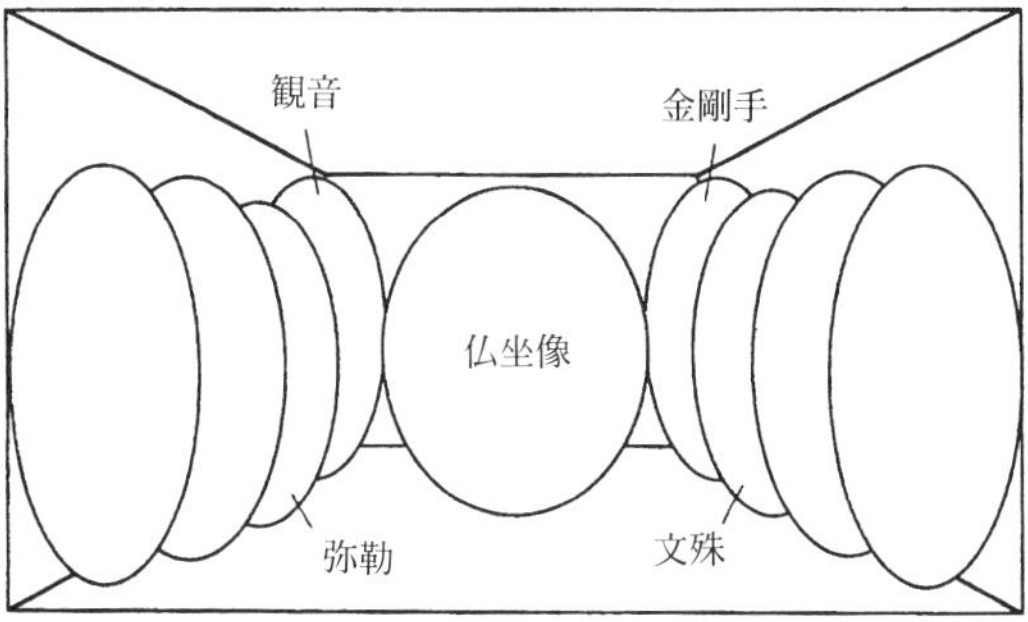

図6-15　礼拝像タイプの八大菩薩尊像配置図［上］

弥勒		
観音	仏坐像	金剛手
		文殊

図6-16　パネル・タイプの八大菩薩尊像配置図［左］

八尊のうちの四尊は、持物から尊名

比定を確実に行うことができる。すなわち、蓮華＝観音、金剛杵＝金剛手、龍華＝弥勒、梵篋＝文殊である。いずれも単独尊としての作例が古い時代より存在し、各持物がそれぞれの尊格のシンボルとして広く認められているものである。グプタ期からパーラ期にかけても作例に恵まれた菩薩たちであることは、これまでにも見てきたとおりである。

問題はそれ以外の四尊である。それぞれ異なる持物を持つことから、尊名の比定は比較的容易かと思われる。実際、文献には八大菩薩のメンバーとして、普賢、地蔵、虚空蔵、除蓋障の名称が前の四菩薩とともにあげられ、ここに現れるようなシンボルを持物とすることも説かれている。しかし、そのような規定は複数の文献に登場し、しかも、文献相互で持物と尊格との対応が一定ではない。つまり、典拠となる文献が何であるかによって、尊名比定が違ってくるのである[18]。特定の文献にもとづいて尊名比定を行ったとしても、本当にこの地域でその文献が流布し、しかも像を刻んだ工人たちが、文献の記述を参考にして制作に当たったことが確定できない限り、比定の作業は仮説の域を出ない。

観音をはじめとする四菩薩であってもその条件は同じであるが、これらの菩薩たちにはそれを補うだけの単独の作例がある。そして、シンボルとなる各持物も、金剛手の金剛杵や弥勒の龍華のように、それぞれの尊格に結びつく積極的な理由がある。しかし、普賢などの残りの四尊に関しては、八大菩薩のメンバーとして以外に、単独の作例はインドではまったく存在せず、特定の持物と結びつくだけの明確な根拠や説話を有していない。

八尊の菩薩をすべて同格に扱うのではなく、これらの二つのグループに分けて、もう一度エローラの菩薩たちを見てみよう。便宜上、尊名の確実な観音以下の四尊を第一グループ、残りの普賢などを第二グループと呼ぶことにしよう。

第一一窟、一二窟の三尊形式で、脇侍の菩薩として選ばれるのは、いずれも第一グループの中の菩薩たちであった。その中でも観音と金剛手の組合せが多数を占めていた。礼拝像タイプの八尊あるいは一〇尊の菩薩たちの場合、祠堂の奥、すなわち本尊仏に近い場所に第一グループの四尊が置かれる。[19]

もう一方のパネル・タイプの場合も、仏の左右には観音と金剛手が位置し、弥勒と文殊はこれに連続する区画を占めている。井桁状のパネルに表されている尊格のうち、第一グループの菩薩の位置から見る限り、礼拝像タイプに見られた法則で、その配列は説明できるように思われる。すなわち、八尊の菩薩の中で中核となるのは観音と金剛手であり、これを両脇侍とする仏三尊形式に、第一グループの残りの菩薩である弥勒と文殊が加わり、さらに第二グループの四尊がそれに続くことで、仏と八大菩薩のセットができあがるのである。

正方形がグリッド状に九分割されているため、このパネルを「マンダラ」と呼ぶ研究者もしばしば見られるが[20]、はたしてこれが厳密な意味でのマンダラを意図していたかは疑問である。インドにおいて壁面に絵画や浮彫でマンダラを表す例はなく、エローラにおいても、仏と八尊の菩薩からなるこれらのパネル以外に、類似の形式の作例は存在しない。また、マンダラであるならば、全体が円で囲まれ、周囲の尊格が中尊から放射状に表現されることが原則であるが、そうではない[21]。これらの作品に「マンダラ」という用語を使うことには慎重にならざるをえないのである。

オリッサの八大菩薩

エローラとならんで八大菩薩の作例を豊富に伝えるのがオリッサである。オリッサ州カタック地区の重要な三つの遺跡、ラトナギリ、ラリタギリ、ウダヤギリからは、それぞれ特徴ある八大菩薩が出土している。オリッサの八大菩薩を形式から分類すると、仏の光背の左右に四体ずつ縦に並べるタイプ、三尊形式の四点のパネル全体で四仏と八大菩薩を表すタイプ、八大菩薩を一体ずつ一枚のパネルに表すタイプの三つがある。このうち、八尊をそれぞれ一枚ずつのパネルに表す最後のタイプは、ラリタギリのみから出土し、この地の重要な尊像彫刻に数えられるが、本来の位置などは不明であるため、八大菩薩の配列を考える材料とはなり得ない[22]。

はじめの、光背に八大菩薩をすべて表したタイプは、ラトナギリから三例、ウダヤギリから二例、そして台座部分のみの断片であるが、ラリタギリから一例報告されている。このほかに、オリッサ州北部にあるキッチングというところからの作例も一例知られている。

中央の如来の種類は、これらの作品の間で一定ではなく、ラトナギリからの一例では、定印を結び、菩薩形をとった大日如来、すなわち胎蔵大日が表されている。またウダヤギリの一例（図6-17）は、転法輪印を示しており、台座部分に法輪と二頭の鹿があることから、初説法に由来する釈迦像と考えられるが、大日如来の可能性も指摘されている。これ以外の五例はすべて触地印である。触地印をとる如来像は、この時代、オリッサにおいても、ベンガル、ビハール地方においても圧倒的な人気を誇っており、ここでもそれが反映されている。

八大菩薩の配列も一定ではないが、いくつかの法則は認められる。光背の左右の四尊ずつをま

図6-17　八大菩薩をともなう転法輪印仏坐像

とめると、その内部のメンバーは多くの作品で共通している。そして向かって左、すなわち中尊の右側には観音と弥勒、反対の左側には金剛手と文殊がつねに含まれている。これはエローラの祠堂内に見られた、第一グループの四菩薩の配列に一致している。そこではつねに観音と弥勒は右脇侍で、金剛手と文殊が左脇侍であった。オリッサの場合、観音が向かって左の上から三番目を占めることが、多くの作品に共通してみられるが、それ以外の三菩薩の位置は左右の内部では一定ではない。エローラの祠堂のような三次元の空間では、菩薩から本尊との距離は絶対的なものであるが、光背といういわば中尊の付属物においては、上下の位置と中尊からの距離は直接、関係しないのかもしれない。

八大菩薩の中で第一グループが重要な位置を占めていることは、第一グループのみを光背に表した作品が、ラトナギリから出土していることからも確認できる[23]。これは転法輪印を示す如来像で、光背の向かって左上に観音、その下に文殊、右上に金剛手、その下に弥勒を表している。八大菩薩の残りの四尊はここには含まれていない。八大菩薩の場合とは文殊と弥勒の位置が逆になっているが、観音と金剛手は同じである。

仏塔は立体マンダラか

ウダヤギリの仏塔の四仏と八大菩薩を表した四枚のパネルは、美術史のみならず、インドの密教史においてもきわめて重要な意味をもつ作品として、早くから注目されてきた。この四枚のパネルは、東に阿閦、南に宝生、西に阿弥陀、北には菩薩形の胎蔵大日が表されている。阿閦、不空成就、阿弥陀は、金剛界マンダラにおいてこれらの仏が置かれた位置に一致し、また順に触地印、与願印、定印を示すことも共通する。金剛界マンダラの場合、北には施無畏印を示す不空成就が位置するが、この仏塔では定印を示す胎蔵大日となっている。[24]

四点のパネルはほぼ同一の形式と規格をもち、当初よりひとそろいのものとして制作されたと見てよい。[25]中央に仏坐像を大きく表し、左右の手に払子と特定の持物を持った脇侍菩薩を、立像の形で配する。それが各パネルに二体ずつあるので、全体で八大菩薩になる。光背上部左右には花綱を持った飛天を表し、蓮台の下には太い茎と、その左右にその茎を支える二龍王を配する。蓮華の根元からは左右にも茎が伸び、その先端の小さな蓮台の上に脇侍の菩薩たちを立たせる。

脇侍として表された八大菩薩のうち、第一グループの四菩薩の位置は確実にわかる（図6-18）。かねてより、このウダヤギリの四枚のパネルは、仏塔全体を一種の立体マンダラとみなし、その尊像配置を反映させているとしばしば考えられていた。[26]たしかに胎蔵大日以外の三尊の如来たちは、先述のとおり、金剛界マンダラで各尊が占める位置に一致している。しかし、脇侍の菩薩たちの位置は不可解である。たとえば、観音は阿弥陀の代表的な眷属であり、金剛界マンダラでも観音が密教化された金剛法菩薩は、阿弥陀のすぐ前に位置している。しかし、ここでは阿弥陀ではなく宝生の左脇侍の位置を占めている。はたして、八大菩薩の配置は特定のマンダラに由来するのであろうか。

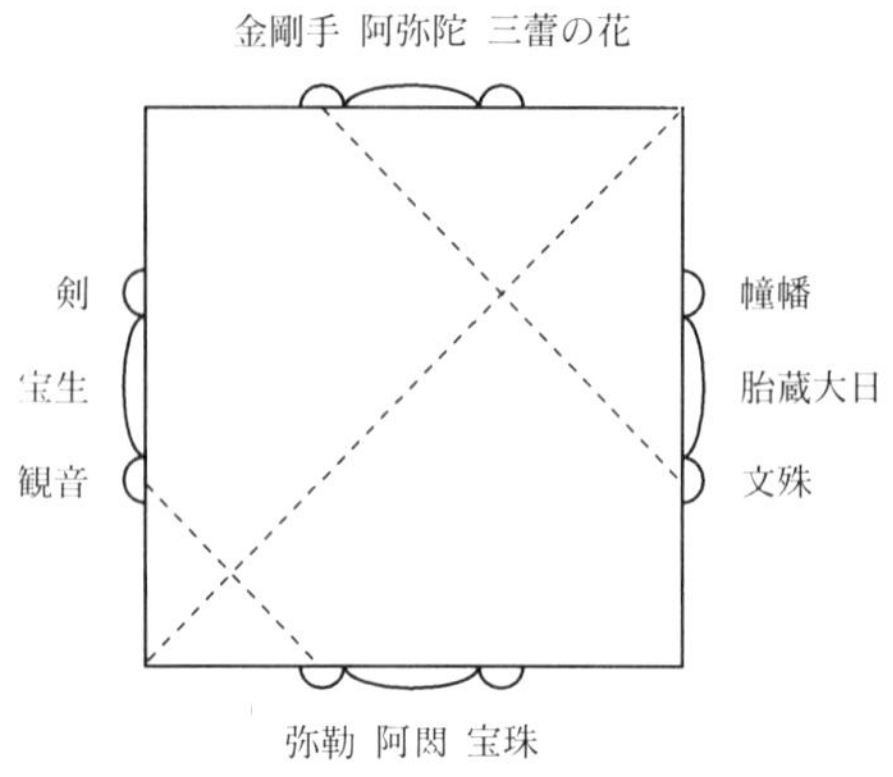

図6-18　ウダヤギリ仏塔尊像配置図

ウダヤギリからは、脇侍菩薩をともなう如来像で、おそらく本来は一組であった作品がさらに二点出土している。一点は与願印を示す如来像で、現地に放置されている。もう一点は定印を結ぶ像で、こちらはパトナ博物館に展示されている。同じセットに含まれるものがもう二点存在していた可能性があるが、現在のところ未発掘である。脇侍の菩薩たちはいずれも右手で払子を握り、左手には植物のようなものを持つ。左手の持物の表現が明確ではないため、尊名比定は困難であるが、定印の作品の左脇侍のみは、梵篋を載せた睡蓮であることが確認できる。さらに、この菩薩のみは頭部に髻を結っていることから、文殊であることがわかる。ウダヤギリの仏塔の周囲のパネルでは、文殊は定印を結ぶ阿弥陀の脇侍ではなく、北方の胎蔵大日の右脇侍であった。仏塔の四点のセットと、この二枚の作例が同じ意図のもとで制作されたとは限らないが、特定の菩薩の位置が両者で異なることは重要である。特定の仏と脇侍菩薩との関係が希薄であり、さらにマンダラにおいて重要な意味をもつ方角とも、脇侍菩薩が結びついていないことになるからである。仏塔の四枚のパネルは、四仏と八大菩薩の全体で特定のマンダラを立体的に表しているとはいい切れないのである。

それでは、八大菩薩の配列はどのように解釈すればよいのであろうか。

第一グループの四菩薩の配置は、一見、無秩序のように見えるが、必ずしもそうではない。たとえば、第一グループの四菩薩は、それぞれ別のパネルに配されている。これは単なる偶然ではなく、これらの有力な菩薩が一カ所に集中しないための配慮ではないだろうか。南東から北西に斜めの対角線を入れると、さらに異なるものが見えてくる。第一グループの四菩薩は、この軸を中心に対称の位置関係にあり、観音と弥勒、金剛手と文殊がそれぞれ対になっているのである。

パーラ朝の八大菩薩パネル

観音が金剛手ではなく弥勒と対になっていることは、どのように考えられるであろうか。オリッサの八大菩薩の作例のうち、光背の左右に四菩薩ずつ配した作品では、観音と弥勒は同じ左辺に位置し、金剛手はその反対側の右辺に置かれていた。観音と対となるのは弥勒ではなく、金剛手だったのである。これはエローラにおいて、観音と金剛手が中央の本尊のもっとも重要な脇侍菩薩として、そのすぐ両側に置かれていたことと、おそらく共通する。

これに対し、ビハールでは、エローラやオリッサとは異なる形式の八大菩薩の作品が知られている。それは、横長のパネルの中央に触地印仏坐像を置き、その左右に八大菩薩を四尊ずつ並べたものである。[27] ニューデリーの国立博物館やカルカッタのアストシュ博物館などの所蔵品が、これまでにも紹介されている（図6－19）。これらの作品における第一グループの四菩薩の配列を見ると、中央の仏に一番近いところには、観音と弥勒が位置している。観音が向かって左、弥勒が右である。金剛手は弥勒の外側を占め、文殊はその反対側で観音の隣である（図6－20）。ここでも第一グループの四菩薩が、残りの菩薩たちよりも重要な位置を占めていることが容易にわかる。そして、仏の脇侍としての筆頭の位置に置かれているのは、観音と弥勒であり、金剛手は第二位に甘んじている。

このような位置関係は、ビハールを含むパーラ朝で流行していた三尊形式を思い出せば、不思議なことではない。そこでは仏の脇侍は蓮華を持った観音と、龍華あるいは水瓶を持った弥勒であった。観音と金剛手の組み合わせは皆無ではないにしろ、ごく少数であった。

一方、エローラやオリッサでは弥勒よりも金剛手が観音の対となる位置を占めることが多かった。エローラにおいて二脇侍から八大菩薩へと拡充する場合にも、この二尊が中心となる。すなわち、第一グループの残りの二尊である弥勒と文殊がこれに続き、さらに第二グループの四尊が加わる。

ウダヤギリ仏塔における八大菩薩の配列は、同じオリッサや、それと共通するエローラの八大菩薩の配列からよりも、パーラ朝の配列から説明した方が適切である。すなわち、第一グループの四尊をかたよらないように各方角に分配した上で、パーラ朝の八大菩薩で見られたように、観音と弥勒の両菩薩をもっとも近い位置に置き、この外側に金剛手と文殊を置いてできあがってい

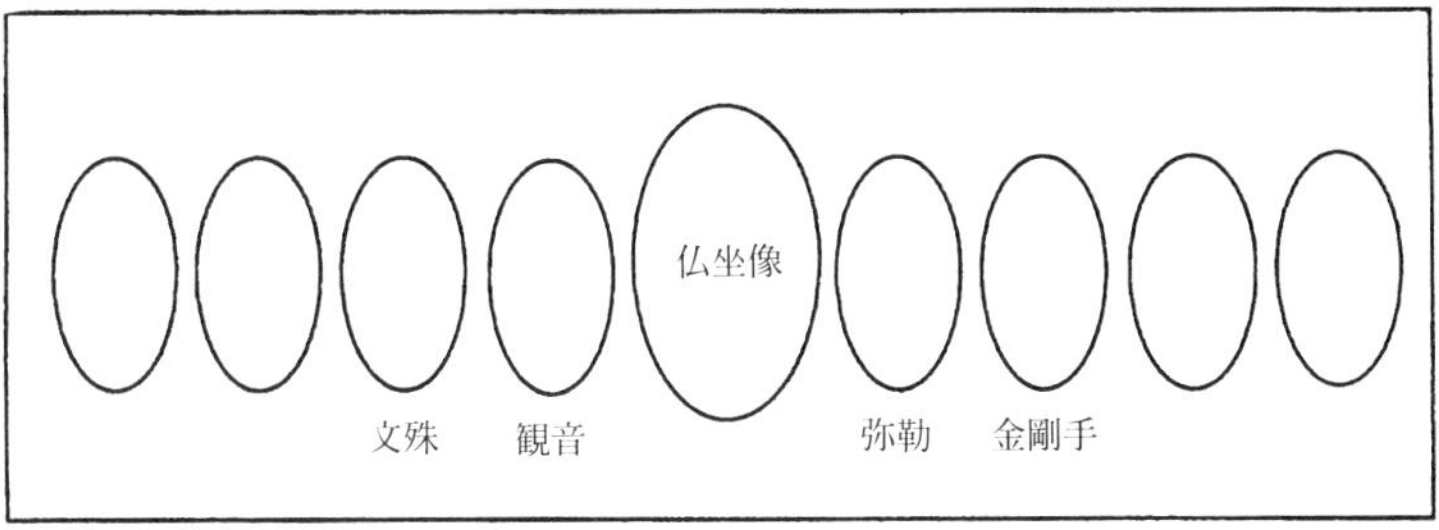

図6-19　触地印仏坐像と八大菩薩
図6-20　触地印仏坐像と八大菩薩尊像配置図

るのである。

マンダラが成立するためには

すでに述べたように、胎蔵曼荼羅の構造には、仏部、蓮華部、金剛部の三部と、観音などの八大菩薩が大きくかかわっている。三部のほとけたちを中心に置き、これに八大菩薩のいくつかの尊を主尊とする区画を組み合わせて、胎蔵曼荼羅の基本的な部分ができあがっている。

このうち、三部という考え方は、釈迦を中尊とし、脇侍に二菩薩を配する三尊形式に由来する。パーラ朝の版図では、ガンダーラ以来の観音と弥勒を脇侍とするタイプの三尊形式が主流であった。これに対し、エローラやオリッサでは、弥勒にかわって金剛手が脇侍の位置を占めることが多い。胎蔵曼荼羅の三部の構造は、この金剛手を含む三尊形式に対応している。しかし、観音の相手に弥勒と金剛手のいずれが選ばれるかは、必ずしもそれぞれの地域で固定していたわけではなく、逆の例もいくつかある。また文殊が脇侍の一尊として現れるケースもあった。この四尊の中から仏の脇侍が二尊選ばれるときに、地域的な傾向が認められるのである。

重要な菩薩を八尊集成した八大菩薩も、仏の三尊形式に由来している。エローラとオリッサに豊富な作例が残されているが、観音と金剛手という、これらの地域で重視された二脇侍を中心にできあがっている。これらの二尊に弥勒と文殊が加わり、ひとまとまりとなって第一グループを形成する。これは、さらに加えられた第二グループの四尊の菩薩に対して、つねに優位を保っている。第一グループの四尊は、八大菩薩のメンバーとなる以前から、いずれも単独像の作例があり、各尊が持物や髪型などに固有の特徴を有している。これに対して、第二グループの四尊は、八大菩薩以外の作例は知られていない。各尊は特徴的な持物を有するが、その対応は必ずしも明確ではない。

これら八尊を配置するときには、つねに第一グループが仏の近くを占め、とくにエローラでは観音と金剛手がその中核となる。この傾向はオリッサでもほぼ共通してみられる。これに対し、パーラ朝では観音と弥勒を仏の両側に置き、金剛手はその次になる。これらはそれぞれの地域における三尊形式の傾向に一致した配列である。

そのため、八大菩薩の配列は、特定の方角や仏と結びつくような絶対的なものではなく、菩薩相互の位置関係にもとづく相対的なものとなる。観音の相手になるのが弥勒か金剛手かが重要で、この組合せを軸に、第一グループの残りの二尊と、第二グループの四尊が順に加わる。このような配列は、はじめに全体の枠組みを決め、それを鳥瞰するような視点から各方角に尊格を割り当てていくマンダラとは相容れない考え方である。たしかに八大菩薩は胎蔵曼荼羅を構成する重要な尊格たちであるが、現存する八大菩薩の作例と胎蔵曼荼羅とを性急に結びつけるには慎重を要する。

ある地域で特定のマンダラが流行していたことや、その成立に関与したことを実証することは、そのマンダラそのものが存在していない限り、現存する作例のみからは容易ではない。胎蔵や金剛界のような組織的な大規模なマンダラが成立した経緯は、依然として謎なのである。

◈コラム⑥　菩薩のグループ

大乗経典や密教経典の中には、膨大な数の菩薩の名が含まれる。しかし、インドにおいて実際に作例が残されているのは、観音や文殊などのごく一部の菩薩に限られる。文献の中で活躍する菩薩たちと、寺院の中に安置され、僧侶や信者たちの礼拝の対象となる菩薩とは、必ずしも一致しなかったのである。

本章でも取り上げた八大菩薩は、第一グループと呼んだ観音、弥勒、金剛手、文殊という有力な四尊に加え、普賢、地蔵、虚空蔵、除蓋障の合計八尊で構成されている。第二グループとしてまとめた地蔵以下の四尊は、単独尊での作品は知られず、八大菩薩のセットとしてのみ、実作例が残されている。グループ化されることで、ようやく造像の場が与えられたのである。ただし、個々の尊像で区別されるのは持物のみで、髪型や服装などのその他の特徴は、四尊すべてに共通している。

第二グループの中で、教義上もっとも重要なのは普賢であろう。『華厳経』の「普賢行品」には、普賢による一〇種の誓願すなわち「普賢の十願」が掲げられ、一切衆生へ利益を与えることが約束されている。さらに『法華経』では、この経典をつねに保ち読誦するものを護持することが「普賢菩薩勧発品」に、また、十羅刹や鬼子母神とともに、『法華経』信奉者を普賢が守ることが「陀羅尼品」にそれぞれ説かれ、『法華経』信仰と密接に結びついていた。

『法華経』などでは普賢は白象に乗ると記され、わが国の作例でもそのような姿で表されることが多い。とくに「六牙の白象」と定められることもあり、これは釈迦が摩耶夫人の胎内に入るため、兜率天から降下するときの姿におそらく由来するのであろう。インドでは釈迦自身が白象の姿をとって表現されるが、中国や日本の托胎図では、白象は釈迦の乗り物となっている。わが国では普賢は文殊とともに釈迦の脇侍となることが多いが、その場合も、この白象に乗る姿をとり、もう一方の文殊が獅子に乗ることと対になっている。獅子も象もインドにおいては、王権と結びついた聖なる動物であったことはいうまでもない。

地蔵は八大菩薩の中でも、一般の人々にもっとも近い存在のほとけである。剃髪し僧衣をまとった比丘形の地蔵の姿は、われわれにもなじみ深いし、さらにそれをデフォルメした石仏を、この尊格の姿として思い浮かべる人も多いであろう。

しかし、インドにおいては比丘形の地蔵は存在しない。また「賽の河原」で子どもたちを救うことからも知られるように、地蔵は地獄の思想や六道輪廻とも密接に結びついているが、このようなイメージもインドには見あたらない。六道の救済者としての地蔵は、玄奘訳の『地蔵十輪経』などに説かれているが、地獄の支配者である十王と結びついたり、浄土信仰の一翼を担うようになったのは、中国に来てからである。そもそも、インドにおける地蔵の起源もよくわかっていない。ヴェーダの神話に登場する地天プリティヴィーがその前身であると説明されることもあるが、両者では名称も性別も異なり、信憑性に乏しい。

起源が未詳であることは、残りの虚空蔵や除蓋障も同様である。虚空蔵という名称は、地蔵と対になっているように見えるが、両者の間に特別な関係はない。虚空蔵の信仰としては、わが国ではとくに、この尊を本尊とする「求聞持法《ぐもんじほう》」がよく知られている。唐に渡る前の空海がこの行を実践し、一種の神秘体験を得たことは有名である。この実践法や虚空蔵の陀羅尼は、とくに経典の記憶に効果があるとされる。現代でも行われている「十三参り」は、十三歳になった子どもが「智慧授け」のために、虚空蔵をまつる寺院に参詣する風習であるが、これも虚空蔵の「智慧のほとけ」としての性格に由来する。

金剛界マンダラには、賢劫十六尊という一六の菩薩からなるグループが登場する。その内訳は、弥勒、不空見、滅悪趣、除憂闇、香象、勇猛、虚空蔵、智幢、無量光、月光、賢護、網明、金剛蔵、無尽慧、弁積、普賢である。金剛界マンダラの典拠となる『初会金剛頂経』では、マンダラに「弥勒などの偉大な勇者を安置せよ」と規定される。これは、弥勒をはじめとする未来仏としての「賢劫千仏」と解釈される場合と、この賢劫十六尊に解釈される場合の二通りがある。さらに、実際の作例では、賢劫千仏と賢劫十六尊の両者を描いたものも存在する。

一六尊の菩薩という数は、八大菩薩を二倍に増広したようにも見えるが、実際には八大菩薩のうちで賢劫十六尊に含まれるのは、弥勒、虚空蔵、普賢の三尊に限られる。両者は系統の異なるグループであったらしい。

賢劫十六尊は金剛界マンダラの影響を受けてできたいくつかのマンダラにも、一部の尊名や配置をかえて登場する。『大日経』系の菩薩のグループである八大菩薩にかわって、瑜伽タントラで主要な位置を占めるようになった大乗菩薩のグループである。しかし、無上瑜伽タントラの経典になると、彼らはほとんど姿を消してしまう。かわって現れるのは、ダーカやダーキニーなどと呼ばれる、それ以前の仏教とは何のつながりをもたない異形のものたちであった。

第7章

財宝の神と忿怒の神

図コラム⑦-1　ヴィクラマシーラ僧院跡

図コラム⑦-2　ヴィクラマシーラ僧院跡のストゥーパ群

アングリマーラ伝説

インドの仏典に現れる説話は、意外にわれわれの身近なところに伝えられている。「京の五条の橋の上」で知られる弁慶と牛若丸の話は、千本の刀を集める弁慶が、最後の一本のところで牛若丸に敗れ、その配下になるという筋書きであるが、これも仏典の中に含まれるアングリマーラという殺人鬼の物語に由来する。アングリマーラとは「指を首飾りにしたもの」という意味で、殺人を繰り返し、殺した人間の指を切断して、首飾りとしたことからこの名がある。殺した数が千人に一人足りないところで、釈迦の教法に出会い、自己の行いを悔悟して出家したと伝えられる。[1] 漢訳経典では鴦仇摩羅、央掘魔羅などと音写されたり、指鬘と訳されたりする。

しかし、このアングリマーラは単なる殺人鬼としてのみ知られていたのではなかったようだ。また、彼の物語も悪人が心を入れ替えて、善人として生まれ変わったというだけの単純な筋書きとはなっていない。アングリマーラの物語を伝える『中部経典』では、出家後のアングリマーラが、釈尊の助言にしたがって、難産に苦しむ女性を救うエピソードが加えられている。[2] アングリマーラは「私はこれまでいかなる者も殺してはいない」という意味の言葉をこの女性に向かって発し、これによって女性は苦から解放され、無事子どもを出産する。アングリマーラの言葉が神秘的な力をもっていたのだ。この伝承を受け継いだ上座部系の仏教では、アングリマーラの名はパリッタと呼ばれる呪文のひとつとして広く知られるようになる。アングリマーラ・パリッタと呼ばれるこの呪文は、安産祈願の内容をもつが、広く治病快癒の呪として、人々の間で連綿と伝えられ、現在に至るまでも唱えられている(3)。

大元帥明王と護国儀礼

アングリマーラとは違ったタイプの殺人鬼も初期の仏典の中にいる。アータヴァカという名のヤクシャである。このヤクシャは、後世、密教経典において「阿吒薄倶大元帥明王《あたばくたいげんすいみょうおう》」と呼ばれ、わが国でも大元帥明王（図7-1）の名で知られている。もともと「アータヴァカ」という名は、広野や林に住む特定の種族を指す名称であったらしい。そのため、このヤクシャは「曠野鬼神《こうや》」と記されることもある(4)。

アータヴァカにまつわる伝説は、いくつかの文献に現れるが、もっとも詳しい内容をもつ『根本説一切有部毘奈耶《こんぽんせついっさいうぶびなや》』によれば、不遇の死を遂げたある将軍が、臨終に際して、ヤクシャとなって転生し、都城内の男女をすべて食べるという誓願を立てた。そして、実際、その死後に病死者が続出したため、人々は一人ずつ人身御供をアータヴァカと呼ばれるこのヤクシャに捧げるようにした。しかし、アータヴァカも釈迦の教えにふれることで、浄心が生じ仏教に帰依するというものである(5)。

アングリマーラのようにアータヴァカは多くの人々を殺した上に、さらにそれを喰らうものとして登場する。そして、最終的には釈尊の教化を受けて仏教に帰依することも同じである。人を殺す悪鬼の改心という筋書きである。ところが、この殺人鬼も密教の時代になると意外な展開を示す。

六世紀の梁代において翻訳された『阿《あ》吒《た》薄《ば》拘《く》鬼《き》神《じん》大《たい》将《しょう》上《じょう》仏《ぶつ》陀《だ》羅《ら》尼《に》神《じん》呪《しゅ》経《きょう》』(大正蔵第一二三八番)の中で、突如としてこのヤクシャが護国除難の尊格として登場する。さらに、唐代の善無《ぜんむ》畏《い》による『阿《あ》吒《た》薄《ば》倶《く》元《げん》帥《すい》大《たい》将《しょう》上《じょう》仏《ぶつ》陀《だ》羅《ら》尼《に》経《きょう》修《しゅ》行《ぎょう》儀《ぎ》軌《き》』(大正蔵第一二三九番)が訳出され、この中でさまざまな修法における本尊として現れる。同儀軌の冒頭では、この尊格の呪を唱えれば、あらゆる災厄をまぬかれることができ、とくに国王や大臣がこれを呪すれば、天災や国難が消滅

図7-1　大元帥明王

し、悪賊も退散降伏させることができると説かれる。(6)

この阿吒薄倶元帥の修法は、わが国で平安時代以来、護国のために宮中で修されてきたことで有名である。(7)もともと、宮中における同種の年中行事としては、『金光明最勝王経』にもとづく御斎会が奈良時代から行われてきた。しかし、顕教的性格をもつこの儀礼では、護国のためには不十分であるとして、空海が入定の前年の承和元年（八三四）に真言院建立と、そこでの御修法《みしほ》の実施を上奏し、勅許を求めた。この結果始められたのが、国家安泰、五穀豊穣、玉体安穏を祈る後七日御修法《ごしちにち》であった。

その後、空海の弟子の一人である常暁が、阿吒薄倶大元帥の画像と、先述の儀軌を唐より将来する。そして、後七日御修法とあわせて、さらに強力な護国の儀礼として、正月に宮中において修することが認められ、承和七年（八四〇）に始められた。多面多臂の三種の大元帥明王の大規模な画像を正面にかかげ、さらに二種のマンダラと、護国の修法にふさわしく矢と刀を壇上に並べて行うきわめて大規模な修法であった。

大元帥法《たいげんのほう》あるいは大元法《たいげんほう》と呼ばれるこの大法は、年中行事として行われただけではなく、国難に際しては外敵調伏のために修された。一〇世紀の平将門の乱や藤原純友の乱、一三世紀の元寇の弘安の役などが、その例として知られている。現在では天皇即位の翌年に、後七日御修法にかわって、東寺灌頂院で行うことになっているという。(8)

初期の仏典に登場するアータヴァカが、護国と外敵調伏に霊験のある大元帥明王として、密教儀礼に登場する理由は、説話においてかつては将軍であったことに求められるかもしれない。しかし、同じような殺人鬼アングリマーラの呪文が、安産と治病のために唱えられたことと考え合わせれば、むしろ、人々を大量に殺し、さらに人肉を喰らったという経歴にこそ、その理由を求めるべきではないか。

阿部謹也氏によれば、中世のヨーロッパにおいては、処刑や拷問に携わった刑吏は、社会において蔑視され、賎民化していったが、その一方で、けがや病気を治す医者としての役割を果たしていたという。これは、彼らが職業柄、人体の構造や機能についての知識をそなえていたことにもよるが、むしろ、人々の生と死の境界に位置し、自らの手で多くのものに死をもたらしたことによって、何らかの力が彼らにそなわっていたと、当時の人々が信じていたからと解釈されている。[9] 刑吏だけではなく、処刑に用いられた道具や刑場、あるいは刑死者そのものも、同様な霊力や魔力があると信じられ、刑死者の身体の一部や、刑場に生えた薬草などが、魔除けやお守りとして珍重されたという。

たしかにわれわれも、実際に数多くの人々の命を奪った刀剣のようなものには、畏怖の念を覚えるとともに、何か特別な力が宿っているような気がすることがある。アングリマーラやアータヴァカの伝説を伝えた人々にとっては、この二人が釈尊の教えに接して、最終的に仏教に帰依したことよりも、彼らが多くの人の命を奪い、その肉をむさぼり喰ったことの方がおそらく重要なのであろう。多くを殺したものだったからこそ、その救済の力も強力なのだ。[10]

鬼子母神は福の神

仏典の登場人物の中で、多くの人を殺したことでもっともよく知られているのは、アングリマーラでもアータヴァカでもなく、おそらくハーリーティー（鬼子母神《きしもじん》）であろう。ヤクシャ、あるいはラークシャス（羅刹）、食肉鬼といわれ、子供の生肉を喰うことでおそれられていたが、最終的にはやはり仏教に帰依する。(11)

ハーリーティーに関する説話で、一般に流布しているのは、義浄訳『根本説一切有部毘奈耶雑事』によるもので、以下のような内容である。(12)

昔、王舎城の郊外に、パーンチカを夫とし、五百人の子供のあるハーリーティーが棲んでいた。彼女は他人の子供を奪ってはその生肉を喰らい、世の人々からおそれられていた。釈迦は神通力によって、ハーリーティーの末子で、彼女の最愛の子であるプリヤンカラを隠してしまう。わが子を見失ったハーリーティーは半狂乱になって、釈迦のところにやってきた。釈迦は「汝は五百人の子の中のわずか一人を失ってもこの有り様である。汝によって子供を奪われた世の親たちの悲しみを知るがよい」と悟らせた。ハーリーティーは心より懺悔し、仏教に帰依した。

ハーリーティーにまつわる物語は、パーリ仏典の中のジャータカや律の中にすでにその原型が見いだされ、『法華経』などの大乗経典や、種々の密教経典にも登場する。特に唐代に翻訳された密教経典には、ハーリーティーを本尊とする実践法も数多く説かれている。(13)

これらをみると、ハーリーティーが単なるヤクシャや食肉鬼として恐れられていたのではなく、広く民衆の信仰を集めていたことがわかる。ハーリーティー信仰は現在でもネパールやチベット、東南アジア、そして日本でも隆盛で、きわめて息の長い尊格であることがわかる。[14]

ハーリーティーは比較的早くから造形化されている。その最初期のものとして、ガンダーラから数多くのハーリーティーの像が出土している。[15]単独像の他にも、夫であるパーンチカとともに並んでいる作品も多い（図7-2）。そこではハーリーティーは、先端に木の芽や蕾、果実などを盛り上げたラッパ状の角をもっている。これは豊穣を表すコルヌコピアというシンボルである。[16]一方のパーンチカは槍、棍棒、剣などの武器を持つことが多いが、財布を表す布袋を持つこともある。財宝を司り、人々に豊穣多産をもたらす夫婦の神として信仰されていたのである。二神の足元にはしばしば複数の子どもたちが遊び戯れている。ハーリーティーやパーンチカにまとわりつくものもいる。彼らはハーリーティー説話に登場する五百人の子どもたちであると同時に、豊穣多産や子宝に恵まれることを、直接的に可視化したシンボルでもある。

図7-2　パーンチカとハーリーティー

ガンダーラ美術は西方世界の影響を受けたことで有名であるが、このパーンチカとハーリーティーの像も、イラン系の神であるファローとアルドホショのイメージに多くを負っている。[17] ファローは「帝王の栄光」を人格化した神で、鳥の翼のついたヘルメットという独特の冠飾を付ける。のちにこれが、毘沙門天にも取り入れられ、中央アジアを経て、わが国の兜跋《とばつ》毘沙門天にも受け継がれた軌跡は、田辺勝美氏によって克明に跡づけられている。[18] 毘沙門天（ヴァイシュラヴァナ）は、インドにおいては北方の守護神として知られ、財宝神クベーラとも同一視されることもある。

ハーリーティーに対応するアルドホショも豊穣の女神として信仰されていた。ガンダーラではこれらの西方起源の一対の神が、インド起源の財宝神であるパーンチカとハーリーティーと混淆して信仰された。パーンチカ（あるいはファロー）の単独像に、複数の子どもの姿が現れることがあるが、[19] これはハーリーティー説話に由来する子どもたちが、本来は親子関係をもたないはずの男神にまで、まとわりついてきたためである。

インド内部におけるハーリーティーの作例は、グプタ朝以前にはほとんど見あたらない。パーラ朝の時代になっても、その数はきわめてわずかである。[20] そこでも小児をともなうことが指標になるが、ガンダーラのように複数の子どもではなく、ひとりの子を左膝にのせた姿で表される。もう一方の手には、丸いものを手のひらに載せている。柑橘系の果物であるシトロンとも、ザクロの実ともいわれる。ガンダーラで見られたコルヌコピアは、インドには入ってこなかった。ザクロも豊穣多産を表す典型的なシンボルである。固い皮の破れた中に、無数の粒が詰まっている形態に由来するのであろう。

オリッサのラトナギリ第一僧院の入口近くに置かれたハーリーティー像（図7-3）は、左膝に子どもを載せている点は他の作例に共通するが、右手の持物が果物ではなく、稲穂（あるいは麦の穂）である。インドの穀倉地帯で、現在でも稲作や麦の生産のさかんなオリッサにふさわしい富の象徴である。

図7-3　ハーリーティー

大地の女神ヴァスダラー

このような穀物の穂を持物とする尊格に、ヴァスダラーという女尊がいる。「ヴァス」（vasu）とは財や富を表し、それに「保持する」を意味する「ダラ」（dhara）を加えた名称である。「ヴァス」が大地を意味することもあり、大地を支える女神、すなわち地天とも考えられていた。漢訳経典では「持世菩薩」と呼ばれることもある。[21]大地とはあらゆる富を生み出す源であり、これを女神すなわち地母神として信仰することは、洋の東西を問わず、普遍的に見られる。「母なる大地」という言葉は単なるメタファーではなく、人類の原初的な信仰に根ざした一種の真理なのである。

パーラ朝のヴァスダラーの作例は二〇例を越え、豊穣の女神としての人気は、ハーリーティーをしのいでいたようだ[22]（図7-4）。左手には穀物を持ち、右手はハーリーティーと同じような丸い果物を持つことが多い。左手の穀物にかわって、壺を載せた蓮華のような植物を持つ例が三例ある。そのうちの一例では、右膝の後ろにも壺が表され、そこから植物が伸びているのが見える。繁茂する植物（とくに蓮華）を入れた壺は、古代以来、豊穣多産のシンボルとして、インド世界ではよく知られている。台座から垂下させた右足の下や、台座そのものに複数の壺を横に並べた作例もある。

ヴァスダラーの姿は、触地印仏坐像の台座（図7-5）にもしばしば見ることができる[23]。これは仏伝の中の降魔成道を表したもので、触地印すなわち降魔印を示した釈迦の頭上には、成道の際に釈迦が根元に坐した菩提樹も現れる。成道を妨げようと釈迦に襲いかかる魔衆は、悟りを開くまでの修行を本当に完成させたかを証明して見せろと釈迦に迫る。釈迦は泰然として地面にふれると、地中から大地の女神が出現し、「私が証明しよう」と宣言する。それを聞いた魔衆は意気消沈し、すごすごと引き下がるのである。パーラ朝の触地印坐像の台座に表されているのは、このときの地天すなわち大地の女神で、地表から湧出し、釈迦の方を見上げているその両手には、きまって壺が抱えられている。

ところで、ポスト＝グプタ期からパーラ朝にかけて、ヴァスダラーに通じるこの大地の女神の

図7－4　ヴァスダラー

図7－5　二人の地天を表す触地印仏坐像

ほかに、もう一人の地天が現れるようになる。これは成道の場への魔衆の襲来を知り、それをいち早く知らせる女神である。アジャンターなどで見られるその姿は、片手を高くあげて、もう一方の手は口の横に当てて何か叫んでいるようである。体全体は今にも急いで駆け出そうと、片足を蹴り上げている。この地天はのちにアパラージターという名称で呼ばれるようになる。「打ち破られないもの」を意味し、「無能勝明妃」という漢訳語もある。パーラ朝のアパラージターの作例（図7-6）では、上にあげた足の下には、ヒンドゥー教の象頭の神ガネーシャが置かれている。これはアパラージターの単独像においても、仏坐像の台座部分

図7-6　アパラージター

においても同様である。

もともとは駆け出そうとして踏み出した足の下にガネーシャが置かれることで、アパラージターのポーズそのものも、ガネーシャを踏みつけるという意味にすり替えられている。「打ち破られないもの」というその名称とも呼応して、勝者としてのアパラージターと敗者としてのガネーシャという構図ができあがる。豊穣の女神であった大地の女神は、釈迦の証人として壺を持つヴァスダラーと、勝利の女神アパラージターの二つに分裂することになる。これは、人々の子どもを喰らい、恐怖に陥れたハーリーティーが、その一方で豊穣の女神として信仰されていたことに近いものを感じさせる。

太鼓腹の財宝神クベーラ

ガンダーラにおいてハーリーティーと夫婦で表されたパーンチカの性格や姿は、インドではクベーラやヴァイシュラヴァナと呼ばれる財宝神へと受け継がれる。もっとも、クベーラの姿はガンダーラ以前のバールフットにおいて、すでに仏塔の欄楯装飾に見いだされ、「クベーラ・ヤクシャ」という銘文も記されている。(24)またヴァイシュラヴァナを北方の守護神とする四天王のグループも、南インドのアマラヴァティー（図7-7）やガンダーラの仏伝図の中に表されている。そこではこれらの神は、パーンチカのような肥満した姿ではなく、均整のとれた体つきの男性像である。(25)またバールフットのクベーラ像は、足の下に邪鬼のようなものを踏んでいるが、これは銘文にもあったヤクシャと考えられる。このヤクシャをクベーラが踏むことで、この尊がヤクシャの支配者であることが示されている。(26)

図7-7　四天王が周囲に立つ托胎霊夢図

ガンダーラのパーンチカ・タイプのイメージがインドに入ってくると、でっぷり太って坐る姿をクベーラはとるようになる。その一方でヴァイシュラヴァナを含む四天王の作例はほとんど姿を消してしまう。ヴァイシュラヴァナがさかんに作られるのは中央アジア、中国、そして日本であり、そこでは甲冑を身にまとう姿で表される。

肥満タイプのクベーラは、手に果実、財布、酒杯などを持つ。台座や足の下にはしばしば壺も表されている。袋の形をした財布は、当然、金銭や財宝を中に入れているが、これにかわってマングースを持つ作例も多い。その口からはしばしば連珠状の宝石がこぼれ落ちている。

マングースの皮で作った財布とも、マングースそのものが財布がわりに用いられるとも説明されるが、この小動物も財宝神のアトリビュートとして頻繁に見られるものである。ちなみに、日本の四天王の中で北方の多聞天は宝塔を掲げるが、チベットではマングースをかかえる姿で表される。

パーラ朝の男性の財宝神もこのクベーラの流れを汲んでいる[27]。太鼓腹で果実(シトロン?)とマングースもしくは財布を手にする。ほとんどの作品で台座に壺も表され、そのうちのひとつに左足を載せることも多い。密教文献では、この財宝神にはクベーラではなくジャンバラという名称が与えられている。

ジャンバラは寺院の入口近くに、女性の財宝神、すなわちハーリーティーやヴァスダラーと対になって置かれることが多かったらしい。アジャンターでは第二窟の入口に、やはり一組の夫婦の財宝神が置かれているが、そこではガンダーラのように二体は隣り合って坐っている[28]。オリッサではラトナギリ、ウダヤギリ、ラリタギリのいずれの遺跡からも、男女の財宝神が発掘されており、とくにラトナギリでは、復元された第一僧院の入口に、向かい合わせに安置されている(図7-8)。

現存するカタックのジャンバラたちは、いずれも宝冠をいただき、その内側に大きく丸く結った髪型をしている(図7-9)。これは、同じオリッサの金剛手にも見られたものである。一方、ビハールからは、小さな房をいくつも作り、これを肩にまで垂らした姿のジャンバラ(あるいは

図7－9　ジャンバラ

図7－8　ジャンバラ

図7－10　クベーラ

クベーラ）の作例がある（図7－10）。パーラ朝の金剛手に共通した髪型が現れたことは、前章で見たとおりである。金剛手の出自であり、そしてクベーラやジャンバラを総領とするヤクシャに固有の髪型であった。

降三世明王

ヤクシャの出自をもちながら、大乗仏教において菩薩の一員として重要な立場を獲得した金剛手は、『初会金剛頂経』においてさらに大きな躍進を遂げる。そこでは金剛手は「凶暴で残虐なヤクシャ」と一方では呼ばれながら、「すべての如来の上首」とまでいわれている。

『初会金剛頂経』の第二章に相当する「降三世品《ごうざんぜぼん》」では、金剛手が主人公となって活躍するエピソードが含まれている。[29] 三界すなわち全世界の主である大自在天に率いられたヒンドゥー教の神々に対して、世尊大日は金剛手に命じて、彼らを仏教に帰依させようとする。穏便な方法では無理と考えた金剛手は、忿怒の姿をとって、武力で神々を圧倒する。これにおそれをなした神々は、仏教に改宗するが、首領であった大自在天のみは、最後まで抵抗を示し、結局、金剛手の足に踏みつけられて絶命してしまう。そして、大日の慈悲の心によって蘇生した大自在天は、金剛手の足に踏まれたことが功徳となって、下方世界で如来として生まれ変わることができたのである。大自在天に率いられた三界の諸天を降伏させたことから、このエピソードに現れる金剛手は、のちに降三世と呼ばれるようになる。章題の「降三世品」もここからとられている。

降三世品に含まれる金剛手による三世諸天制圧の物語は、ヒンドゥー教の聖典『デーヴィーマーハートミヤ』と関係をもつことが、すでに半世紀以上前に栂尾祥雲氏によって指摘されている。[30] すでに第二章などでもふれたように、この文献は三つのエピソードからなっている。このうち降三世品と関連するのは第三の物語である。

この中で女神はシュンバ、ニシュンバという二人の兄弟のアスラを退治する。女神の美貌に心を奪われたこの二人のアスラは、女神に結婚を申し込むが、女神は自分を武力で倒したものとしか結婚しないと答える。壮絶な戦いの結果、二人のアスラは女神によって首をはねられ、絶命する。女神とアスラの軍勢が闘う中で、女神の分身である七母神や、チャームンダー、カーリーという恐ろしい姿の女神も戦闘に参加する。

降三世品とこの神話との関連は、敵役であるアスラの名前にある。降三世品の冒頭で、大日如来が自分自身から金剛手を出現させるときに、「オーム、シュンバよ、ニシュンバよ」という呼びかけの言葉で始まるマントラを唱える。また、金剛手自身も「オーム、ニシュンバよ、金剛よ、フーン、パット」というマントラを発してから諸天の降伏に取りかかる[31]。このうち、はじめのマントラは、後に降三世明王の真言として定着していく。

栂尾氏はこの事実から、当時栄えていたシヴァ教徒を仏教に引入するために編成されたものが、降三世品ではなかったかと推測されている。つまり、ヒンドゥー神話では敗者となるアスラを逆に金剛手としてよみがえらせ、主役であった女神をはじめとするヒンドゥー教の神々を降伏される対象に格下げしているのである。そして、金剛手に圧倒されて改宗した神々のように、その信徒たちも仏教へと帰依することが意図されたというのである。

たしかに、ヒンドゥー教神話に現れる固有名詞が、密教経典のマントラの中に含まれるのは、両者の交流を考える上では興味深いが、その背景は栂尾氏が考えるほど単純なものであったとは思われない。

なぜ、仏教徒はヒンドゥー神話の弱者であり、無惨に殺戮されるアスラに自分たちの至上尊を同一視しなければならなかったのだろうか。『デーヴィーマーハートミヤ』を背景にして降三世品のエピソードができたのであれば、なぜ、その主役で圧倒的な力をもった女神そのものを降伏の相手に選ばなかったのか。金剛手に最後まで抵抗を示した大自在天は、女神の夫であるシヴァに相当するが、『デーヴィーマーハートミヤ』はシヴァには重要な役割を与えていない。すでに女神信仰がシヴァへの信仰を凌駕していたからである。

インドの明王たち

降三世品において金剛手＝降三世明王によって屈辱的な敗北を喫した大自在天、すなわちシヴァは、イメージではむしろ金剛手を支配している。

密教のパンテオンにおいて、多面多臂の忿怒の相で表される明王たちは、密教の時代になって本格的に現れた、いわば典型的な密教のほとけである。わが国の密教寺院でも、不動明王や愛染明王は、他の宗派にはない密教独自の雰囲気を生み出している。しかし、インドにおいて制作された明王の尊像は意外なほど少ない[32]。

すでに序章でも述べたように、明王に相当する名称自体、インドの文献には含まれない。「忿怒尊」という語がそれにもっとも近いが、後に位の高い忿怒形の尊格が登場するようになると、「守護尊」（iṣṭadevatā）という言葉も用いられるようになる。ただし、この語は「行者の本尊」という意味に近く、仏や菩薩であっても守護尊になりうる。

日本の真言密教では、五大明王として、不動、大威徳、降三世、軍荼梨、金剛夜叉がまとめられ、作例にも恵まれている。しかし、インドにおいては、不動、大威徳（ヤマーンタカ）、降三世にそれぞれ数例ずつある程度で、残りの二尊の作例は残されていない。日本密教であれほど高い人気を誇り、膨大な作例が残される不動は、これまでわずかに二例が知られているのみで、しかもその尊容は日本のものとはずいぶん異なる。大威徳は単独尊の他に、文殊の脇侍となることがあるため、これも加えると一〇例以上にのぼるが、それでも仏や観音などに比べてその数はきわめてわずかである。

日本で明王として信仰される尊格には、すでにふれた大元帥明王、愛染明王、孔雀明王などがいる。インドではじめの二尊の遺例もなく、孔雀明王はいくつか作例があるが、忿怒尊ではなく女尊である。馬頭が明王の名で呼ばれることもあるが、観音の眷属尊としてのみ現れることは、すでに第五章で述べたとおりである。

問題となっている降三世明王については、浮彫が二例、ブロンズが一例現存している。ナーランダーから出土した浮彫の一点（図7-11）は、上半身を失っているが、他の二例はいずれも四面八臂をそなえている。特徴的なのは主要な二臂の印で、金剛杵と金剛鈴を握った左右の手を、胸の前で小指を絡ませるように組む。降三世印とも金剛吽迦羅印《こんごううんからいん》とも呼ばれる印である[33]（図7-12）。保存状態のよいボードガヤの浮彫で残りの持物を示すと、右手には剣、棍棒、矢、左手には円盤、弓、羂索となる。

左足を伸ばして右足をやや曲げた展左の姿で立つが、その左足の下には、降三世品のエピソード通りに、大自在天が踏みつけられ、さらに右足の下にはその妃であるウマーも同じように横たわっている。この二尊は金剛杵と三叉戟を手にして、仰向けになっている。

図7-11　降三世明王

弓矢をはじめとする武器を手にして立つ降三世明王の姿には、戦闘の場面でのシヴァのイメージが色濃く現れている[34]。シヴァの図像には、パールヴァティーとの結婚のシーンや、苦行者としてヨーガを実践するシーンなどの静かな場面もあるが、破壊の神という本来の性格にふさわしく、殺戮者としての姿を描いたものが多い。象のアスラを殺すシヴァや、魔神アンダカを殺すシヴァ、三都を破壊するシヴァなどはその代表的なものである。いずれも武器を手にした多臂をそなえ、敵に向かって襲いかかる姿をとる。三都を破壊するシヴァでは、矢を射る姿で表されるが、これ

図7-12　ヴァジュラフーンカーラ

は三つの都城に住むアスラを退治するエピソードにちなむ。この場合の三というのは全体を表す数で、三界の諸天を金剛手＝降三世明王が降伏させたことに、内容の点でも符合している。

殺戮者としてのシヴァと共通する降三世明王の姿からは、この尊の本来の出自であるヤクシャのイメージは完全に払拭されている。均整がとれ、長身ですらりとした手足をもち、若さと力強さのみなぎる体軀は、同じヤクシャの起源をもちながら、財宝神として信仰を集めたクベーラなどの豊満な容姿の対極にある。しかし、ナーランダーから出土した下半身のみの降三世明王の浮彫には、ヤクシャとしてのイメージが、さりげなく添えられている。

この作品の光背で、降三世の両足近くに、右手に剣（あるいは棍棒）、左手に丸い楯を持った小さな人物像が二体彫られている（図7-13）。降三世品を注意深く読むと、この小さな人物像が、「金剛随行鬼」（vajrānucara）という聞き慣れない尊格に相当することがわかる。[35]金剛手による大自在天調伏の最終場面で、金剛手の分身としてこの尊は登場する。金剛手の指示を受けた金剛随行鬼は、瀕死の大自在天とウマー妃を逆さにつるした上で裸にし、足の裏で踏みつける。これに続いて金剛手みずからが、左足で大自在天を、右足でウマー妃を踏み砕き、ついに二人を最期に至らしめる。

図7-13　降三世明王の光背に表された人物像

降三世品によると、このとき金剛随行鬼は、全身が火炎で包まれていたという。また眉間にしわを寄せ、牙をむき、大きく口をあけるとも記されている。はじめの特徴については、ナーランダーの光背の小像が、いずれも火炎の中に表され、下半身が炎の中に隠れていることに対応する。

顔の表情は必ずしも忠実に表現されているわけではないが、文献の記述は忿怒尊の表情を表す一種の定型句で[36]、武器を手にした忿怒形のこの小像の表現と矛盾があるわけではない。

浮彫の中の金剛随行鬼の姿をよく見ると、逆立った髪をひとつにまとめていることがわかる。これはヤクシャやその流れを汲む金剛手の一部の作例に見られたものに一致する。金剛手のもつヤクシャ的なイメージは、降三世明王そのものではなく、その分身として出現した忿怒尊に認められるのである。しかし、金剛手のこのような原初的なイメージは、降三世明王の残りの作例はもちろん、その他の忿怒尊や守護尊にも二度と現れることはない。そこで支配的なのは、降三世明王自身にも色濃く現れるシヴァのイメージであった。

ヘールカとサンヴァラ

後期密教の時代になると、忿怒形をとった尊格が数多く現れるようになる。伝統的な仏よりも高い位まで与えられることもあるこれらの忿怒尊たちは、「ヘールカ」という名でも呼ばれる。もともとヘールカとはこのような尊格の中の一尊であったが、後に普通名詞のように用いられるようになったのである[37]。

狭い意味でのヘールカのもつイメージが、シヴァと多くの要素を共有していることは、すでに立川武蔵氏の研究などで明らかにされている[38]。持物の金剛杵、カパーラ、カトヴァーンガ（先端に髑髏などを付けた杖）は、いずれもシヴァの持物でもある。文献によれば、ヘールカは体に灰を塗るとあり、これも苦行者としてのシヴァに由来する。仏教の尊格としてはめずらしく、片足をあげた舞踊のポーズをとるが、それはシヴァの像としてもっとも有名な「舞踊王」（ナタラージャ）の姿を彷彿とさせる。

ヘールカの作例は、インド密教の忿怒尊の中ではもっとも多く、二〇例近くが知られている。なかでもダッカ博物館の所蔵する像高一メートル近い浮彫像（図7-14）は、両腕の一部が失わ

図7-14　ヘールカ

図7-15　サンヴァラ

れているのが惜しまれるが、体の動きが自然に表現されたすぐれた作品である。[39]
広い意味でのヘールカの中には、サンヴァラ（あるいはチャクラサンヴァラ）に作例が数点残されている。後期密教の代表的な守護尊のひとりであるこのサンヴァラについては、いくつかの異なる尊容が文献の中で確認できる。[40] しかし、実際に残されているサンヴァラ像（図7-15）は、すべて四面十二臂の共通した姿をもつ。これは後のチベットやネパールでももっとも一般的なサンヴァラの姿として流行する。

このサンヴァラのイメージは、降三世やヘールカのそれを継承し、さらにシヴァのイメージをためらいもなく取り入れている。十二臂のうちの主要な二臂は金剛杵と金剛鈴を持って胸の前で交差させる。形は少し異なるが、降三世明王の降三世印を受け継ぐものであることは明らかである。残りの手は体の両側に広げるが、そのうち一番上の一組は、象の生皮を背中に広げる。これはシヴァによるアンダカ退治のエピソードに由来するモチーフである。アンダカ討伐の前にシヴァとその眷属は、象の姿をとったアスラを血祭りに上げ、そこからはいだ生皮をかぶって、シヴァは出陣する。

その他の持物はダマル太鼓、斧、カルトリ、三叉戟、カトヴァーンガ、羂索、金剛杵、そして梵天の生首である。このうちダマル太鼓は、苦行者であり舞踊の王でもあるシヴァのアトリビュートとして広く定着している。最後にあげた梵天の生首というのは異様であるが、これもシヴァの神話のひとつで、増長した梵天の首をシヴァが切り落としたことに由来する。

これだけ多くのイメージをシヴァから借用しながら、サンヴァラはその足の下に、降三世と同じようにシヴァを踏みつけている。文献ではシヴァとは呼ばれず、その異称とも眷属の名ともいわれるバイラヴァという名称で、この足の下の神を呼んでいる。もう一方の女尊はカーララートリと呼ばれているが、これがバイラヴァの妻であることは、降三世に踏まれた大自在天とウマー妃の場合と同様である。

イメージの戦略

シヴァと降三世やサンヴァラに見られるように、多くのイメージを借用しながら、その源泉ともいえるヒンドゥー教の神を足の下に踏みつけることを、どのように考えたらよいであろう。

もっとも単純な見方は、『初会金剛頂経』の降三世品の作者の意図を素直に受け取ることであろう。足の下に踏みしかれたのは、その神に対して、上に立つ尊が優位にあることを表している。たしかに、踏みつけにされるという屈辱的な仕打ちは、二つの尊格の力関係を明瞭に示すものである。

しかし、インドの神々において、座や乗り物として腰や足の下に置かれたものたちは、単にその上に乗るものたちの優位を示すだけのものではない。むしろ、その神を助けたり、その神本来の性格や出自を示すことが多い[41]。

ヒンドゥー教の神々はしばしば動物を乗り物とする。インドラの象、ヴィシュヌのガルダ鳥、シヴァの牡牛などはその代表的なものである。いずれもそれぞれの神の随伴者として、神と強く結びついた動物たちである。

座や乗り物となるものが出自を表すことは、すでにクベーラとヤクシャのところでもふれたが、死の神ヤマとその流れを汲むものも例となる。ヤマは水牛を乗り物とするが、同じ水牛は仏教の忿怒尊ヤマーンタカでもその座となった。ヤマーンタカがヤマに起源をもつ尊格であることは、その名称からも容易に理解されるが、そのことは乗り物が共通であることでも示されている。さらに、ヤマーンタカを発展させたヴァジュラバイラヴァとなると、尊格そのものが水牛の頭をもつようになる。[42]乗り物のイメージが、それに乗るものにまで導入されたのである。その一方で、この忿怒尊は水牛の上に乗るばかりではなく、その水牛の下にヤマを踏みつけにして表される。ヴァジュラバイラヴァの前身であるヤマーンタカの、さらに起源となる神を、座の一番下に置くことになる。これはヒンドゥー教の死の神であるヤマさえも、力の上で凌駕することを表していると言われる。しかし、力関係においては上の者が下の者を支配しているかもしれないが、イメージにおいては、逆に下の者によって上に立つ者が支配されているようにも見える。これはシヴァと降三世やサンヴァラにおいても同様である。

はじめに取り上げたアングリマーラや大元帥明王、そしてハーリーティーは、いずれも多くの人々の生命を奪う恐ろしい者たちであった。しかし、同時に彼らは呪術的な力をもち、人々を死や災いから守り、生命や富を与える神でもあった。東南アジアではアングリマーラの呪文が出産時の危険を消し、ネパールではハーリーティーが天然痘の神として、現在でもなお多くの人々の信仰の対象となっている。一般の人々の信仰を集めるのは、このような尊格たちなのである。生命や富を奪う神でもあり与える神でもあるという両義的な性格こそが、その原点にある。

インドにおいてはヤクシャがこのような神の典型であった。大元帥明王の前身であるアータヴァアカもそうであるし、ハーリーティーやクベーラもヤクシャの首領たちである。

本来はヤクシャであった金剛手は、大乗仏教においては菩薩への昇格を果たした上に、さらに密教の時代には仏と同様、あるいはそれ以上の地位にまで上りつめた。その転換期が、おそらく『初会金剛頂経』の降三世品であったと考えられる。しかし、ここで金剛手はイメージの上でひとつの選択を迫られることになる。それまで断片的にでも認められたヤクシャのイメージを完全に捨て去り、かわってヒンドゥー教の神シヴァをそのモデルにしたのである。そして、定石通り、イメージの源泉であるその姿を、自らの足の下に置いた。ただし、そのために、当時の仏教徒たちは、金剛手による大自在天降伏神話をわざわざ創作し、上に立つ降三世に大自在天を殺す役割まで与えてしまった。

サンヴァラに見られるように、この形式は後期密教の守護尊に継承され、さらにエスカレートしていく。上に立つ仏教の守護尊たちは、みずからのイメージの源泉を殺しながら、同時にそこからイメージを汲み上げつづけなければならなかった。両義的な性格であるヤクシャのイメージをすでに捨て去った彼らから、人々の信仰が離反していったとしても不思議ではない。救うことや与えることを失った神も、降三世品のようなアンバランスな物語も、人々をひきつけるだけの魅力をもっていない。しかもそのイメージがほとんど借り物だけでできあがっていれば、なおさらである。

衰退を続け一三世紀にはほとんど息絶えることになった仏教は、イメージの戦略においても、すでに誤った道を選んでいたのである。

◆コラム⑦ ヴィクラマシーラ寺院

インドから仏教が滅んだのは一二〇三年のことといわれる。インド仏教の中心的な寺院のひとつであったヴィクラマシーラ僧院が、イスラム教徒の軍勢によって壊滅的な打撃を受けたのが、この年だったのである。ヴィクラマシーラの僧院跡は、ビハール州の東部のアンティチャックという地に発見されている。建造物はほとんど残されていないが、一辺が三〇〇メートル以上の外壁の遺構や、その中央にある巨大な塔の跡から、往時の隆盛がしのばれる。僧院の周囲には祠堂の跡や、林立する無数の奉献塔も見つかっている。

ヴィクラマシーラ僧院跡から出土した尊像の数は、寺院の規模から見ると不思議なほどわずかである。かわりに、大塔の周囲には多数のテラコッタの浮彫がはめ込まれている。一辺五〇センチ・メートルほどのこれらの浮彫の主題には、仏などの尊格も含まれるが、動物や想像上の獣、下級神などが大半を占め、その誇張された身振りやデフォルメされた姿は、仏教美術というよりもフォーク・アートと呼んだ方がふさわしい。同じようなテラコッタは、バングラデシュの代表的な仏教遺跡であるパハルプールのソーマプリー寺院跡でも見ることができる。

遺跡や遺品から密教色をうかがうことは難しいが、パーラ朝の第二代の王ダルマパーラによって創建されたヴィクラマシーラ僧院が、インド密教の中心的な役割を果たしていたことは、この寺院から輩出した錚々たる密教僧たちの顔ぶれからも明らかである。チベット人の手になるインド仏教史によれば、この寺院の黄金期には、六人の傑出した学僧が現れ、僧院の周囲にあった六つの門に配当されたため、「六賢門」の名で彼らが呼ばれたといわれる。六人の中には、顕密の双方にわたる多数の著作を残したラトナーカラシャーンティや、のちに在俗の行者となり、「ナーローの六法」という行法の名でも知られるナーローパなども含まれている。

一一世紀中頃にチベットに招聘され、この地の仏教に大きな影響を与えたアティーシャや、マイトリーパの名でも呼ばれ、インド密教全般に関する重要な著作で知られるアドヴァヤヴァジュラも、この僧院に所属したといわれている。一一世紀後半に現れた学僧アバヤーカラグプタは、はじめナーランダーとボードガヤの菩提道場の座主をつとめていたが、のちにヴィクラマシーラ寺の座主も兼務するようになったという。これは、この学僧が当代一流の仏教学者であったことによるのであるが、それと同時にビハールの複数の主要な仏教寺院がネットワークを構成していたことも示している。

一三世紀初頭、ヴィクラマシーラ僧院がイスラム教徒によって破壊されたときに座主の位にあったのは、アバヤーカラグプタの二代後のシャーキャシュリーバドラであった。カシミール出身であったため、「カシミールの大パンディット」とも呼ばれたこの人物は、イスラム教徒による難を逃れて、はじめはジャガッダラ僧院に移り住んだという。チベットの史料はこの寺院がオリッサにあると伝えてきたが、近年の研究によってこれは否定されている。ヴィクラマシーラの東方の「ヴァレーンドラ」の地にあるとするのが正しい。実際、バングラデシュの北端にこの寺院跡が残されていることが、この地の考古局の手で明らかにされている。

しかし、ジャガッダラ僧院も安住の地とはなりえず、シャーキャシュリーバドラはその後、チベットからやってきたトプ翻訳官チャンペーペルの招請に応じて、このヒマラヤの国へと向かう。このときすでに七八歳の老齢に達していたが、その後一〇年間にわたってかの地において、インド仏教の顕密にわたる教えを余すところなく伝えた。そして、最晩年は生まれ故郷のカシミールへと戻り、九九歳で没したといわれる。

この少し後の一二三〇年代に、チベットの有名な翻訳官チュージェペル（インド名はダルマスヴァーミン）が、ボードガヤをはじめとする仏跡を参拝するためにインドを訪れている。しかし、彼がそこで見たものは、衰亡の危機に瀕していた仏教の姿であった。すでにボードガヤの菩提道場にひとりの仏教僧の姿もなく、ヴィクラマシーラ僧院は灰燼に帰したままであった。わずかにナーランダーにおいて、七〇人程度の学僧が修行に励んでいただけであったという。玄奘がインドを訪れてから、すでに六〇〇年の歳月が流れていた。

註

序章

(1)『大唐西域記』は水谷真成氏による訳と解説を参照した（『大唐西域記 一〜三』平凡社、一九九九－二〇〇〇）。

(2) 平井宥慶氏は『大唐西域記』の中に出てくる「異道」という言葉が、密教を指していたのではないかという指摘を行っている（「『大唐西域記』の「異道」」『仏教学』四一、一九九九、三三－四九頁）。

(3) たとえば『六門陀羅尼経』（大正蔵一三六〇番）、『勝幢臂印陀羅尼経』（同一三九三番）、『八名普密陀羅尼経』（同一三六五番）。

(4) インド仏教における仏陀観の展開については梶山雄一「仏陀観の発展」『仏教大学総合研究所紀要』三、一九九六、一－四六頁が詳しい。

(5)「仏母」というカテゴリーが存在するが、すべての女尊を含むわけではない。

(6) インドにおける女神信仰は立川武蔵『女神たちのインド』せりか書房、一九九〇参照。

(7) パーラ朝の歴史についてはR. D. Banerji, *The Palas of Bengal*. Varanasi: Hartiya Publishing House, 1973 (1914); H. Goetz, Pāla-Sena Schools. *Encyclopedia of World Arts*. Vol. XI, 1996, pp. 21-37; S. L. Huntington & J. C. Huntington, *Leaves from the Bodhi Tree: The Art of Pala India (8th-12th centuries) and Its International Legacy*. Seattle: The Dayton Art Institute, 1990; 宮治昭「中世前期の北インド——仏教美術の発展と変貌」肥塚隆・宮治昭編『世界美術大全集 東洋編一四 インド（二）』小学館、一九九九、八三－八四頁参照。

(8) パーラ朝の王によって建立された仏教寺院については藤田光寛「パーラ王朝の諸王が建立した四大仏教寺院」『高野山大学密教文化研究所紀要』第六号、二一六－二二九頁参照。この時期の土地制度については山崎利男「四－一二世紀北インドの村落・土地の施与」『インド史における土地制度と権力構造』松井透・山崎利男編、東京大学出版会、一九六九、三七－七二頁が詳しい。

(9) ナーランダー遺跡の発掘の歴史についてはM. L. Stewart, *Nālandā Mahāvihāra: A Study of an Indian Pāla Period Buddhist Site and British Historical Archaeology*, 1861-1938. BAR International Series 529, Oxford: BAR, 1989 参照。

(10) ヴィクラマシーラ寺院についてはR. C. P.

Singh, Antichak, the Seat of Vikramaśilā University. *Journal of Bihar Research Society* 46(1-4), 1960, pp. 135-138; R. Chaudhary, *The University of Vikramaśīla*. Patna: The Bihar Research Society, 1975; K. M. Srivatsava, The Lost University of Vikramasila. *Art of Asia* 17(7), 1987, pp. 44-55; 佐和隆研編『密教美術の原像』法蔵館、一九八二、四三—五七頁などの報告がある。ソーマプリー僧院跡についてはM. A. A. Qadir, *A Guide to Paharpur*. Dacca: Department of Archaeology, 1980が刊行されている。

(11) 越智淳仁「ラーマパーラ王のジャガッダラ寺」『高野山大学密教文化研究所紀要』七、一九九四、一四三—一六四頁参照。

(12) A. K. M. Shamusul Alam, *Mainamati*. Dacca: Department of Archaeology and Museums, 1982; 東智學「バングラデシュ・マイナマティ遺跡群の歴史的背景」『高野山大学密教文化研究所紀要』第七号、一六五—一八二頁。

(13) 定方晟「オリッサ州の仏教遺跡」『東海大学紀要文学部』六七、一九九七、一—二四頁、頼富本宏「最近のオリッサ地方の遺跡発掘状況」『種智院大学密教資料研究所紀要』二、一九九九、一—一四頁。

(14) これらの三遺跡についてはD. Mitra, *Ratnagiri (1958-1961)*. 2 vols. Memories of the Archaeological Survey of India, No. 80. New Delhi: Archaeological Survey of India, 1981-1983; 佐和隆研編『密教美術の原像』法蔵館、一九八二、前掲の定方晟「オリッサ州の仏教遺跡」、拙稿「オリッサ州カタック地区の密教美術」『国立民族学博物館研究報告』二三（二）、一九九八、三五九—五三六頁、および同『オリッサ州カタック地区の密教図像の研究』（平成八〜一〇年度文部省科学研究費補助金成果報告書）参照。

(15) 定方晟「オリッサ州の仏教遺跡」八—一一頁。

(16) 前掲のD. Mitra, *Ratnagiri (1958-1961)*.

(17) この四仏については頼富本宏「インド現存の金胎融合要素」『密教学研究』二四、一九九二、一一—三〇頁に詳しい考察がある。本書第六章も参照。

(18) 西インドの石窟寺院については平岡三保子「西インドの石窟寺院」肥塚隆・宮治昭編『世界美術大全集 東洋編一三 インド（一）』小学館、二〇〇〇、二五七—二七二頁が、概観するのに適している。

(19) この大日如来像については、かねてより研究者によって注目されていたが、最近、朴亨國氏によって詳しく報告された（「エローラ石窟第十一・十二窟について――仏三尊形式の図像学的考察および金剛界大日如来像の紹介」『仏教芸術』二三三、一九九七、六一―一〇九頁)。

(20) エローラ石窟に関する研究は数多くあるが、密教美術についても考察を行っているのは、R. S. Gupte, *The Iconography of the Buddhist Sculptures of Ellora*. Aurangawad: Marathwada University, 1964; G. H. Malandra, *Unfolding a Mandala: The Buddhist Cave Temples at Ellora*. Albany: State University of New York Press, 1993などに限られ、しかもいずれも多くの問題を含んでいる(定金計次「エローラ石窟における文殊菩薩像の展開(上)」『古代文化』五〇(六)、一九九八、三〇―四一頁参照)。

(21) パーラ朝美術の様式については前掲のH. Goetz, Pāla-Sena Schools, 宮治昭『インド美術史』吉川弘文館、一九八一、一四七頁、宮治昭「中世前期の北インド――仏教美術の発展と変貌」八六―八七頁参照。

(22) オリッサ州カタック地区の密教美術については、全体的な傾向、地域的な差異、図像の体系などを前掲の拙稿「オリッサ州カタック地区の密教美術」においてまとめたので参照されたい。

(23) 高田修「わが国に所蔵されているインド彫刻」『仏教芸術』一七、一九五二、九三頁。

(24) ハンチントンはこれを「パーラ＝セーナ様式」と呼んでいる(S. L. Huntington, *The "Pāla-Sena" Schools of Sculpture*. Studies in South Asian Culture Vol. X. Leiden: E. J. Brill, 1984)。

(25) オリッサのヒンドゥー寺院についてはT. E. Donaldsonによる網羅的な研究がある(*Hindu Temple Art of Orissa*, 3 vols. Leiden: E. J. Brill, 1985-1987)。

(26) A. Foucher, *Étude sur l'iconographie bouddhique de l'Inde, d'après des documents nou-veaux*. 2 vols. Bibliothêque de l'ecole des hautes études: Sciences religiuses vol. 3, pts. I-II, Paris: Ernest leroux, 1900-1905; B. Bhattacharyya, *The Indian Buddhist Iconography Mainly Based on the Sādhanamālā and Other Cognate Tantric Texts of Rituals*. 2nd ed. Calcutta: K. L. Mukhopadhyay, 1968 (1958). パーラ朝美術の研究史については宮治昭『インドのパーラ朝美術の図像学的研究』(平成三・四年度文部省科学研究費補助金成果報告書)、一九九三、一一―三頁に簡単にまとめられている。

(27) S. L. Huntington, *The "Pāla-Sena" Schools of*

Sculpture.

(28) この他、パーラ朝美術の最近の成果は拙稿「後期の密教」松長有慶編『密教を知るためのブックガイド』法蔵館、一九九五、四〇―四一頁および『松長有慶著作集 第四巻 マンダラと密教美術』所収の「補遺」法蔵館、一九九八を参照されたい。また立川武蔵・頼富本宏編『シリーズ密教 第一巻 インド密教』春秋社、一九九九所収の田中公明「密教の尊格とその図像」（九五―一一三頁）、宮治昭「パーラ朝の仏教美術――仏・菩薩の図像を中心に」（一四九―一七二頁）は、パーラ朝の密教美術の全体像を概観するのに適している。

(29) 佐和隆研編『密教美術の原像』。

(30) その成果は頼富本宏『密教仏の研究』法蔵館、一九九〇としてまとめられている。それ以降のものについては、以下の各章の該当個所で言及する。

(31) 前掲の宮治昭『インドのパーラ朝美術の図像学的研究』のほかに以下のものがある。宮治昭「インドの大日如来の現存作例について」『密教図像』一四、一九九五、一―三〇頁、森喜子「パーラ朝の女尊の図像的特徴（一）～（三）」『名古屋大学古川総合研究資料館報告』六、一九九〇、一一三―一五五頁、七、一九九一、一五五―一九二頁、八、一九九二、六九―一一四頁、佐久間留理子「パーラ朝における観自在菩薩の図像的特徴（一）（二）」『名古屋大学古川総合研究資料館報告』七、一九九一、一〇八―一四八頁、八、一九九二、九五―一一〇頁、佐久間留理子・宮治昭「パーラ朝における観自在菩薩の図像的特徴（三）」『名古屋大学古川総合研究資料館報告』九、一九九三、一〇七―一二九頁、および拙稿「パーラ朝の守護尊・護法尊・財宝神の図像的特徴」『名古屋大学古川総合研究資料館報告』六、一九九〇、六九―一一一頁、「パーラ朝の文殊の図像学的特徴」『高野山大学論叢』三一、一九九六、五五―九八頁、「パーラ朝の金剛手・金剛薩埵の図像学的特徴」『密教図像』一六、一九九七、三五―五八頁、「パーラ朝の弥勒の図像学的特徴」『高野山大学密教文化研究所紀要』一一、一九九八、一―三八頁。

(32) 調査報告は『高野山大学密教文化研究所紀要』の第六号（一九九三）、第七号（一九九四）所収の以下の論文として発表されている。乾仁志「バングラデシュの密教遺跡――特に塔を中心として」第六号、一六六―一九八頁、松長恵史「光背五仏について」第六号、一四五―一六二頁、松長有慶「バングラデシュに遺る仏教およびヒンドゥー教の遺品」第六号、二一八―二三〇頁および前掲の藤田光寛「パーラ王朝の諸王が建立した四大仏教寺院」、東智學「バングラデシュ・マイナマティ遺跡群の歴史的背景」、越智淳仁「ラーマパーラ王のジャガッダラ寺」。

(33) 日本の密教図像については佐和隆研『仏像図典』吉川弘文館、一九六二、インドを中心としたものとしては頼富本宏・下泉全暁『密教仏像図典――インドと日本のほとけたち』人文書院、一九九四、内容的にはインド、ネパール、チベットの広い範囲にわたるが、図版にはネパールの作例を多く収める立川武蔵『曼荼羅の神々』ありな書房、一九八七などがあげられる。

第1章

(1) 図版はW. Zwalf, *Buddhism: Art and Faith.* London: British Museum Publications Limited, 1985, pl. 148として発表されている。この作品の独特な点については宮治昭『インドのパーラ朝美術の図像学的研究』(平成三・四年度文部省科学研究費補助金研究成果報告書)一九九〇、三一頁に指摘されている。

(2)『説一切有部毘奈耶破僧事』巻十八(大正蔵第二四巻、一九七頁中下)が詳しい。酔象調伏を伝えるこのほかの文献については門川徹真「仏教説話の変容――酔象調伏神話について」『印度学仏教学研究』一四巻一号、一九六五、一四六―一四七頁および『大唐西域記』巻九への水谷真成による訳注(東洋文庫版、第三巻、平凡社、一九九九、一二四―一二五頁)参照。なお仏伝のさまざまなエピソードの典拠となる文献は中村元編『ブッダの世界』学習研究社、一九八〇、四六九―四九二頁にまとめられている。

(3)『賢愚経』巻十二(大正蔵第一二巻、四二九頁下)『仏五百弟子自説本起経』(大正蔵第一二巻、二〇〇頁中)『根本説一切有部毘奈耶薬事』第十八(大正蔵第二四巻、九〇頁中下)『根本説一切有部毘奈耶破僧事』第十二(大正蔵第二四巻、一六三頁下)および『大唐西域記』巻四、巻七(東洋文庫版、第二巻、一九九九、一四六―一四七頁、三六七―三六八頁)参照。

(4)『五分律』巻二十五(大正蔵第二二巻、一六六頁下―一六七頁下)『四分律』巻五十(大正蔵第二二巻、九三八頁中)『説一切有部毘奈耶破僧事』巻八(大正蔵第二四巻、一四一頁上―一四二頁中)『説一切有部毘奈耶雑事』(大正蔵第二四巻、三三二―三三三頁)。この物語と図像表現に関しては、宮治昭「舎衛城の神変」『東海仏教』一六、一九七一、四〇―六〇頁お

よびR. L. Brown, The Śrāvastī Miracles in the Art of India and Dvaravatī. *Archives of Asian Art* 37, 1984, pp. 79-95に詳しい。また中川正法「舎衛城神変説話」『印度学仏教学研究』三〇巻二号、一九八二、一五〇―一五一頁には説話の類型が論じられている。

(5) 南アジアから中央アジアの涅槃図に関する総合的な研究に、宮治昭『涅槃と弥勒の図像学――インドから中央アジアへ』吉川弘文館、一九九二がある。同書は仏伝の美術に関しても多くの示唆に富む。

(6) 誕生の図像については肥塚隆「インドにおける仏誕生の図像」『美術史』九〇―九二、一九七一、五八―七一頁、肥塚隆「インドにおける誕生と涅槃」『誕生と涅槃の美術』仏教美術研究上野記念財団助成研究会、一九八〇、四―一二頁参照。

(7) 三道宝階降下を伝える文献は多数あるが、その中で『根本説一切有部毘奈耶雑事』巻二十九（大正蔵第二四巻、三四五下―三五一上頁）が比較的詳しい内容を伝えている。このほか『摩訶摩耶経』（大正蔵第三八三番）や『佛昇忉利天為母説勝経』（大正蔵第八一五番）は、この説話にもとづいた大乗経典である。「三道宝階降下」の図像については肥塚隆「従三十三天降下図の図像」『待兼山論叢』一一、一九七八、二九―四八頁が詳しい。

(8) インドの仏伝図については肥塚隆・田村幹宏『美術に見る釈尊の生涯』平凡社、一九七九において、総体的に論じられている。

(9) 宮治昭『インドのパーラ朝美術の図像学的研究』三二頁。

(10) 宮治、同書二二頁。

(11) 宮治昭『涅槃と弥勒の図像学』一八六―一八八頁、肥塚隆「従三十三天降下図の図像」『待兼山論叢』一一、一九七八、三九頁。

(12) サールナートの仏伝図についてはJ. G. Williams, Sārnāth Gupta Steles of the Buddha's Life. *Ars Orientalis* 10, 1975, pp. 171-192参照。

(13) 肥塚隆「インドにおける仏誕生の図像」『美術史』、宮治昭「総論――仏像の出現」『仏教文化事典』佼成出版社、一九八九、四三六―四三七頁、平岡三保子「インドの仏伝美術をめぐる一考察」『比較民俗学会報』一七巻二号、一九九七、一二―一七頁参照。

(14) 宮治昭『インドのパーラ朝美術の図像学的研究』六―八頁。宮治氏は同書を含む一連の著作で、パーラ朝の八相図に関して「視覚の巡礼」という解釈を提唱されている。頼富本宏「仏塔周囲の四尊像について」『密教文化』一五〇、一九八五、一一七頁、J. C. Huntington, Pilgrimage as Image, The Cult of the Aṣṭamahāprātihārya, Part I. *Orientations* 18 (4), 1987, pp. 55-63; Part II, *Orientations* 18 (8), pp. 56-68; P. E. Karetzky, The Act of Pilgrimage and Guptan Steles with Scenes from the Life of the Buddha. *Oriental Art* 33, 1987, pp. 268-274; J. Leoshko, Pilgrimage and the Evidence of Bodhgaya's Images. In K. R. van Kooij & H. van der Veere eds. *Function and Meaning in Buddhist Art: Proceedings of a Seminar Held at Leiden University 21-24 October 1991*. Groningen: Egvert Forsten, 1995, pp. 45-57 なども参照。

（15） 中村元「インド仏教における聖地・霊場」『ブッダの世界』学習研究社、一九八〇、四六三―四六八頁、宮治昭『インドのパーラ朝美術の図像学的研究』七頁。

（16） J. Leoshko, Pilgrimage and the Evidence of Bodhgaya's Images, pp. 46, 55.

（17） ナーランダー僧院跡からの八相図の出土が顕著であることは J. C. Huntington, Pilgrimage as Image, The Cult of the Aṣṭamahāprātihārya, Part II, p. 64 に指摘されている。

（18） 水谷真成（訳注）『大唐西域記 二』（東洋文庫六五五）平凡社、一九九九、一四八、二四四頁など。高田修「宝冠仏の像について」『仏教芸術』二一、一九六四、五四頁、中村元『ブッダの世界』学習研究社、一九八〇、四六四頁参照。

（19） J. Leoshko, Scenes of the Buddha's Life in Pāla-Period Art. *Silk Road Art and Archaeology* 3, 1993 / 4, p. 260 参照。デーヴァダッタの破僧伽については中村元『原始仏教の成立』（中村元選集 決定版一四）春秋社、五〇九頁以下参照。

（20） ヴァイシャーリーが釈迦による寿命の放棄の場所として重要であったことは、前注の Leoshko の論文 Scenes of the Buddha's Life in Pāla-Period Art, pp. 258-259 参照。彼女は寿命の放棄が最終的な降魔であるという解釈もあわせて示す。

（21） 訳文は中村元『ブッダ最後の旅』（岩波文庫）岩波書店、一九八〇、七二頁による。

（22） 中村、同書七三―七五頁。

（23） このことは宮治昭「インドの仏伝美術の三類型」『仏教芸術』二一七、一九九四、二九頁においてすでに指摘されている。

（24） 神変については梶山雄一「神変」『仏教大学総合研究所紀要』二、一九九五、一―三七頁参照。

(25)『説一切有部毘奈耶雑事』巻二六（大正蔵第二四巻、三三二頁下）。

(26) 松濤誠廉他訳『法華経 I』中央公論社、一九七五、一一―一三頁。大乗仏教経典の神変については梶山雄一「神変」七頁以下参照。

(27) 多仏信仰については梶山雄一「仏陀観の発展」『仏教大学総合研究所紀要』三、一九九六、一―四六頁が詳しい。次の段落の仏国土についても同様である。

(28)『華厳経』「入法界品」に見られる仏伝については桂紹隆「華厳経入法界品における仏伝の意味」『華厳経の研究――大乗仏教から密教へ』（平成九～一一年度文部省科研費研究成果報告書）、二〇〇〇、一七九―二〇二頁による。

(29) 梶山雄一「神変」三三―三五頁。

(30) 谷川泰教「纔発心転法輪菩薩考」『密教文化』二〇二、一九九九、一―四四頁において、成道から初転法輪に関する同種の問題が論じられている。

(31) 宮治昭「中世前期の北インド――仏教美術の発展と変貌」肥塚隆・宮治昭編『世界美術大全集 東洋編一四 インド(二)』小学館、一九九九、八九頁、高田修「宝冠仏の像について」『仏教芸術』二一、一九六四、五四頁。Y. Krishan, The Origin of the Crowned Buddha Image. *East and West* 21 (1-2), 1971, pp. 91-96.『大唐西域記』において、ボードガヤの金剛宝座の仏陀像が宝冠仏であることと、カシミールから将来された仏陀像がやはり宝冠をいただいていたことが記されていることについては、高田氏の同論文をはじめとして、しばしば指摘されている。なおパーラ朝の宝冠仏と西アジア、中央アジアの仏教美術に見られる「飾られた仏陀」は何らかの関連が予想されているが、現在のところ定まった見解はない。「飾られた仏陀」については宮治昭「バーミヤンの「飾られた仏陀」の系譜とその年代」『仏教芸術』一三七、一九八一、一一―三四頁、同「バーミヤーン石窟天井壁画の図像構成――弥勒菩薩・千仏・飾られたブッダ・涅槃図」『仏教芸術』一九一、一九九〇、一一―三九頁参照。

第2章

(1)「乳海攪拌」の神話は立川武蔵他『ヒンドゥーの神々』せりか書房、一九八〇、六三―六五頁、上村勝彦『インド神話』東京書籍、一九八一、六二―六五頁などに紹介されている。

(2) 辻直四郎『インド文明の曙――ヴェーダとウパ

ニシャッド』(岩波新書)岩波書店、一九六七、三八一三九頁、M・エリアーデ『世界宗教史I』荒木美智雄他訳 筑摩書房、一九九一、三五〇―三七〇頁。

(3) ヴァルナのもつ司法神としての性格はM・エリアーデ『イメージとシンボル』前田耕作訳、せりか書房、一九七四、一二七頁以下に詳しい。

(4)「リタ」については辻『インド文明の曙』五二一五三頁、エリアーデ『世界宗教史I』二二四―二二六頁参照。

(5) 辻直四郎『インド文明の曙』五四―五五頁、エリアーデ『世界宗教史I』二二八―二三〇頁参照。

(6) 渡辺照宏「Virocana と Vairocana ――研究序説」『密教学密教史論集』高野山大学、一九六五、三八二頁。以下のヴァイローチャナとアスラの関係については同論文に多くを負っている。

(7) 渡辺同論文、三七五―三七九頁参照。このことは宮坂宥勝「密教如来像の成立」『密教美術大観』第二巻、朝日新聞社、一八九頁にも紹介されている。

(8) 渡辺同論文、三八五―三八八頁。

(9) パーラ朝の如来像に関しては、宮治昭『インドのパーラ朝美術の図像学的研究』(平成三・四年度文部省科学研究費補助金研究成果報告書)一九九三、また大日如来に関しては宮治昭「インドの大日如来の現存作例について」『密教図像』一四、一九九五、一―三〇頁参照。

(10) 四面大日は『初会金剛頂経』冒頭の「すべての方向に顔を向ける」(sarvato mukhaṃ)という記述にもとづく。堀内寛仁『初会金剛頂経の研究』(上)高野山大学密教文化研究所、一九八三、三〇頁参照。四面大日については氏家昭夫「タボ寺の尊像美術――毘盧遮那像と阿弥陀像を中心として」『密教図像』二、一九八三、一―一四頁が詳しい。

(11) スワート出土のこれらの大日如来については、前掲の宮治昭「インドの大日如来の現存作例について」二〇―二二頁、および朴亨國「金剛界大日如来と七獅子蓮華座」『日本の美術 大日如来像』至文堂、一九九七、八八―八九頁に詳しく紹介されている。

(12) 前注の朴氏の論文参照。

(13) 風間喜代三『ことばの身体誌――インド・ヨーロッパ文化の原像へ』平凡社、一九九〇、二六六―二六七頁。

(14) 辻直四郎『リグ・ヴェーダ賛歌』(岩波文庫)岩波書店、一九七〇、三〇―三三頁

(15) 以下のインドにおけるスーリヤ神の図像の展開については宮治昭「古代インドにおけるスーリヤの図像について」『仏教芸術』一五六、一九八四、六

五─七九頁による。

(16) 前注の宮治論文七七頁による。宮治氏が典拠とされる R. C. Zaehner, *The Dawn and Twilight of Zoroastriam* は参照し得なかった。

(17) マーリーチーの図像に関しては頼富本宏・下泉全暁『密教仏像図典――インドと日本のほとけたち』人文書院、一九九四、二一〇─二一三頁、および森喜子「パーラ朝の女尊の図像的特徴（一）」『名古屋大学古川総合研究資料館報告』六、一九九〇、一一三─一一五頁の「マーリーチー」の項参照。漢訳経典中の摩里支天の像容は佐和隆研『仏像図典』吉川弘文館が詳しい。

(18) 拙稿「オリッサ州カタック地区の密教美術」『国立民族学博物館研究報告』二三巻二号、一九九八、三五九─五三六頁の作例リスト参照。なお J. Leoshko は、ボードガヤからのマーリーチーの出土が多いことを、マーリーチーの太陽神的性格と結びつけ、この地での釈迦の悟りが、暗黒を破る太陽の光にたとえられるためという解釈を示す（Pilgrimage and the Evidence of Bodhgaya's Images. In K. R. van Kooij & H. van der Veere eds. *Function and Meaning in Buddhist Art: Proceedings of a Seminar Held at Leiden University 21-24 October 1991*, Groningen, Egvert Forsten, 1995, p. 50)。

(19) このうち、最後の六面十二臂のマーリーチーは、オリッサのマーリーチーを意味するオーディヤーナ・マーリーチーと呼ばれ、その名のとおり、オリッサから出土している。このタイプのマーリーチーについては T. E. Donaldson, Orissan Images of Vārāhī, Oḍḍiyāna Mārīcī and Related Sow-faced Goddesses. *Artibus Asiae* 55 (1-2), 1995, pp. 179-180 に言及がある。オーディヤーナ・マーリーチーはサンスクリット文献『サーダナマーラー』にもその成就法が含まれる（第一三八─一四〇番、B. Bhattacharyya, *Sādhanamālā*, 2 vols. G.O.S. Nos. 26, 41. Baroda: Oriental Institute, 1968, pp. 283-288)。

(20) 『仏説摩里支菩薩経』などの漢訳経典にも「毘盧遮那」であることが規定されている（大正蔵第二一巻、二七二頁下、二七七頁上、二八四頁下）。同経の一部は足利惇氏「Kalpokta-mārīci-sādhana とその漢訳」『塚本博士頌寿記念仏教史学論集』京都大学人文科学研究所、一九六一において、対応する『サーダナマーラー』一四二番のサンスクリット・テキストと対照できるようになっている。

(21) 松長恵史「光背五仏について」『高野山大学密教文化研究所紀要』六、一九九三、一四五─一六二頁。

(22)『サーダナマーラー』第一三七、一四二番など。『ニシュパンナヨーガーヴァリー』の第一七番目のマンダラであるマーリーチー・マンダラにもこれら四尊は含まれる。B. Bhattacharyya, *Nispannayogāvalī of Mahāpaṇḍita Abhayākaragupta*. G.O.S. No. 109. Baroda: Oriental Institute, 1972, pp. 40-41 参照。

(23) 次に述べるニューデリーの国立博物館の作例と、もう一例はオリッサ州南部のシャリフンダムから出土したマーリーチー像である。後者の図版は頼富本宏『密教仏の研究』法蔵館、一九九〇、図一五に掲載されている。Donaldson の前掲論文 Orissan Images of Vārāhī, Oḍḍiyāna Mārīcī and Related Sow-faced Goddesses, pp. 178-179 によれば、ラトナギリの奉献塔の中のマーリーチー像の中に猪ではなく馬の作例があるという。

(24) 初期密教の女尊としてはマーリーチー以外ではパルナシャバリー（葉衣）が弓矢を持って表される。森喜子「パーラ朝の女尊の図像的特徴（一）」『名古屋大学古川総合研究資料館報告』六、一九九〇、一一三—一一五頁の「パルナシャバリー」の項参照。パルナシャバリーとマーリーチーとの図像上の共通点については、Donaldson の前掲論文 Orissan Images of Vārāhī, Oḍḍiyāna Mārīcī and Related Sow-faced Goddesses, p. 181 にも指摘されている。

(25) 足利惇氏「Kalpokta-mārīcī-sādhana とその漢訳」一〇—一一頁参照。

(26) 風間喜代三『ことばの身体誌』二六五頁。

(27) エリアーデ『世界宗教史Ⅰ』二二三頁。

(28) インドにおける「七」の象徴性は松濤誠達「古代インドにおける数のシンボリズム——7の考察」『仏教学』一六、一九八三、二九—四六頁にまとめられている。また朴氏の前掲論文「金剛界大日如来と七獅子蓮華座」は、大日如来の台座の七獅子の起源を、ゾロアスター教や古代インドの宇宙論に見られる「七」のシンボリズムに求めている。

(29)『荘子』（岩波文庫）岩波書店、一九七一、二三五—二三六頁。

(30) このことは『神話と夢想と秘儀』岡三郎訳 国文社、一九七二、一四八—一五〇頁などのエリアーデの著作にくりかえし現れる。

(31) E・バンヴェニスト『インド=ヨーロッパ諸制度語彙集Ⅰ 経済・親族・社会』前田耕作監訳 言叢社、一九八六、二二および三六九—三七〇頁。

(32) 石黒淳「ヴィシュヌの化身像——神話と図像の

形成をめぐって」『愛知学院大学文学部紀要』一九九五、二四、二四頁。以下のヴァラーハの神話と造形は石黒氏の論文に負うところが大きい。また Donaldson の前掲論文 Orissan Images of Vārāhī, Oḍḍiyāna Mārīcī and Related Sow-faced Goddeses, pp. 156-158 にもヴァラーハの神話とそのシンボリズムが論じられている。

(33) インドラによる野猪退治の物語については辻直四郎『古代インドの説話――ブラーフマナ文献より』春秋社、一九七八、一六九―一七三頁参照。

(34) 中央にスーリヤを置き、その周囲にヴィシュヌの十の化身を表した浮き彫りがマトゥラーから出土している（展覧会図録『三蔵法師の道』一九九九、図九四）。ヴィシュヌと太陽神との密接な関係が存在したことがうかがわれる。

(35) ヴィシュヌのアヴァターラについては上村『インドの神話』二一八頁以下、立川他『ヒンドゥーの神々』五六頁以下参照。

(36) 石黒淳「ヴィシュヌの化身像――神話と図像の形成をめぐって」二六―二九頁および G. Bhattacharya, Viṣṇu Assuming the Boar Form. *Oriental Art* 45, 1999, pp. 44-47 参照。

(37) たとえば前掲の足利惇氏「Kalpokta-mārīcī-sādhana とその漢訳」九頁。

(38) バンヴェニスト『インド＝ヨーロッパ諸制度語彙集Ⅰ 経済・親族・社会』二〇―三〇頁、風間喜代三『ことばの生活誌――インド・ヨーロッパ文化の原像へ』平凡社、一九八七、一〇四頁。

(39) 石黒淳「ヴィシュヌの化身像――神話と図像の形成をめぐって」四一―四二頁。G. Bhattacharya によれば、このような像は viṣṇu-vaikuṇṭha-mūrti と呼ばれる (G. Bhattacharya, Viṣṇu Assuming the Boar Form, p. 44)。

(40) 七母神については立川武蔵『女神たちのインド』せりか書房、一九九〇で、起源、神話、図像などが総体的に論じられている。

(41) 『マールカンデーヤ・プラーナ』*Mārkaṇḍeya-purāṇa* に含まれる『デーヴィーマーハートミャ』*Devīmāhātmya*。この文献についてはM. Mori & Y. Mori, *The Devīmāhātmya Paintings Preserved at the National Archives, Kathmandu*. Bibliotheca Codicum Asiaticorum No. 9, Tokyo: The Centre for East Asian Cultural Studies for Unesco, 1995; T. B. Coburn, *Devī-Māhātmya: The Crystallization of the Goddess Tradition*. Delhi: Motilal Banarsidass, 1984, 横地優子「Devīmāhā-

tmya における戦闘女神の成立」『東洋文化』七三、一九九三、八七－一二〇頁など参照。最近、日本語訳も発表された。小倉泰・横地優子訳注『ヒンドゥー教の聖典二編 ギータ・ゴーヴィンダ、デーヴィー・マーハートミャ』(東洋文庫六七七)平凡社、二〇〇〇。

(42) Donaldson の前掲論文 Orissan Images of Vārāhī, Oḍḍiyāna Mārīcī and Related Sow-faced Goddesses, pp. 159-160 によれば、ヴァーラーヒーが魚を持つことはオリッサで一般的で、オリヤー語で残されている『ヴァーラーヒー・タントラ』という文献にその規定があるという。

第3章

(1) R. C. Agrawala, Mātṛkā Reliefs in Early Indian Art. *East and West* 21 (1-2) : 79-89, 1971, figs. 1, 2; O. P. Misra, *Iconography of the Saptamātṛkās*. Delhi: Agam Kala Prakashan, 1989, pls. 3, 4.

(2) 文殊が般若経と結びついた背景については氏家昭夫「般若経と文殊菩薩」『密教文化』一一五、一九七六参照。

(3) パーラ朝期の文殊の作例と種類については頼富本宏「インド現存の文殊菩薩像」『成田山仏教研究所紀要(仏教思想史論集I)』一一、六八三－七二九頁、一九八八、同「パーラ朝期の文殊菩薩像」『仏教芸術』一七八、一〇二－一二〇頁、一九八八、および拙稿「パーラ朝の文殊の図像学的特徴」『高野山大学論叢』三一、五五－九八頁、一九九六参照。これらに先行するグプタ期の文殊に関して、定金計次が詳しい報告を行っている(「エローラ石窟における文殊菩薩像の展開」『古代文化』五〇(六－七)、一九九八)。

(4) 定金「エローラ石窟における文殊菩薩像の展開」三六頁による。典拠は明らかにされていない。

(5) たとえばS. K. Saraswati, *Tantrayāna Art: An Album*. Calcutta: Asiatic Society, 1977, pl. 10.

(6) 拙稿「『完成せるヨーガの環』第1章「文殊金剛マンダラ」訳およびテキスト」『高野山大学密教文化研究所紀要』七、一九九四、一三〇頁。

(7) たとえば肥塚隆・宮治昭編『世界美術大全集 東洋編一三 インド(一)』小学館、二〇〇〇、図九九。

(8) スカンダの神話は上村勝彦『インド神話』東京書籍、一九八一、一八六－一九九頁参照。以下の記述も同書にしたがう。

(9) 横地優子「*Devīmāhātmya* における戦闘女神の成立」『東洋文化』七三、一九九三、一〇三頁。

(10) グプタ期までのカールティケーヤの信仰と造型についてはU. Thakur, Kārttikeya in Literature, Art and Coins. *East and West* 24 (3-4): 297-310, 1974が詳しい。

(11) ムルガンについてはK. Zvelebil, *The Smile of Murugan: On Tamil Literature of South India*. Leiden: E. J. Brill, 1973; 山下博司「重ねられるイメージ・すり替えられる神々――南アジアの宗教に見られるイメージ操作と改宗のストラテジー」石井溥編『東アジア、東南アジア、南アジアにおける宗教、儀礼、社会――「正統」、ダルマの波及・形成と変容』(Monumenta Serindica No. 26) 東京外国語大学アジアアフリカ言語文化研究所、一九九二、三五一―五七頁、高橋孝信「古代ドラヴィダの神観念――ムルガン神の憑依」辛島昇編『ドラヴィダの世界』東京大学出版会、一九九四、五四―六五頁、T. R. Blurton, *Hindu Art*. London: British Museum, 1992, pp. 102-107等を参照。

(12) アイヤッパンについては島岩「虎に乗った神」『アニマ』一九八六年一月号に簡単な説明がある。

(13) ここで紹介するムルガンやスカンダが子宝の神であることと、輪を意味する「ムルク」などについては、A. Parpola, *Deciphering the Indus Script*. Cambridge: Cambridge University Press, 1994, pp. 225-239に主として依拠している。

(14) Parpola, *Deciphering the Indus Script*, pp. 225-230.

(15) Thakur, Kārttikeya in Literature, Art and Coins, p. 303

(16) わが国では醍醐寺本の「諸文殊図像」に、孔雀に乗った文殊像が見られる（金子啓明『日本の美術三一四 文殊菩薩像』至文堂、一九九二、七八図）。

(17) 山下博司「重ねられるイメージ・すり替えられる神々――南アジアの宗教に見られるイメージ操作と改宗のストラテジー」三八頁参照。

(18) 拙稿「インド密教における護摩儀礼の展開」『印度学仏教学研究』四二（一）、一九九三。

(19) 高橋孝信「古代ドラヴィダの神観念――ムルガン神の憑依」参照。

(20) Parpola, *Deciphering the Indus Script*, p. 228.

(21) R. C. Agrawala, Skanda from National Museum, New Delhi and U. P. Hills. *East and West* 18 (3-4), 1968, pp. 319, 321.

(22) Agrawala, Skanda from National Museum, New Delhi and U. P. Hills, fig. 1. コインに刻まれた類似の作例として Agrawala, Mātṛkā Reliefs in Early Indian Art, fig. 3 も参照。

(23) これは「現図曼荼羅」の場合である。「胎蔵図像」や「胎蔵旧図様」では孔雀には乗っているが一面である。石田尚豊『曼荼羅の研究』東京美術、一九七五、一七七頁参照。

(24) 大正蔵第一八巻、五三八頁中、第二一巻、七七頁下、九七頁中等。

(25) 拙稿「パーラ朝の守護尊・護法尊・財宝神の図像的特徴」『名古屋大学古川総合研究資料館報告』六、一九九〇、図三。

(26) 拙稿「オリッサ州カタック地区の密教美術」『国立民族学博物館研究報告』二三(二)、一九九八、三七二―三七三頁参照。この作品への言及は頼富本宏『『大日経』入門――慈悲のマンダラ世界』大法輪閣、二〇〇〇、三一三頁にもあり、日本の密教図像とのつながりが指摘されている。

(27) ドルジェタクのヴァジュラバイラヴァの呪法は羽田野伯猷「チベットに於ける仏教の受容について――Rwa 翻訳官と Vajrabhairavatantra の《度脱》をめぐって」『文化』二一(六)、一九五七に詳しい。奥山直司「埋蔵と化身――インド後期密教の形成と展開に関する一考察」『高野山大学密教文化研究所紀要別冊』二、一四七―一六三頁、二〇〇〇は、ヴァジュラバイラヴァの尊容と、文殊の化身という性格について考察する。

(28) Parpola, *Deciphering the Indus Script*, pp. 252-254.

(29) ライオンをともなったイナンナについては田辺勝美「ソグド美術における東西文化交流――獅子に乗るナナ女神像の文化交流史的分析」『東洋文化研究所紀要』一三〇、一九九六参照。

(30) 横地優子「*Devīmāhātmya* における戦闘女神の成立」九六―九七頁。

(31) この二つの事例は光川豊藝「魔波旬と文殊菩薩による破魔――『仏説魔逆経』を中心にして」『龍谷大学論集』四五五、二〇〇〇による。

(32) いつの時代でも、正義や理想を旗頭にして、先頭を進んでいくのが若者たちであったことは、たとえば第二次世界大戦中のドイツのヒットラー・ユーゲントや、中国の文化大革命における紅衛兵という今世紀の事例をあげるだけでも十分であろう。

(33) 運慶作で高野山不動堂の八大童子像についてはさまざまな研究があるが、鮮明な図版の収録された最近のものとして『不動堂と八大童子像』高野山霊宝館、一九九九があげられる。
(34) 大正蔵第二一巻、三三二頁中。

第4章

(1) 『現代日本の文学三四　井上靖集』学習研究社、一九七〇所収の版を使用。
(2) 那智参詣曼荼羅については黒田日出男「熊野那智参詣曼荼羅を読む」『思想』七四〇、一九八六、西山克『聖地の想像力──参詣曼荼羅を読む』法蔵館、一九九八などの研究がある。
(3) 補陀洛渡海についてのこの段落の記述は、豊島修「海上他界と補陀洛信仰──熊野那智の補陀洛渡海を通して」『仏教民俗学大系三　聖地と他界観』名著出版、一九八七、三三一─三四九頁を参考にした。また日本における他界観の展開については同書所収の山折哲雄「仏教的世界観と民俗的世界観」二六七─二七九頁が、補陀洛渡海の詳細については根井浄「那智参詣曼荼羅にみえる補陀落渡海」『神戸常盤短期大学紀要』一〇（二）、一九八八が、それぞれ有益である。
(4) 訳文は梶山雄一他訳『さとりへの遍歴──華厳経入法界品（上）』中央公論社、一九九四を使用。以下同じ。
(5) 水谷真成（訳注）『大唐西域記三』（東洋文庫六五七）平凡社、一九九九、二七二─二七三頁。
(6) 『現代日本の文学三四　井上靖集』三七三頁。
(7) 以下に紹介する三点以外の作品は、カタック地区のものがN. K. Sahu, *Buddhism in Orissa.* Cuttak: Utkal University, 1958, figs. 57, 61; 拙稿「オリッサ州立博物館の密教美術」『高野山大学密教文化研究所紀要』一〇、一九九七、図二七、二八、パーラ朝の作例はニューデリーとダッカの国立博物館（National Museum）にそれぞれ一例ずつある。
(8) この作品については拙稿「オリッサ出土の四臂観音──密教図像の成立に関する一考察」『高野山大学密教文化研究所紀要別冊』二、二〇〇〇で詳しく考察した。
(9) 二〇〇〇年八月現在の状況である。
(10) これらの観音の眷属尊については次章で詳しく取り上げる。
(11) この時代の観音の図像上の特徴については、佐久間留理子「パーラ朝における観自在菩薩の図像的特徴（一）（二）」『名古屋大学古川総合研究資料館報告』七、一九九一、八、一九九二および佐久間留理子・宮治昭「同（三）」『名古屋大学古川総合研究資料館報告』九、一九九三参照。とくに（三）に含まれる宮治氏の解説が全体を鳥瞰するのに便利である。

(12) パーラ朝期の尊像彫刻の台座に見られるさまざまなモティーフについては、C. Bautze-Picron が以下の二編の研究を発表している。The 'Stele' in Bihar and Bengal, 8th to 12th Centuries Symmetry and Composition. In E. M. Raven & K. R. van Kooij eds., *Indian Art and Archaeology*, Leiden: Brill, 1992, pp. 3-34; Between Men and Gods: Small Motifs in the Buddhist Art of Eastern India, and Interpretation. In K. R. van Kooij & H. van der Veere eds. *Function and Meaning in Buddhist Art: Proceedings of a Seminar Held at Leiden University 21-24 October 1991*, Groningen, Egvert Forsten, 1995, pp. 59-79. 後述する礼拝者像についても言及がある。

(13) この作品の光背五仏の独自な点については、宮治昭『インドのパーラ朝美術の図像学的研究』一九九三、三八—三九頁にも指摘がある。

(14) パーラ朝期の尊像彫刻の光背にあらわれる五仏については、松長恵史「光背五仏について」『高野山大学密教文化研究所紀要』六、一九九三および、宮治昭『インドのパーラ朝美術の図像学的研究』一九九三、三六—四四頁で、ほぼ網羅されている。

(15) 一世界一仏論については梶山雄一「仏陀観の発展」『仏教大学総合研究所紀要』三、一九九六に詳しい。

(16) サーンチーの第一塔の北門のトーラナ第三横梁には「ヴィシュヴァンタラ・ジャータカ」を主題とした浮彫があるが、ヴィシュヴァンタラ王子が国を追われ、森に棲むようになった場面に、庵を背にした行者の像が表されている（図版は伊東照司『原始仏教美術図典』一九九一、図版二三）。第三横梁に表される森の中の様子が、ラリタギリ出土の補陀洛山上の観音像の山岳表現によく似ている点も注目される。

(17) わが国に伝わる『善財童子歴参図』（あるいは『華厳五十五所絵』）は、善財童子が善知識に歴参する様子を描いたものであるが、その中に補陀洛山において観音に出会う場面も含まれている。そこでは山中の岩陰に行者の庵も描かれている。この作品の考察を行っている百橋明穂氏は、『華厳経』には行者の庵に関する言及がないことを指摘しているが、その図像の由来については明確な根拠を示していない（『仏教芸術史論』中央公論美術出版、二〇〇〇、三五―三七頁)。

(18) このうち八臂像の出土地は北西インドのスワートであるため、厳密にはパーラ朝の作品ではない。これは八難救済のシーンとともに表された八臂の観音坐像で、宮治昭氏が詳細な考察を行っている(「スワートの諸難救済を表す八臂観音菩薩坐像浮彫について」『国華』一二二一、一九九六)。

(19) 観音の臂数に関する地方的差異については、拙稿「オリッサ州カタック地区の密教美術」『国立民族学博物館研究報告』二三(二)、一九九八、三七八頁以下参照。

(20) 拙稿「オリッサ州カタック地区の密教美術」作例番号二五七、二五九。

(21) 以上の四臂観音立像の図像的特徴については、拙稿「オリッサ出土の四臂観音――密教図像の成立に関する一考察」一二七頁以下にもまとめた。

(22) 佐和隆研編『密教美術の原像』法蔵館、一九八二、頼富本宏『密教仏の研究』法蔵館、一九九〇。

(23) 『神変真言経』に説かれる不空羂索観音の尊容については、『変化観音の成立と展開』(仏教美術研究上野記念財団助成研究会報告書第六冊)仏教美術研究上野記念財団助成研究会、一九七九、一五―一七頁にまとめられている。

(24) 大正蔵第二〇巻三〇四頁下―三〇五頁下。

(25) 同経の他の部分では、ターラーとシュヴェーターが対となることが多く、パドマスンダリーが言及されないこともあることから、この尊はシュヴェーターの可能性が高いであろう。

(26) 立川武蔵『曼荼羅の神々』ありな書房、一九八七、一七一―一七三頁。

(27) マンダラのもつ構造とその意味については拙著『マンダラの密教儀礼』春秋社、一九九七および「マンダラの形と機能」『シリーズ密教 第二巻 チベット密教』春秋社、一三五―一六〇頁参照。

(28) このほかに、マンダラは密教儀礼において重要な意味をもつ。これについては拙著『マンダラの密教儀礼』で詳しく論じたので参照されたい。

(29) 大正大学綜合仏教研究所における共同研究が進められ、サンスクリット写本の影印版も同研究所より刊行されている(密教聖典研究会『不空羂索神変真言経梵文写本影印版』大正大学綜合仏教研究所、一九九七)。また翻刻テキストも刊行され始めた(Transcribed Sanskrit Text of the *Amoghapāśakalparāja* Part I-III」『大正大学綜合仏教研究所年報』二〇―二二、一九九八―二〇〇〇)。さらに写本研究の成果として高橋尚夫「『不空羂索神変真言経』の梵本について」

『印度学仏教学研究』四〇（二）、一九九二、野口圭也「“Amoghapāśakalparāja” のマンダラ（一）——いわゆる「広大解脱マンダラ」について」『山崎泰廣教授古稀記念論文集 密教と諸文化の交流』永田文昌堂、一九九八、八九―一〇四頁、前田崇「“Amoghapāśakalparāja”『不空羂索神変真言経』にみる四観音尊像」『天台学報』四一、一九九九などがある。

(30) 密教聖典研究会『不空羂索神変真言経梵文写本影印版』収録の「序」二頁参照。

(31) 注(29)の野口論文。

(32) 大村西崖『密教發達志』仏書刊行図像部、一九一八、三二一頁。この点については野口圭也氏よりご教示いただいた。

第5章

(1) 観音の名称にはここで示したAvalokiteśvara, Avalokitasvara, Lokeśvara, Lokanātha などがあり、『サーダナ・マーラー』などのインドの密教文献ではAvalokiteśvaraが一般的である。そのため「観自在」の語を用いるのが適切であるが、便宜上、わが国で広く知られている「観音」をここでは用いる。

(2) この二つのイメージについては、宮治昭『涅槃と弥勒の図像学——インドから中央アジアへ』吉川弘文館、一九九二をはじめとする宮治氏の一連の著作に詳説されている。

(3) 大正蔵第二六二番、第九巻、五六―五八頁。

(4) 観音の三十三身については佐和隆研『仏像図典』吉川弘文館、一九六二、五五―五七頁、頼富本宏『庶民のほとけ——観音・地蔵・不動』NHK出版、一九八四、五八―六〇頁にまとめられている。『摂無礙経』（大正蔵第一〇六七番）に説かれるマンダラについては頼富本宏「仏教パンテオンの発展形態」『人文学報』六三、一九八九に詳しい。

(5) 宮治昭『インド・パキスタンの仏教図像調査』弘前大学、一九八五、『涅槃と弥勒の図像学——インドから中央アジアへ』二八五頁以下参照。

(6) 西インドの観音の図像については山田耕二「ポスト・グプタ時代の西インドにおける観音の図像的特徴とその展開——石窟寺院を中心として」『美術史』一〇六、一九七九、島田明「アジャンターの菩薩図像——観音、弥勒像を中心に」『仏教芸術』一三七、一九九八参照。

(7) 山田耕二「インドの観音諸難救済図」『仏教芸

術』一二五、一九七九、島田明「アジャンターの菩薩図像――観音、弥勒像を中心に」四三―四五頁参照。

(8)「普門品」が含まれる『法華経』には、「見宝塔品」という章があり、地中から出現した多宝塔の中に多宝如来が坐し、ここに釈迦如来を招き入れるというくだりがある。多宝塔の内部にこの二如来が坐す表現は、「二仏併坐」の名で、中国や日本でさかんに図像表現された。「諸難救済図」の二仏坐像をこの二仏併坐に解釈する研究者もいる（山田耕二「インドの観音諸難救済図」六二頁、M. -T. de Mallmann, *Introduction a l'étude d'Avalokiteśvara.* Paris: École Française d'Extrême-Orient, 1948, p. 298)。

(9) 例外的に、スワート出土の八臂の観音坐像に諸難救済の表現が見られる（宮治昭「スワートの諸難救済を表す八臂観音菩薩坐像浮彫について」『国華』一二二一、一九九六)。

(10) これについてはD. Mitraによる先駆的研究Aṣṭamahābhaya-tārā. *Journal of the Asiatic Society of Bengal* 23, 1957があり、さらに頼富本宏「八難救済ターラー考」『インド古典研究』五、一九八四に詳しく考察されている。作例については森喜子「パーラ朝の女尊の図像的特徴（二）」『名古屋大学古川総合研究資料館報告』七、一九九一参照。

(11) これらの観音の尊容については佐久間留理子「インド密教の観自在」『シリーズ密教 第一巻 インド密教』立川武蔵・頼富本宏編、春秋社、一九九九、一三五―一四四頁にもまとめられている。なお、変化観音と呼ぶことは適切ではないが、観音と同体視される金剛法も、密教系の観音のひとつに数えられる。

(12) 佐久間留理子「パーラ朝における観自在菩薩の図像的特徴（一）」『名古屋大学古川総合研究資料館報告』七、一九九一 (A-X-II-25)、頼富本宏・下泉全暁『密教仏像図典――インドと日本のほとけたち』人文書院、一九九四、一一六頁。S. K. Saraswati, *Tantrayāna Art: An Album*, Calcutta: Asiatic Society, pl. 79.

(13)『不空羂索神変真言経』（大正蔵一〇九二番）『金剛頂瑜伽青頸大悲王観自在念誦儀軌』（大正蔵第一一一一番）。

(14) 佐久間留理子「パーラ朝における観自在菩薩の図像的特徴（二）」『名古屋大学古川総合研究資料館報告』八、一九九二のB-M5a-P2の項、およびR. D. Banerji, *Eastern Indian School of Mediaeval Sculpture.* Archaeological Survey of India, New

Imperial Series, XLVII. Delhi: Manager of Publications, 1933, pl. LXIX (c); K. M. Srivatsava, The Lost University of Vikramasila, *Art of Asia* 17(7), 1987, p. 49; S. K. Saraswati, *Tantrayāna Art: An Album*, pl. 45. 六字観音の成就法のひとつが佐久間留理子「六文字世自在成就法の研究」『東海仏教』四一、一九九六に和訳されている。

(15) S. K. Saraswati, *Tantrayāna Art: An Album*, pl. 45.

(16) 佐久間留理子「パーラ朝における観自在菩薩の図像的特徴（一）」『名古屋大学古川総合研究資料館報告』のA-S1-T2の項、およびN. R. Ray & S. Gorakshkar, *Eastern Indian Bronzes*, New Delhi: Lalit Kalā Academy, 1986, pl. 176; C. Bautze-Picron, The Lost (?) Pedestal from Madanapāla's Reign, Year 14, *South Asian Studies* 4, 1988, Fig. I.

(17) 第一七、二〇―二三、二五番。これらの成就法の和訳と梵蔵テキストが、佐久間留理子「インド密教の図像学的資料（一）――『サーダナ・マーラー』における獅子吼観自在の成就法」『国立民族学博物館研究報告』一五（二）、一九九〇として発表されている。

(18) 『サーダナ・マーラー』には六種の成就法が含まれる。このうち第二四番は肥塚隆「瞑想と造型」『南都仏教』二〇、一九六七に、第一三―一六、二六番は佐久間留理子「カサルパナ世自在成就法の和訳・解説」『南都佛教』七一、一九九五にそれぞれ和訳が発表されている。

(19) これはサンスクリット・テキストの場合で、チベット訳は「ターラー」になっている（佐久間留理子「カサルパナ世自在成就法の和訳・解説」二六頁）。

(20) 代表的なものとしてS. L. Huntington, *The "Pāla-Sena" Schools of Sculpture*, Studies in South Asian Culture Vol. X, Leiden: E. J. Brill, 1984, pls. 137, 138, 243; C. Bautze-Picron, Représentation du / des Dêbot(s) dans la statuaire Bouddhique en pierre du Bihar a l'époque "Pāla-sena". *Berliner Indologische Studien* 1, 1985, figs. 14, 18, 20.

(21) 日本における密教系の変化観音については濱田隆「密教観音像の成立と展開」『密教美術大観 第二巻』朝日新聞社、一九八五が詳しい。ネパールでは一〇八種の観音がグループを形成する。『密教図像』第八号（特集 ネパール観自在図像資料）参照。チベットでは『五百尊図像集』や『三百尊図像集』などの図像集に、さまざまな種類の観音が含まれる。田中公明「インドにおける変化観音の成立と展開——いわゆる四臂観音の解釈を中心にして」『美術史』一八七、一九九三、同「インド・チベット・ネパールの不空羂索観音」『日本の美術 三八二 不空羂索・准胝観音像』至文堂、一九九八も参照。

(22)「十忿怒尊」(daśakrodha)については拙稿「十忿怒尊のイメージをめぐる考察」『仏教の受容と変容 三』立川武蔵編、佼成出版社、一九九一参照。

(23) 森喜子「パーラ朝の女尊の図像的特徴(一)」『名古屋大学古川総合研究資料館報告』六、一九九〇の「ブリクティー」の項参照。

(24) 森喜子「パーラ朝の女尊の図像的特徴(二)」の各項目参照。

(25) カディラヴァニー・ターラーを含め、脇侍をともなうターラーについては森喜子「パーラ朝のターラーに関する図像的考察——三尊形式を中心として」『宮坂有勝博士古稀記念論文集 インド学密教学研究』法藏館、一九九三参照。

(26)『サーダナ・マーラー』第九三—九七番。『ニシュパンナヨーガーヴァリー』第一六章。金剛ターラーとそのマンダラについては立川武蔵「金剛ターラーの観想法」『論叢仏教美術史』町田甲一先生古稀記念会編、吉川弘文館、一九八六が詳しい。

(27) 森喜子「パーラ朝の女尊の図像的特徴(一)」のパルナシャバリーの項、およびN. R. Ray & S. Gorakshkar, *Eastern Indian Bronzes*, pls. 197, 198.

(28) 拙稿「パーラ朝の弥勒の図像学的特徴」『高野山大学密教文化研究所紀要』一一、一九九八、作例番号第二五番、図二。

(29) 頼富本宏・下泉全暁『密教仏像図典——インドと日本のほとけたち』二三二頁。

(30) 白衣観音の研究として潘亮文「白衣観音像についての一考察」『仏教芸術』二三一、一九九七、一〇五—一三六頁がある。

(31) 上村勝彦「准提観音の起源」『東方』五、一九八九参照。原語が「チュンディー」であるとされたり、cundāではなくcuṇḍāとつづられることもあるが、いずれも誤りである。この他チュンダーについては酒井真典「准提仏母(Cundī)について」『伊藤真城教授・田中順照教授頌徳記念仏教学論文集』東方出版、一九七九、浅井和春『不空羂索・准胝観音像 日本の美術 三八二』至文堂、一九九八、P. Niyogi, Cundā: A Popular Buddhist Goddess. *East and West* 27, 1977; S. D. Singhal, Iconography of Cundā. In Lokesh Chandra (ed.), *The Art*

and Culture of South-East Asia, New Delhi: International Academy of Indian Culture and Aditya Prakashan, 1991 などがある。

（32） 森喜子「パーラ朝の女尊の図像的特徴（一）」のチュンダーの項、およびS. K. Saraswati, *Tantrayāna Art: An Album*, pls. 131, 132, 144; J. Leoshko, Pilgrimage and the Evidence of Bodhgaya's Images. In K. R. van Kooij & H. van der Veere eds. *Function and Meaning in Buddhist Art: Proceedings of a Seminar Held at Leiden University 21-24 October 1991*, Groningen, Egvert Forsten, fig. 8; 拙稿「オリッサ州カタック地区の密教美術」『国立民族学博物館研究報告』二三（二）、一九九八、作例番号四二七、四二八、四三〇参照。

（33） S. K. Saraswati, *Tantrayāna Art: An Album*, pls. 131, 132.

（34） P. Niyogi, Cundā: A Popular Buddhist Goddess, p. 306 参照。

（35） 順にS. L. Huntington, *The "Pāla-Sena" Schools of Sculpture*, pl. 169; J. Leoshko, Pilgrimage and the Evidence of Bodhgaya's Images, fig. 8; S. K. Saraswati, *Tantrayāna Art: An Album*, pl. 144; 拙稿「オリッサ州カタック地区の密教美術」作例番号四二八、四三〇。

（36）『仏説七倶胝仏母准提大明陀羅尼経』（大正蔵第一〇七五番、第二〇巻、一七八頁中下）、『七倶胝仏母所説准提陀羅尼経』（大正蔵第一〇七六番、第二〇巻、一八四頁下）。清水乞「密教の美術」『アジア仏教史インド編Ⅳ 密教』佼成出版社、一九七四、二四二頁にも、チュンダーの二龍王に関する言及がある。

（37） このうちの一点で、大阪の細見美術財団が所蔵する「准胝観音画像」は、一三世紀にまでさかのぼる優品で、二龍王が蓮華を支える形式の中では最古の作例に位置づけられる。この作品については近年、詳細な研究が発表され、准胝と二龍王との結びつきに請雨経曼荼羅や祈雨儀礼がかかわっていたという見解が示されている（松浦清「二龍王が蓮華座を捧持する准胝観音像について——大阪個人蔵本をめぐって」『大阪市立博物館研究紀要』二二、一九九〇）。

（38） この作品の詳細と意義については宮治昭「宇宙主としての釈迦仏——インドから中央アジア・中国へ」『曼荼羅と輪廻』佼成出版社、一九九三参照。

第6章

（1）『華厳経』に説かれる宇宙観は定方晟『インド

宇宙誌』春秋社、一九八五、三四—六八頁参照。

（2） 胎蔵マンダラの構造と成立過程は田中公明『曼荼羅イコノロジー』平河出版社、一九八七、六三—六九頁がわかりやすい。石田尚豊『曼荼羅の研究』東京美術、一九七五は胎蔵と金剛界の両界曼荼羅の図像学的研究の古典であるが、胎蔵曼荼羅に含まれる尊格の典拠についても詳しい。

（3） 部族の成立と展開については、頼富本宏「密教における部族（kula）の展開——とくに三部の形成について」『大乗仏教から密教へ』春秋社、一九八一、四一五—四二九頁、『密教仏の研究』法蔵館、一九九〇、松長有慶「三部と五部——『秘密集会タントラ』の構造に関連して」『成田山仏教研究所紀要』一五、一九九二、三一五—三三一頁参照。かつて宮坂宥勝氏は、密教における部族が南インドに見られる「血縁家族を土台にして発達した氏族共同体に由来するもの」という説を提示されたが、その根拠は示されていない（『密教思想の真理』人文書院、一九七九）。一方の八大菩薩については、頼富本宏氏による一連の研究があり、『密教仏の研究』法蔵館、一九九〇の中にまとめられている。その後発表された頼富氏の研究にはAn Iconographic Study on the Eight Bodhisattvas in Tibet. In T. Skorupski (ed.), *Indo-Tibetan Studies: Papers in Honour and Appreciation of Professor David L. Snellgrove's Contribution to Indo-Tibetan Studies.* Tring, The Institute of Buddhist Studies, 1990, pp. 323-332,「『金剛手灌頂タントラ』の四仏・八大菩薩説」『仲尾俊博先生古稀記念——仏教と社会』永田文昌堂、一九九〇、一六一—一八〇頁、「マンダラと八大菩薩」『日本仏教学会年報』五七、一九九二、二五一—二六七頁などがある。東南アジアの八大菩薩の作例については松長恵史『インドネシアの密教』法蔵館、一九九九が刊行された。同書にはこの章で取り上げるエローラとオリッサの八大菩薩についても詳細な報告が含まれ、有益であった。田中公明『敦煌　密教と美術』法蔵館、二〇〇〇、二〇—三八頁は敦煌の八大菩薩を扱うが、エローラとオリッサの八大菩薩への言及もある。

（4） 宮治昭『涅槃と弥勒の図像学——インドから中央アジアへ』吉川弘文館、一九九二、三五七—三五九頁。

（5） パーラ朝の弥勒については拙稿「パーラ朝の弥勒の図像学的特徴」『高野山大学密教文化研究所紀要』一一、一—三八頁、一九九八参照。

（6） 拙稿「パーラ朝の弥勒の図像学的特徴」作例番

号五、二七。
(7) 観音と同化されたようなこのような弥勒とは異なり、装身具を一切付けず、龍華ではなく水瓶を載せた蓮華を左手に持つ弥勒が、ベンガル地方から出土した釈迦像の脇侍として存在する。拙稿「パーラ朝の弥勒の図像学的特徴」作例番号四二、四四―四六、五〇、五七。宮治昭『インドのパーラ朝美術の図像学的研究』(平成三・四年度文部省科学研究費補助金研究成果報告書)一九九三、二五―二六頁参照。
(8) 入澤崇「ヴァジュラパーニをめぐる諸問題」『密教図像』四、一九八六、五五―六三頁。
(9) インド美術における金剛手の図像に関する以下の記述は、石黒淳「金剛手の系譜」『密教美術大観第三巻』朝日新聞社、一九八五、一八一―一九一頁に負うところが大きい。密教図像学の視点からの金剛手と金剛薩埵の研究には、頼富本宏「金剛薩埵図像覚え書き(上)」『密教図像』一、一九八二、三〇―四五頁がある。
(10) 肥塚隆「大乗仏教の美術――大乗仏教美術の初期相」『講座大乗仏教一〇 大乗仏教とその周辺』春秋社、一九八五、二七九頁、頼富本宏『密教仏の研究』六二一頁。
(11) 宮治昭『涅槃と弥勒の図像学』三六五―三六八頁。
(12) 島田明「アジャンターの菩薩図像――観音、弥勒像を中心に」『仏教芸術』一三七、一九九八はこれを弥勒と見る。
(13) 堀内寛仁『初会金剛頂経の研究(上)』高野山大学密教文化研究所、一九八三、三三〇頁以下。金剛手による三世諸天の降伏説話と降三世明王については、次章で取り上げる。
(14) パーラ朝の金剛手と金剛薩埵の作例については拙稿「パーラ朝の金剛手・金剛薩埵の図像学的特徴」『密教図像』一六、一九九七、三五―五八頁参照。
(15) ヤクシャの造型に関しては、永田郁「マトゥラーのヤクシャ像の一考察――鉢を支えるヤクシャ像の復元的考察を中心に」『密教図像』一六、一九九七、一〇七―一三〇頁参照。
(16) 拙稿「パーラ朝の金剛手・金剛薩埵の図像学的特徴」作例番号一、四、二一。渦巻き状の髪型についても同論文四八頁参照。
(17) 朴亨國「エローラ石窟第十一・十二窟について――仏三尊形式の図像学的考察および金剛界大日如来像の紹介」『仏教芸術』二三三、一九九七、六一―一〇九頁による。

(18) 頼富本宏氏は剣＝虚空蔵、宝珠＝地蔵、三つの蕾の花＝普賢、幢幡＝除蓋障という対応を示し、田中公明氏も『敦煌　密教と美術』(三二頁)で敦煌のチベット系の資料を典拠にこれを支持している。G. H. Malandra, *Unfolding a Mandala: The Buddhist Cave Temples at Ellora*. Albany: State University of New York Press, 1993 は剣＝普賢、宝珠＝虚空蔵、三つの蕾の花＝地蔵、幢幡＝除蓋障という比定を示す。これらに対し松長恵史氏はエローラの八大菩薩には、剣＝虚空蔵、宝珠＝除蓋障、三つの蕾の花＝普賢、幢幡＝地蔵という対応を採用し、オリッサの八大菩薩には剣＝普賢、宝珠＝虚空蔵、三つの蕾の花＝地蔵、幢幡＝除蓋障という異なる対応を示す。T. E. Donaldson, Probable Textual Sources for the Buddhist Sculptural Mandalas of Orissa. *East and West* 45 (1-4): 173-204, 1995 ではウダヤギリ仏塔の八大菩薩に関して、剣＝普賢、宝珠＝除蓋障、三つの蕾の花＝世自在、幢幡＝地蔵という比定を行い、さらに、他の研究者が観音に比定する蓮華を持った尊を虚空蔵とする。この他、エローラの八大菩薩の比定は、伊東照司「エローラ石窟寺院の仏教図像」『仏教芸術』一三四、一九八一、八四―一一九頁でも行われているが、R. S. Gupte, *The Iconography of the Buddhist Sculptures of Ellora*. Aurangawad: Marathwada University, 1964 にしたがっており、かなりの訂正が必要である。

(19) ただし、第一二窟第一層の菩薩のグループのみは、文殊の位置が例外的に奥から三番目になっていた。この八大菩薩は、立像ではなく坐像で表されるなど表現の上でも独特である。一番奥に観音と金剛手が置かれることは同じであるが、他の菩薩たちと同じ大きさで表され、特別扱いされていない点も他の作例と異なる。

(20) G. H. Malandra, *Unfolding a Mandala: The Buddhist Cave Temples at Ellora*, 頼富本宏「マンダラと八大菩薩」。

(21) オリッサで発見されたジャンバラのマンダラは、尊像のかわりに種子すなわち文字で構成されたものであるが、尊格を象徴するこれらの文字は放射状に配されている。

(22) ラリタギリ出土の八大菩薩のパネル群については、拙著『オリッサ州カタック地区の密教図像の研究』(平成八～一〇年度文部省科学研究費補助金成果報告書)の一九―二三頁に全作品の概要を、また図一九～八〇に各作品の全体と部分の写真を掲載した。

(23) 宮治昭「インドの大日如来の現存作例について」『密教図像』一四、一九九五、二〇頁。

(24) この点についてもかねてより論議があり、金剛界マンダラと胎蔵マンダラの融合を意図したものという解釈も、頼富本宏氏によって示されている(「インド現存の金胎融合要素」『密教学研究』二四、一九九二、一一—三〇)。わが国の密教の重要な教理である「金胎不二」の萌芽が、オリッサの地に見いだせる可能性もあるということになるが、なお検討を要するであろう。

(25) 一部の作品は他と異なる様式をもつ。たとえば西の阿弥陀には頭光はなく、かわりに長円の身光を表し、その周囲に独特の蓮華の文様を連ねる。阿弥陀を上首とする蓮華部を意識した表現であろう。宝生の卵形の頭光には、銘文が刻まれている。技術的には北方の胎蔵大日がもっともすぐれているようだ。なお四点の間で様式が異なることは、松長恵史『インドネシアの密教』(八七—八八頁)にも指摘があるが、制作時期については明確な見解を示していない。

(26) 頼富本宏「インド現存の金胎融合要素」二八頁など。

(27) R. Banerjee, *Ashtamahabodhisattva: The Eight Great Bodhisattvas in Art and Literature*. New Delhi: Abha Prakashan, 1994, pls 31-33. アストシュ博物館の作例は山崎利男『悠久のインド——ビジュアル版世界の歴史四』講談社、一九八五、一四九頁にも一部が掲載されている。

第7章

(1) 『賢愚経』大正蔵第二〇二番、第四巻、四二三頁中—四二七頁下に説かれる内容がよく知られている。アングリマーラ伝説は、文献に応じてその伝説の内容が少しずつ異なっている。『中部経典』や『増一阿含経』では、殺人に至るまでのエピソードは見られず、すでに殺人を繰り返してきた悪賊として、アングリマーラの名がはじめからあげられている(MN. Vol. 2, pp. 97-105, No. 86, Aṅgulimālasutta. 大正蔵第一二五番、七一九頁中—七二二頁下)。

(2) MN. Vol. 2, pp. 103-104.

(3) 東元慶喜「ソービタ長老釈仁度和上招来の貝多羅葉について」『印度学仏教学研究』三一(二)、一九八三、一—七頁。パリッタについては奈良康明「パリッタ呪の構造と機能」『宗教研究』二一三、一九七三年、三九—六九頁、片山一良「パリッタ儀礼の歴史的背景——アッタカター文献を中心にして」

『駒澤大学仏教学部論集』一〇、一九七九年、一一二一一二四頁参照。なおアングリマーラ伝説は、大乗仏教になると『央掘魔羅経』という如来蔵思想の経典として生まれ変わる。そこではアングリマーラは如来蔵の教えを説く者として、経典の主人公となり、まったく異なる役割が与えられる。詳しくは拙稿「仏教における殺しと救い」『癒しと救い――アジアの宗教的伝統に学ぶ』玉川大学出版部、二〇〇一参照。

(4) アータヴァカについては宮坂宥勝『宮坂宥勝著作集 第一巻 仏教の起源』法蔵館、一九九八年、三〇三―三三三、ロベル・デュケンヌ「阿吒婆倶曠野薬叉と大元帥御修法」『印度学仏教学研究』二三(二)、一九七五年、二〇四―二一一頁参照。

(5) 『根本説一切有部毘奈耶』大正蔵第一四四二番、第二三巻、八八三頁下。

(6) 大正蔵第二一巻、一八一頁上。

(7) 平安時代の宮中における密教儀礼と大元帥法についての以下の記述は、山折哲雄「後七日御修法と大嘗祭」『国立歴史民族博物館研究報告』七、一九八五、三六五―三九四頁、有賀祥隆『日本の仏像大百科三 明王・曼荼羅』ぎょうせい、一九九〇年、阿部泰郎「宝珠と王権――中世王権と密教儀礼」『岩波講座東洋思想一六 日本思想二』岩波書店、一九八九、一一六―一六九頁、泉武夫「王朝仏画への視線――儀礼と絵画」『王朝の仏画と儀礼』京都国立博物館、一九九八、二八四―三〇六頁等を参照した。

(8) 有賀祥隆『日本の仏像大百科三 明王・曼荼羅』一四九―一五〇頁。

(9) 阿部謹也『刑吏の社会史――中世ヨーロッパの庶民生活』(中公新書)中央公論社、一九七八。

(10) 聖なるものと暴力との密接な関係については、これまでにもルネ・ジラール『暴力と聖なるもの』古田幸男訳、法政大学出版局、一九八二がさまざまな視点から考察を加えている。

(11) ハーリーティーに関してはN. Peri, Hārītī, la Mère-de-Démons. *Bulletin de l'École Français d'Extrême-Orient* 18, 1917, pp. 1-102, 1917、宮坂宥勝「Hārītī 考」『勝又俊教博士古稀記念論集――大乗仏教から密教へ』春秋社、一九八一、三六五―三八四頁に詳しい。

(12) 大正蔵第一四五一番、第二四巻、三六〇頁下―三六二頁下。宮坂宥勝「Hārītī 考」三六六頁。

(13) 宮坂宥勝「Hārītī 考」三六七頁。

(14) このうちネパールのハーリーティー信仰につい

ては、島岩「カトマンドゥにおけるハーリーティー（鬼子母神）崇拝について」『東海仏教』三一、一九八五、一二一―一四六頁がある。

(15) 高橋堯昭「パンチカとハーリティーに見る仏教の包容性とその基盤」『日本仏教学会年報』五二、一九八七、四七―六六頁、宮治昭「インドの四天王と毘沙門天」『日本の美術三一五 毘沙門天像』至文堂、一九九二、八五―九六頁。

(16) 高橋堯昭「パンチカとハーリティーに見る仏教の包容性とその基盤」四八―四九頁。

(17) 宮治昭「インドの四天王と毘沙門天」九五―九六頁。

(18) 田辺勝美「兜跋毘沙門天像の起源」『古代オリエント博物館紀要』一三、一九九二、九五―一四五頁、同『毘沙門天像の誕生――シルクロードの東西文化交流』吉川弘文館、一九九九。

(19) たとえば田辺勝美・前田耕作編『世界美術大全集 東洋編一五 中央アジア』小学館、一九九九、図一二三。

(20) 森喜子「パーラ朝の女尊の図像的特徴（二）」『名古屋大学古川総合研究資料館報告』七、一九九一、一五五―一九二頁の「ハーリーティー」の項によれば、五例にとどまる。

(21) ヴァスダラー（あるいはヴァスンダラーともいう）については島岩「仏教に取り入れられたヒンドゥー教の神――ヴァスダーラー」『日本仏教学会年報』五二、一九八七、四三―五五頁参照。

(22) 森喜子「パーラ朝の女尊の図像的特徴（二）」の「ヴァスダラー」の項参照。

(23) 降魔成道図に現れる二人の地天については、宮治昭「インドの地天の図像とその周辺」『宮坂宥勝博士古稀記念論文集 インド学密教学研究』法蔵館、一九九三、八七七―九〇八頁に詳しい。

(24) 宮治昭「インドの四天王と毘沙門天」八七―八九頁。

(25) 宮治昭「インドの四天王と毘沙門天」八九―九三頁、田辺勝美『毘沙門天像の誕生――シルクロードの東西文化交流』二四―四四頁。

(26) 宮治昭「インドの四天王と毘沙門天」八九頁。

(27) インドの財宝神系の尊格については、頼富本宏「インド現存の財宝尊系男女尊像」『伊原照蓮博士古稀記念論文集』九州大学印度哲学研究室、一九九一、二六七―二九九頁にほぼ網羅されている。拙稿「パーラ朝の守護尊・護法尊・財宝神の図像的特徴」『名古屋大学古川総合研究資料館報告』六、一九九〇、六九―一一一頁の「財宝神」の項も参照。

(28) 肥塚隆・宮治昭編『世界美術大全集 東洋編一三 インド(二)』小学館、二〇〇〇、二〇四図。

(29) 堀内寛仁『初会金剛頂経の研究(上)』高野山大学密教文化研究所、一九八三、三三〇頁以下。この部分の翻訳が白石真道・酒井真典「初会金剛頂経降三世品の一節について」『密教文化』四一・四二、一九五八、九九―一一八頁として発表されている。

(30) 栂尾祥雲『曼荼羅乃研究』高野山大学出版部、一九二七、三三五―三三七頁。

(31) 堀内寛仁『初会金剛頂経の研究(上)』三二八、三三六頁。

(32) 拙稿「パーラ朝の守護尊・護法尊・財宝神の図像的特徴」参照。

(33) この印のみを結ぶ二臂の忿怒尊の作例も数例あり、金剛吽迦羅(ヴァジュラフーンカーラ)に比定されている。日本密教では降三世明王と金剛吽迦羅は同一視されているが、インドの作例では区別されている。拙稿「パーラ朝の守護尊・護法尊・財宝神の図像的特徴」の「ヴァジュラフーンカーラ」の項参照。

(34) シヴァの神話と図像は立川武蔵他『ヒンドゥーの神々』せりか書房、一九八〇、七四―一〇八頁に詳しい。

(35) 堀内寛仁『初会金剛頂経の研究(上)』三二八、三四五頁に登場する。施護の訳では「金剛阿耨左囉忿怒」と訳されている(大正蔵第一八巻、三七二頁上)。「金剛随行鬼」という名称は、白石真道・酒井真典「初会金剛頂経降三世品の一節について」にしたがった。ナーランダーの作品の人物像については、佐和隆研氏が早くから注目し、不動に同定している(「インドで見た不動明王像」『仏教芸術』一〇〇、一九七五、九四―九五頁)。現在でもこれを支持する研究者も多い。たしかに剣は不動のアトリビュートであり、現存する二例のインドの不動像にも見られる。倶利迦羅剣と呼ばれ、日本の不動も大半が右手に持つ。また炎のモチーフに隠れているが、上半身の体の向きから、動きを感じさせるポーズをとっている点も、インドのみならず、ネパールやチベットの不動が駆け出す姿で表される点に一致している。しかし、一般に不動の左手の持物は羂索で、この作品のような丸い楯ではない。また、なぜ降三世明王の光背に、このような小さな姿で不動を表さなければならないか、そもそも説明が付かない。また最近の研究では、先述のシュンバとニシュンバの二人のアスラという解釈も提示されている(R. Linrothe, *Ruthless Compassion: Wrathful Deities in Early Indo-*

Tibetan Esoteric Buddhist Art. London: Serindia, 1999, pp. 205-207)。たしかに二体描かれていることの根拠にもなりうるが、すでに述べたように、降三世品の中でこの名称が現れるのはマントラの中のみで、特定の神格としてではない。当然、エピソードの中で活躍することもなく、身体的特徴が記述されているわけでもない。

(36) たとえば『ニシュパンナヨーガーヴァリー』のヴァジュラフーンカーラマンダラの主尊の特徴としても、類似の記述が現れる(拙稿「『完成せるヨーガの環』第二一章「ヴァジュラフーンカーラ・マンダラ」訳およびテキスト」『高野山大学創立百十周年記念 高野山大学論文集』高野山大学、一九九六、一〇一―一二四頁)。

(37) ヘールカについては、島田茂樹「後期密教のマンダラ――異形の神ヘールカのコスモロジー」立川武蔵・頼富本宏編『シリーズ密教 第一巻 インド密教』春秋社、一九九九、一一四―一三〇頁にまとめられている。インド現存の作例については、拙稿「パーラ朝の守護尊・護法尊・財宝神の図像的特徴」の他に、頼富本宏「インド現存のヘールカ系尊像」『宮坂宥勝博士古稀記念論文集 インド学密教学研究』法蔵館、一九九三、八四九―八七六頁、同「五大明王の成立と展開」『山崎泰廣教授古稀記念論文集 密教と諸文化の交流』永田文昌堂、一九九八、二二九―二五一頁が詳しい。

(38) 立川武蔵「密教へのアプローチ(インド学的アプローチ――シヴァとヘールカ)」宮坂宥勝他編『講座密教四 密教の文化』春秋社、一九七七、二六〇―二八一頁。

(39) ダッカ博物館の作品よりも規模は小さいが、バングラデシュのマイナマティ遺跡内の博物館にも、同じ形式のヘールカ像が展示されている。この作品ではヘールカのまわりにダーキニーと呼ばれる女尊たちも七体(うち一体は欠損)表されている。

(40) 拙稿「サンヴァラマンダラの図像学的考察」立川武蔵編『曼荼羅と輪廻』佼成出版社、一九九三、二〇六―二三四頁参照。

(41) 宮治昭「インドの四天王と毘沙門天」八九頁、田中公明「密教の尊格とその図像」『シリーズ密教 第一巻 インド密教』春秋社、一九九九、一〇二―一〇三頁。

(42) ヴァジュラバイラヴァについては、すでに第三章で取り上げた。

あとがき

本書の執筆を進めていた今年の夏、インドとバングラデシュに残る密教美術と遺跡の調査を行いました。三週間という短い期間でしたが、マハーラーシュトラ州の主要な石窟寺院、オリッサ州カタック地区の密教遺跡、バングラデシュの僧院跡と各地の博物館などを見て回りました。南アジアにおける密教図像の成立と展開をたどる行程です。

エローラではコウモリの大群とその強烈なにおいに驚かされ、カーンヘリーでは、雨期ということもあり、石窟のある山の斜面を流れる水に足を滑らせないように歩くのがやっとでした。オリッサのウダヤギリ遺跡では、本書の第4章でも取り上げた優美な四臂観音立像が、地面に仰向けに倒されて、その上には雨水がたまっていました。旅の最後に訪れたバングラデシュでは、マイナマティ遺跡からダッカへの帰り道、海のようなガンジス河を渡りながら、夕陽の沈むベンガルの沃野と、刻々と姿を変える西の空の美しさに目をみはりました。

インドやバングラデシュの密教遺跡を訪れるたびに、同じ密教美術を生み出しながら、風土も環境も何と日本と違うことかと思います。そして、それにもかかわらず、同じほとけが信奉され、そのイメージが細部にわたるまでじつによく保たれていることに、大きな驚きを覚えます。

本書の執筆のねらいは、序章にも述べたように、パーラ朝やオリッサの作例を中心に、インドの密教図像の全体像を示すことです。そして、仏教学と図像学が連携することで、どのような可能性が生まれるかも探ってみたいと思いました。インド仏教の研究は、これまで主として文献を中心に進められ、遺品や遺跡に対する関心は必ずしも高くはありませんでした。しかし、図像学や美術史の成果を視野に入れることで、これまでわからなかったことが、文字通りはっきり見えてくることもあるようです。そして、それが逆に美術作品のよりよき理解にもつながるはずです。

本書が成るにいたるにはさまざまな先生方の御教導がありますが、なかでも名古屋大学の宮治昭先生には、図像研究の面白さに目を開かせていただきました。先生の主催された「パーラ朝美術研究会」への参加が、この分野に本格的に取り組む契機となりました。また国際日本文化研究センターの頼富本宏先生からは、インド美術への密教学的なアプローチの方法を学ばせていただきました。先生のフィールドであるオリッサの密教美術の世界に、一〇年以上遅れて参入した筆者を暖かく迎えてくださったうえに、貴重な情報や資料を惜しみなく与えてくださいました。さらに、国立民族学博物館の立川武蔵先生からは、現地に出かけ、直接、研究対象にふれることの重要さと、それを自分自身でどのようにとらえるかというもっとも基本的なことを学びました。

本書執筆の背景として、数回にわたる海外での調査や、写真を中心とする資料の収集がありますが、複数の研究助成がそれを可能にしました。とくに文部省科研費による「オリッサ州カタック地区の密教図像の研究」（平成八～一〇年、代表筆者）と、日本私立学校振興・共済事業団の学術研究振興資金による「南アジアにおける密教図像の形成と展開に関する研究」（平成一二年度、代表・高木訷元高野山大学教授）は、本書のテーマに直結したものです。はじめにふれた調査も後者の一環として実施したものです。この場を借りてお礼申し上げます。

本書に掲載した写真図版の一部に、高野山霊宝館、高野山大学密教文化研究所、宮治昭先生、北村太道先生から、貴重な写真をお借りしました。また出版物から転載させていただいたものもあります。末筆ながら記して謝意を表します。

前著『マンダラの密教儀礼』にひきつづき、今回も春秋社編集部の桑村正純さんにお世話になりました。内容や形式に関する筆者のわがままを許していただいたうえ、細かい議論に入り込みそうな筆者を、一般の読者の方へと引き戻してくれたのも桑村さんでした。感謝申し上げます。

二〇〇〇年一二月

森　雅秀

松長有慶編著

インド後期密教〔上〕〈新装版〉

方便・父タントラ系の密教

八世紀以降に発展した「インド後期密教」（無上瑜伽タントラ）の主要な聖典の解説を中心に、マンダラや成就法にも言及しつつ、全体像が容易に概観できるように工夫を凝らす。　二八〇〇円

松長有慶編著

インド後期密教〔下〕〈新装版〉

般若・母タントラ系の密教

女性を伴う性瑜伽やチャクラと脈管等の身体技法を重視する母タントラから、父母を統合した最後の密教聖典たる『カーラチャクラ』までの思想・実践・マンダラなどを詳説する。　二八〇〇円

森　雅秀

仏教の女神たち

仏教でも特に密教になると女尊（女神）の数が急増する。主要な六女尊を、ルーツをはじめインド・チベット・日本などでの信仰や造形、儀礼などを中心に解説する。図版92点。　三〇〇〇円

森　雅秀著／宮坂宥明画

チベット密教仏図典

チベットで代表的な「如来」「菩薩」「守護尊」「護法尊」「女尊」「チベットの神がみ」など109尊を、精密な白描画をあげてわかりやすい解説を加えた一大図典。　三五〇〇円

価格は税別。

高橋尚夫／木村秀明／野口圭也／大塚伸夫編

初期密教

思想・信仰・文化

これまであまり研究が進んでこなかった初期密教を主要経典、陀羅尼・真言、図像・美術、修法・信仰の面から、インドから日本までを幅広く総合的に解説。

四二〇〇円

高橋尚夫／野口圭也／大塚伸夫編

空海とインド中期密教

『大日経』『金剛頂経』など、インド中期密教を代表する経典・注釈書の思想と実践、密教美術などの特徴から、真言宗の祖・空海がそれらをどのように受容し展開したかまでを探る。

二八〇〇円

田中公明

両界曼荼羅の源流

胎蔵・金剛界の両界曼荼羅の成立過程をインドに遡って解明。あわせてインドの後期密教や日本で独自に発達した浄土や神道系の曼荼羅も多数紹介した、格好の曼荼羅の入門書。

三〇〇〇円

勝又俊教

スタディーズ 密教

インドに起こり、日本で発展した密教とはどのようなものか。密教のあらましを歴史・経典・真言等あらゆる方面から論じた書。『密教入門』改題新版。

二〇〇〇円

〈著者紹介〉
森　雅　秀（もり　まさひで）
1962年、滋賀県生まれ。1994年、ロンドン大学大学院修了。Ph.D.（ロンドン大学、1997）。名古屋大学文学部助手、高野山大学文学部助教授等を経て、現在、金沢大学教授。専門はインド・チベットの仏教文化史、比較文化研究。著書に『エロスとグロテスクの仏教美術』『マンダラ事典』『仏教の女神たち』（春秋社）、『大日如来の世界』『インド後期密教〔上・下〕』『チベット密教仏図典』（共著、春秋社）、『生と死からはじめるマンダラ入門』『密教美術の図像学』（法藏館）、『チベットの仏教美術とマンダラ』（名古屋大学出版会）、『高僧たちの奇蹟の物語』（朱鷺書房）など。

インド密教の仏たち

2001年2月1日　第1刷発行
2021年3月1日　第4刷発行

著　　者　　森　雅秀
発 行 者　　神田　明
発 行 所　　株式会社 春秋社
〒101-0021　東京都千代田区外神田2-18-6
電話　03-3255-9611（営業）
03-3255-9614（編集）
振替　00180-6-24861
https://www.shunjusha.co.jp/
装 幀 者　右澤康之
印 刷 所　株式会社 ダイトー
製 本 所　ナショナル製本協同組合

ISBN4-393-11902-9　　定価はカバー等に表示してあります

索　引

エ

オ

カ

キ

ク

ケ

コ

サ

シ

ス

セ

ソ

タ

ヒ

フ

参考文献

※インドの密教図像の基本図書と各章のテーマにかかわる主要な文献のみをあげる。

上村勝彦　1981　『インド神話』東京書籍
肥塚隆・田村幹宏　1979　『美術に見る釈尊の生涯』平凡社
肥塚隆・宮治昭編　1999　『世界美術大全集 東洋編 14 インド(2)』小学館
佐和隆研　1962　『仏像図典』吉川弘文館
―――　1997　『佐和隆研著作集 第4巻 アジアの仏教美術』法蔵館
佐和隆研編　1982　『密教美術の原像』法蔵館
高田修・上野照夫　1965　『インド美術 I II』日本経済新聞社
立川武蔵　1987　『曼荼羅の神々』ありな書房
―――　1990　『女神たちのインド』せりか書房
立川武蔵・石黒淳・菱田邦男・島岩　1980　『ヒンドゥーの神々』せりか書房
立川武蔵・頼富本宏編　1999　『シリーズ密教 第1巻 インド密教』春秋社
田中公明　1987　『曼荼羅イコノロジー』平河出版社
田辺勝美　1999　『毘沙門天像の誕生――シルクロードの東西文化交流』吉川弘文館
松長恵史　1999　『インドネシアの密教』法蔵館
松長有慶　1998　『松長有慶著作集 第4巻 マンダラと密教美術』法蔵館
宮坂宥勝　1998　『宮坂宥勝著作集 第1巻 仏教の起源』法蔵館
宮治　昭　1981　『インド美術史』吉川弘文館
―――　1992　『涅槃と弥勒の図像学――インドから中央アジアへ』吉川弘文館
―――　1999　『仏教美術のイコノロジー――インドから日本まで』吉川弘文館
森　雅秀　1997　『マンダラの密教儀礼』春秋社
―――　1999　『オリッサ州カタック地区の密教図像の研究』(平成8～10年度文部省科学研究費補助金成果報告書)
頼富本宏　1984　『庶民のほとけ――観音・地蔵・不動』NHK出版
―――　1985　『マンダラの仏たち』東京美術
―――　1990　『密教仏の研究』法蔵館
頼富本宏・下泉全暁　1994　『密教仏像図典――インドと日本のほとけたち』

人文書院
Agrawala, P. K. 1967 *Skanda-Kārttikeya: A Study in the Origin and Development.* Varanasi: Banaras Hindu University.
Asher, F. M. 1980 *The Art of Eastern India, 300–800.* Delhi: Oxford University Press.
Banerjee, R. 1994 *Ashtamahabodhisattva: The Eight Great Bodhisattvas in Art and Literature.* New Delhi: Abha Prakashan.
Banerji, R. D. 1981(1933) *Eastern Indian School of Mediaeval Sculpture.* New Delhi: Ramanand Vidya Bhawan.
Bénisti, Mireille 1981 *Contribution à l'étude du stūpa bouddhique indien: les stūpa mineurs de Bodh-Gayā de et de Ratnagiri.* Publication de l'École Français d'Extrême-Orient Vol. 125. Paris: École Français d'Extrême-Orient.
Bhattacharyya, B. 1968(1958) *The Indian Buddhist Iconography Mainly Based on the Sādhanamālā and Other Cognate Tantric Texts of Rituals.* 2nd ed. Calcutta: K. L. Mukhopadhyay.
Bhattasali, N. K. 1929 *Iconography of Buddhist and Brahmanical Sculpture in the Dacca Museum.* Dacca: Dacca Museum.
Chatterjee, A. K. 1970 *The Cult of Skanda-Kārttikeya in Ancient India.* Calcutta: Punthi Pustak.
Chaudhary, R. 1975 *The University of Vikramaśīla.* Patna: The Bihar Research Society.
Foucher, A. 1900-5 *Étude sur l'iconographie bouddhique de l'Inde, d'aprés des documents nou-veaux.* 2 vols. Paris: Ernest Leroux.
Ghosh, M. 1980 *Development of Buddhist Iconography in Eastern India: A Study of Tārā, Prajñā of Five Tathāgatas and Bhṛkutī.* New Delhi: Mushiram Manoharlal Publishers.
Gupte, R. S. 1964 *The Iconography of the Buddhist Sculptures of Ellora.* Aurangawad: Marathwada University.
Huntington, S. L. 1984 *The "Pāla-Sena" Schools of Sculpture.* Studies in South Asian Culture, Vol. X. Leiden: E. J. Brill.
——— 1985 *The Art of Ancient India.* Tokyo: John Weatherhill.
Huntington, S. L. & J. C. Huntington 1990 *Leaves from the Bodhi Tree: The Art of Pala India (8th–12th centuries) and Its International Legacy.* Seattle: The Dayton Art Institute.

Kramrisch, S. 1983 *Exploring India's Sacred Art: Selected Writings of Stella Kramrisch.* Philadelphia: University of Pennsylvania.

Linrothe, R. 1999 *Ruthless Compassion: Wrathful Deities in Early Indo-Tibetan Esoteric Buddhist Art.* London: Serindia.

Malandra, G. H. 1993 *Unfolding a Mandala: The Buddhist Cave Temples at Ellora.* Albany: State University of New York Press.

Mallmann, M.-T. de 1948 *Introduction a l'étude d'Avalokiteśvara.* Paris: École Française d'Extrême-Orient.

——— 1964 *Étude iconographique sur Mañjuśrī.* Paris: École Français d'Extrême-Orient.

——— 1975 *Introduction a l'iconographie du tântrisme bouddhique.* Paris: Librairie Adrien-Maisonneuve.

Misra, O. P. 1989 *Iconography of the Saptamātrikās.* Delhi: Agam Kala Prakashan.

Mitra, D. 1981/1983 *Ratnagiri(1958-61).* 2 vols. Memories of the Archaeological Survey of India, No. 80. New Delhi: Archaeological Survey of India.

Mori, M & Y. Mori 1995 *The Devīmāhātmya Paintings Preserved at the National Archives, Kathmandu.* Bibliotheca Codicum Asiaticorum, No. 9. Tokyo: The Centre for East Asian Cultural Studies for Unesco.

Parpola, A. 1994 *Deciphering the Indus Script.* Cambridge: Cambridge University Press.

Sahu, N. K. 1958 *Buddhism in Orissa.* Cuttak: Utkal University.

Saraswati, S. K. 1977 *Tantrayāna Art: An Album.* Calcutta: Asiatic Society.

Schroeder, U. v. 1981 *Indo-Tibetan Bronzes.* Hong Kong: Visual Dharma Publications Ltd.

Sengupta, A. 1993 *Buddhist Art of Bengal.* Delhi: Rahul Publishing House.

Srinivasan, D. M. 1997 *Many Heads, Arms and Eyes: Origin, Meaning and Form of Multiplicity in Indian Art.* Leiden: Brill.

Stewart, M. L. 1989 *Nālandā Mahāvihāra: A Study of an Indian Pāla Period Buddhist Site and British Historical Archaeology, 1861-1938.* BAR International Series 529, Oxford: BAR.

図版目録（敬称略）

図２-２　胎蔵大日如来像（オリッサ州ラトナギリ遺跡に隣接する学校）
図２-３　金剛界四面大日如来像（ナーランダー出土、ニューデリー国立博物館所蔵）
図２-４　周囲に供養菩薩を配した金剛界大日如来像（オリッサ州ウダヤギリ遺跡）
図２-５　一字金輪曼荼羅（『別尊雑記』巻第九、大正新脩大蔵経図像部　第三巻）
図２-６　スーリヤ像（ニューデリー国立博物館所蔵）
図２-７　スーリヤ像（オリッサ州コナーラク、スーリヤ寺院）
図２-８　マーリーチー像（ビハール州出土、カルカッタ・インド博物館所蔵）
図２-９　マーリーチー像（ビハール州出土、ニューデリー国立博物館所蔵）
図２-10　釈迦誕生図（ナーガールジュナコンダ出土、ニューデリー国立博物館所蔵）
図２-11　ヴィシュヌ像（ビハール州出土、カルカッタ・インド博物館所蔵）
図２-12　ヴァラーハ像（ビハール州出土、カルカッタ・インド博物館所蔵）
図２-13　ヴァラーハと人獅子のアヴァターラを示すヴィシュヌ像（マトゥラー博物館）宮治昭 撮影
図２-14　ヴァーラーヒー（オリッサ州立博物館所蔵）
コラム③　大悲胎蔵大曼荼羅（石山寺版、大正新脩大蔵経図像部第一巻）

第３章

図３-１　七母神（ニューデリー国立博物館）
図３-２　文殊立像（ナーランダー出土、ナーランダー博物館所蔵）
図３-３　梵篋を持つ文殊立像（ボードガヤ出土、パトナ博物館所蔵）
図３-４　アラパチャナ文殊坐像（バングラデシュ国立博物館所蔵）
図３-５　マンジュヴァラ坐像（ナーランダー博物館所蔵）
図３-６　スカンダ（ヴァラナシ出土、バラト・カラー・バヴァン所蔵）
図３-７　シヴァとパールヴァティー（ビハール州出土、カルカッタ・インド博物館所蔵）
図３-８　ムルガン（T. R. Blurton, *Hindu Art*. London: British Museum, 1992より転載）
図３-９　六面のスカンダ（ニューデリー国立博物館所蔵、R. C. Agrawala, Skanda from National Museum, New Delhi and U. P. Hills. *East and West* 18(3-4), 1968より転載）
図３-10　現図胎蔵曼荼羅の鳩摩羅天
図３-11　ヤマーンタカを脇侍とする文殊立像（ウダヤギリ近郊の小学校）
図３-12　脇侍のヤマーンタカ（図３-11部分）
図３-13　ヴァジュラバイラヴァ（北村太道コレクション）北村太道 提供
図３-14　マヒシャースラマルディニー（タンジャヴール・アート・ギャラリー）
図３-15　制吒迦童子（高野山霊宝館所蔵）高野山霊宝館提供
コラム④　金剛界大曼荼羅（石山寺版、大正新脩大蔵経図像部第一巻）

第４章

図４-１　那智参詣曼荼羅部分（補陀洛寺本、熊野那智大社宝物殿所蔵）
図４-２　四臂観音立像（ウダヤギリ出土、

第５章

第６章

第7章